本教材获华侨大学教材建设基金立项资助

SHEHUI BAOXIANXUE

普通高等学校"十四五"规划公共管理类专业精品教材

总主编：汤兆云

# 数 字 政 府

王惠娜　主编

华中科技大学出版社
http://press.hust.edu.cn
中国·武汉

## 内容提要

本教材结合数字化、智慧化时代政府管理实践，以理论、运用、实践三大部分来设计教学内容。理论篇，本教材主要包括基础理论和应用理论两个模块，基础理论主要涵盖数字治理理论、TOE 理论等，应用理论主要包括数字政府的顶层设计与实践逻辑、数字政府的架构体系与职能运行、数字政府的基础设计与交互中心、数字政府的信息与治理。运用篇，本教材主要包括数字政府的公共服务供给、社会治理、公民参与。实践篇，国内试点主要介绍广东数字政府的管运分离模式、浙江数字政府的政企合作模式、贵州数字政府的数据融合模式；国际数字政府建设方面介绍美国、英国和韩国的数字战略发展。最后提出多元共建、技术社会融合的数字政府中国模式。

### 图书在版编目(CIP)数据

数字政府 / 王惠娜主编. -- 武汉：华中科技大学出版社，2025.5. --（普通高等学校"十四五"规划公共管理类专业精品教材）. -- ISBN 978-7-5772-1818-2

Ⅰ. D035-39

中国国家版本馆 CIP 数据核字第 2025EE6294 号

**数字政府**
Shuzi Zhengfu

王惠娜　主编

---

策划编辑：张馨芳　钱　坤
责任编辑：张汇娟
封面设计：孙雅丽
版式设计：赵慧萍
责任监印：曾　婷
出版发行：华中科技大学出版社（中国·武汉）　　电话：(027) 81321913
　　　　　武汉市东湖新技术开发区华工科技园　　邮编：430223
录　　排：华中科技大学出版社美编室
印　　刷：武汉科源印刷设计有限公司
开　　本：787mm×1092mm　1/16
印　　张：15　插页：2
字　　数：351 千字
版　　次：2025 年 5 月第 1 版第 1 次印刷
定　　价：68.00 元

---

CONTENTS

# 目 录

# 第一章

# 数字政府概述

─── 本章导言 ───

　　数字政府是未来政府改革的主要方向之一。随着科技水平的提高，信息技术的更迭日新月异，社会无时无刻不在产生大量的数据和信息。数字政府将互联网技术应用于政府管理、决策、执行等环节，大大提高了政府工作的效率和效益，将对政府决策、公共服务供给、政策执行产生变革性的影响，并将重构政府组织结构和权力结构。

─── 重点问题 ───

1. 数字政府的概念与模式。
2. 数字政府的功能。
3. 数字政府的优势与挑战。

# 第一节
# 数字政府的基本概念

科技是第一生产力。党的二十大报告指出，全面建成社会主义现代化强国，实现高水平科技自立自强，进入创新型国家前列。科技发展推动社会经济发展，推动政府治理体系和治理模式发生变革，数字政府则是在信息技术、科技发展的时代背景下的创新型政府形态。

## 一、数字政府界定

### （一）数字政府的发展情况

数字政府是指在现代计算机、网络通信等技术支撑下，政府机构日常办公、信息收集与发布、公共管理等事务在数字化平台、网络化系统中进行的国家行政管理形式。数字政府包含多方面的内容，如政府办公自动化、政府实时信息发布、各级政府间的可视远程会议、公民随机网上查询政府信息、电子化民意调查和社会经济统计、电子选举（或称"数字民主"），等等。[1]

数字政府是数字中国战略的重要组成部分。党的十九届五中全会提出，要加强数字社会、数字政府建设，提升公共服务、社会治理等数字化智能化水平。《中华人民共和国国民经济和社会发展第十四个五年规划和2035年远景目标纲要》进一步明确了数字政府建设的任务，单独设立"提高数字政府建设水平"章节，明确提出要将数字技术广泛应用于政府管理服务、推动政府治理流程再造和模式优化、不断提高决策科学性和服务效率等任务要求。[2] 数字政府建设作为新时代全面推进国家治理体系和治理能力现代化的必然要求，是深入贯彻落实习近平新时代中国特色社会主义思想，建设网络强国、数字中国、智慧社会等的重要抓手，更是我国基本实现现代化和建成富强民主文明和谐美丽的社会主义现代化国家的迫切需要和战略选择。《中国数字政府建设报告（2021）》的主题是：加快推进数字政府建设，打造高质量发展新引擎。大力推进数字政府建设既是顺应变革趋势、构筑数字化时代国家竞争新优势的时代之需，也是开启全面建设社会主义现代化国家新征程、打造高质量发展新引擎的必然要求。该年度报告重点梳理总结我国各地区各部门数字技术广泛应用于政务服务和社会治理等方面的最佳实践，为新阶段提升中国数字政府建设水平提供借鉴和参考。

作为电子政务发展的新阶段，数字政府是数字中国的重要组成部分，是我国发展数字经济的重要支撑，是发展数字经济和建设数字社会的基础性和先导性工程，更是再创营商环境新优势的重要抓手和重要引擎。根据中国电子信息产业发展研究院指导、中国软件评测中心主办的"2020 数字政府服务能力暨第十九届中国政府网站绩效评估结果发布会"披露的数据，截至 2020 年 11 月底，全国 34 个省级单位中，部分先行省市已经全面启动数字政府的建设，有 16 个省级单位已出台并公开数字政府建设相关规划和方案意见，指导数字政府建设；有 23 个省级单位明确了政务数据统筹管理机构，落实和推进本地数字政府建设。①

2021 年 2 月 18 日，浙江省召开全省数字化改革大会，发布《浙江省数字化改革总体方案》，全面启动浙江数字化改革。② 2021 年 3 月 25 日，上海市委书记李强主持召开城市数字化转型推进座谈会时指出："全面推进城市数字化转型，事关上海全局和长远发展"，"全面推进城市数字化转型，是上海'十四五'规划确定的重大战略"。③ 2018 年，《广东省"数字政府"建设总体规划（2018—2020 年）》（粤府〔2018〕105 号）被视为首个地方数字政府规划的文件，指出"数字政府是对传统政务信息化模式的改革"，可以理解为超越传统电子政务的新模式。[3] 该规划既延续了"电子政务"的传统内容，又有新的方案，囊括了近十年来尤其是党的十八大以来地方政府运用的新技术概念和应用模式，同时在体制机制上也有所创新。2022 年，广东已全面启动全省数字政府基础能力均衡化发展专项工作，省级层面即将印发实施方案，以地市作为主体建设，通过加大资金和技术支持力度、出台省级转移支付管理办法、探索建立对口帮扶机制等举措，不断提高粤东粤西粤北地区数字政府建设能力和水平。

当我国电子政务全面进入"数字政府"的新阶段后，电子政务运营将成为我国各级政府在线政务服务工作的常态化内容。我国各级政务服务平台整合了大量政务系统和应用，沉淀了数量庞大、价值密度高的数据资源，电子政务运营从数据、内容、服务等方面都逐步走向专业化、产品化和场景化，通过运用互联网和大数据等技术手段，实现数据驱动下的治理与协同，帮助政府持续提升整体运行效能，助力建设协同高效、服务精准和管理科学的数字政府。未来的政务服务亦不再仅由政府主导，数字政府建设将为政府机构提供听取建议与了解需求的渠道，吸引更多受众参与完善数字政府建设。同时，随着政府数据开放，更多应用数据融合和第三方社会服务也将成为政务服务的补充。

## （二）大数据治理

### 1. 大数据的特征④

（1）数据规模巨大

传感器、物联网、工业互联网、车联网、手机、平板电脑等，无一不是数据来源或

---

① 国家互联网信息办公室发布，《数字中国发展报告（2020 年）》，中国政府网 。

② 《浙江省数字化改革总体方案》，《澎湃号·政务》，澎湃新闻。

③ 《更深入系统地推进城市数字化转型 李强主持召开推进座谈会》，https：//sheitc. sh. gov. cn/zxxx/20210329/38b5b90f8b1c4e729242c11b1b28ad29. html.

④ 《大数据的四大特征及四项关键技术》，《中华读书报》，光明网 。

者承载的方式。当今的数字时代，人们日常生活（微信沟通、QQ 沟通、上网搜索与购物等）都在产生着数量庞大的数据。大数据不再以 GB 或 TB 为单位来衡量，而是以 PB（约 1000 个 TB）、EB（约 100 万个 TB）或 ZB（约 10 亿个 TB）为计量单位，从 TB 跃升到 PB、EB 乃至 ZB 级别。顾名思义，这就是大数据的首要特征。

（2）数据流转快速

美国互联网数据中心指出，企业数据正在以 55％的速度逐年增长，互联网数据每年将增长 50％，每两年便将翻一番。IBM 研究表明，整个人类文明所获得的全部数据中，90％是过去两年内产生的。要求数据处理速度快也是大数据区别于传统数据挖掘技术的本质特征。有学者提出了与之相关的"一秒定律"，意思就是在这一秒有用的数据，下一秒可能就失效了。数据价值除了与数据规模相关，还与数据处理速度成正比关系，也就是，数据处理速度越快、越及时，其发挥的效能就越大、价值越大。

（3）数据类型多样化

大数据不仅体现在量的急剧增长，数据类型亦是多样，可分为结构化、半结构化和非结构化数据。结构化数据存储在多年来一直主导着 IT 应用的关系型数据库；半结构化数据包括电子邮件、文字处理文件以及大量的网络新闻等，以内容为基础；而非结构化数据随着社交网络、移动计算和传感器等新技术应用不断产生，广泛存在于社交网络、物联网、电子商务之中。

（4）价值密度低

大数据的重点不在于其数据量的增长，而是在信息爆炸时代对数据价值的再挖掘，如何挖掘出大数据的有效信息，才是至关重要的。价值密度的高低与数据总量的大小成反比。虽然价值密度低是大数据日益凸显的一个特性，但是对大数据进行研究、分析挖掘仍然是具有深刻意义的，大数据的价值依然是不可估量的。毕竟价值是推动一切技术（包括大数据技术）研究和发展的内生决定性动力。

2. 大数据的关键技术

大数据四大特征的产生与信息技术的发展密不可分。

（1）大数据采集和预处理技术

尽管大数据技术的核心并不在于收集大量数据，而是利用它们来进行智能化解析与提取有用信息，但是其成功的关键在于具备足够多的数据。其中，数据获取是最为重要的环节之一，通常依赖于传感器、通信网络、智能识别设备以及软件和硬件资源整合系统，以实现在各类大规模数据中进行智能化识别、定位、追踪、连接、传递、信号转化等功能。然而，初始阶段获得的大部分数据往往存在缺失或矛盾的问题，因此，刚刚捕获的数据并不能立即用于储存、管理、分析、处理和挖掘等后期任务。为了确保后期的顺利执行，必须重视并且运用大数据预处理这一经常被忽视但却至关重要的关键技术。大数据预处理技术是指对多种类型的数据进行抽取、清洗、转换等操作，将这些复杂的数据转化为有效的、单一的或者便于处理的数据类型。

（2）大数据存储与管理技术

数据有多种分类方法，有结构化、半结构化、非结构化；也有元数据、主数据、业务数据；还可以分为 GIS、视频、文本、语音、业务交易类各种数据。自磁盘系统问世以来，数据存储已经走过了近百年的历程，而在大数据时代，由于从多渠道获得的数据通常缺乏一致性，数据结构混杂、数据量庞大，传统的关系型数据库已经无法满足数据多样性的存储要求。除了关系型数据库，还有两种存储类型，一种是以 HDFS（Hadoop 分布式文件系统）为代表的可以直接应用于非结构化文件存储的分布式存储系统，另一种是 NoSQL 数据库（非关系型的数据库），可以存储半结构化和非结构化数据。大数据存储与管理就是要用这些存储技术把采集到的数据存储起来，并进行管理和调用。数据存储作为大数据的核心环节之一，可以理解为方便对既定数据内容进行归档、整理和共享的过程。大数据存储与管理的技术对整个大数据系统都至关重要，数据存储与管理的好坏直接影响了整个大数据系统的性能表现。

（3）大数据分析和挖掘技术

大数据分析和发掘是从海量且不完整、存在杂音、模糊不清及随机性的真实使用数据里抽取出潜在的有益资讯并理解的过程。此过程中涵盖了多种技术的运用：依据发掘目标可以划分为分类或者预判模式揭示、相关规律探寻、依存关系或是依存模型识别、异样性和发展趋势捕捉等，发掘策略则包括机器学习、统计学方式、神经网络等。机器学习还可以进一步区分为推断式学习、基因算法等，统计学方式包含线性回归分析、集群研究、探索性分析等，神经网络包括前向网络、反向网络等。针对各类分析或预判需要，所需的分析和发掘算法和模组都是各具特色的。上述列举的所有技巧仅为解决问题的一种思考方向，当面临真实的应用环境时，都需要按照需求对这些算法和模组做出相应的调整。

（4）大数据展现和应用技术

除了专业的软件开发人员与工程专家之外，大数据的技术运用也涉及更广阔的人群，包括普通的消费者或企业管理层。因此，理解并展示大数据分析的结果至关重要，而这一任务主要依赖于数据可视化技术。它被认为是当前对大数据解读最为有效的方法。在这个过程中，数据的表现形式直观且易懂，如以图像、符号及智能化工具的形式呈现在用户面前，以便他们能够对其进行深入研究。一些常见的数据可视化方法包括标签云、历史流、地理信息流，等等。在中国，大数据的应用范围涵盖了诸如商务智能、政策制定和公共服务等关键领域，同时也在疫情控制、防范网络欺诈、智慧交通、环保监测等方面发挥着重要的作用。大数据时代对人们驾驭数据的能力提出了新挑战，也为获得更全面、睿智的洞察力提供了空间和潜力。在大数据领域，新技术已经崭露头角，它们成为收集、储存、处理和展示大数据的强有力工具。

3. 大数据治理

首先，要明确"治理"这一词汇的基本含义及其发展历程。起初，它源自拉丁语中的"掌舵"，通常用于描述政府对公众事务的管理行为和政治实践。美国政治理论家罗西瑙在《没有政府的治理》[4] 一书中对比了"治理"和"统治"这两个术语，他指出，治理是一种涵盖多个领域的行为体系，尽管未被赋予应有的权限，但却能够产生实际效果[5]。由于数字信息技术在全球范围内的急速发展，政府治理领域也受到了信息技术浪潮的大范围渗透。传统"电子政务"等旧组织架构形态发生了改变，通过技术层面上的提升改善政府的管理和服务已经成为"老手段"，新的侧重点在于利用信息技术向分权化、公民化的管理模式转变，加之受治理理论的影响，"数字治理"和"数据治理"的概念被适时提出，用来实现对原有"电子政务""虚拟政府"等概念的替换和推进。与以往概念不同的是，大数据治理更加侧重于治理主体与客体之间的信息互动以及社会公众利用技术参与公共事务的能力[6]。

大数据治理是一个针对组织中的大数据管理及其运用所做的评价、引导和监管的整体构架[7]，涵盖了大数据的数据优化、隐私保密及数据收益的相关政策。该构架旨在确保大数据的安全性和合法性，提高其效率和效益，同时推动持续创新的大数据服务。相关学者梁芷铭则认为大数据治理不仅适用于商业领域，也应覆盖其他任何与大数据有关联的单位、机构或团体[8]。总的来说，大数据治理的目标在于促使那些使用大数据的人遵循"追求价值"和"控制风险"的行为准则，并在产权层面上做出相应的权力分配，具体表现为决策流程、奖励惩罚制度和监察机制。

以数据管理为中心的数据处理方法凸显出其对于公共管理的特殊意义所在。随着大量信息的涌现并被视为重要的新资产而非负担时，人们开始意识到对这些数字资料进行管理的重要性。自多年前大型数据库出现以后，这种观念已经变得越来越明晰。数据治理已经成为数字政府的必要构成部分，其重点在于讨论数据要素对理解社会经济运行规律、研判社会风险和精准化施策的赋能作用，进而实现"面向数据、基于数据、经由数据"的治理体系。

### 4. 大数据治理的三种类型

（1）对数据的治理

对数据进行治理是指将数据成果汇交建立一个汇总处理机制，将自然资源包含的一系列数据进行汇总；提供跨网络跨数据库的数据汇交工具，关联原始数据源，抽取所需数据并落到核心数据库；汇总后形成统一的数据集市，以服务的形式提供数据资源的共享。

（2）依据数据的治理

依据数据进行治理是指政府相关部门将收集、筛选过的数据进行整合，根据这些具有真实性的数据开展数据治理工作，依据可靠的数据资料开展政府工作的一种数据治理方法。

（3）数字空间的治理

鉴于数字空间所包含的技术驱动的特性，其紧密联系于网络世界并对应着实体环境。而对于数字技术的管理则聚焦于这些技术如何为数字世界的生成和演进提供基础支持。随着像数据标记、高精度传感器这样的识别科技的进步，人类的数字化能力得到了提高，从而拓展了数字领域的边界。同时，如大数据、云计算、AI、卫星通信网等的信息通信新技术的出现，不仅提高了对大量数据的处理、分析及储存的能力，也逐渐揭示出了数字领域潜在的价值。此外，为了保护数据安全，还需要依赖更为高级的数据加密、区块链、深度伪造检测等技术来确保数据的空间安全。结合数字技术打造出的诸如键盘、CPU、显示屏、网络接入设备等，共同构建起了数字空间的基本架构。所以，数字技术管理的核心任务在于推动数字技术的研究与运用，优化数字设施，进而提升数字化能力的等级。其中涵盖的内容主要是关于鼓励研究开发数字技术、促进数字设施投入与建设、制定数字产业发展的策略、加强数字人才的教育培训等方面。具体的实施方式可以通过制定数字化发展战略、规划或者方案等方式展现出来，相关的话题可能会涉及数字技术的创新、专利权、技术规范、数字基础设施、人才培育等问题。

### （三）数字政府

面对数字技术所带来的经济与社会的深刻变革，政府治理的数字化转型已是大势所趋。从人类历史演进的视角看，科层制政府是对传统政府治理结构的扬弃，它标志着政府治理由传统到现代、由人治到法治的重大进步。当代的数字政府建设则是对现代科层制政府内在局限的突围与变革。以数字政府建设突围科层制政府治理短板，重塑政府官员与民众的互动关系，增强政府治理的合法性，已成为当代中国政府治理变革的重要趋势。在实践中，新兴治理技术与党政体制治理结构的有机结合，提高了政府对公众的精准回应能力与回应效率，在一定程度上纾解了条块分割、碎片化治理、权责倒挂所引发的治理困局，同时为政府治理体系的深度革新提供了内生性动力。

数字政府建设不仅要以数字技术引领新时代政治、经济、社会、生态文明等领域的创新再造与变革重塑，构建适应数字社会发展的政府治理体系，而且必须坚持"以人民为中心"的政治价值与发展原则，在治理效率与政治价值间取得平衡。展望未来，面对社会利益高度分化、民众诉求日益多元、社会治理日益复杂的全新形势，新时期的数字政府建设不仅要强调对新兴治理技术的广泛应用，更应注重对科层制政府治理结构机制的有效变革，充分调动社会力量参与数字治理，建立与数字化时代相适应的政府治理体制，从而释放出数字技术对政府治理现代化所赋予的强大动能。总之，以数字政府突围科层制政府，让人民在政府治理变革中有更多获得感，将是提升党政体制治理效能、加速实现我国政府治理体系与治理能力现代化的必由之路。

## 二、数字政府模式

### （一）内部管理模式

在内部分配机制里，数字化政务建设的运行方式仍然保持着传统的等级制度，公共私营合作为解决政府内部问题、改善管理程序及融合零散的信息系统提供了便利。由于当地的外部条件如科技、资讯、人力资源和金融资产等方面较为缺乏，政府作为这些资源的主控方和分发者，在数字化政务建设的所有方面均具有决定性的影响力。例如湖北省、山东省和黑龙江省等地就是这样的典型例子。在这些地方，决策权主要掌握在政府机构或者是由政府机构和国有公司共同构成的混合决策体系手中，民营企业的决策参与水平并不高。同时，无论是正规还是非正规规则，政府都在信息化政务服务的使用界面上甚至整个平台的管理上设置了规定，形成了以政府为主导并负责管理和经营的"管运一体化"模式，也就是政府为数字化政务构建总体框架，拟定具体计划和细节，然后通过招标的方式向民间部门采购服务，费用主要来自财政拨款。至于信息技术的供应商——民营部门，它们是依据合同规定的责任和权益来履行职责的。在这种模式中，数字政府的建设动力通常是由上至下的，大多数来自压力型体制下的行政任务分配，而私营部门在其中的参与程度相对较低。因此，数字政府的建立存在着科技应用逻辑和科技组织逻辑之间的矛盾。

## （二）服务交付模式

在优化内部管理流程的前提下，服务的交接形式注重内外部环境之间的互动，旨在提高公共服务质量，构建理念由内向外转变，如贵州省、上海市、北京市、海南省及深圳市等地区具有典型意义。在此种情况下，外界的技术和人力资源相对充足，并且主要集中在各类公司、研究所和社会团体等多样化的实体上，而数字化政府建设的决定权、规则制定权以及平台的所有权等则是在政府和商业企业间共同拥有。所以此类型的城市在推进数字化政府建设时，普遍存在着众多利益相关者的深度参与，形成了庞大的协作网络。政府在这个过程中充当的是数字化政府公私合营项目的引导者和资源调配者角色，同时还与多家私人企业、专有研究中心等建立了合作伙伴关系。这些非公共部门利用自身丰富的资源加入数字化政府建设的每个阶段和步骤当中，他们也享有部分决策权利，使得决策过程不再仅受限于级别排序，转而融入了网络式组织的文化和精神。这样就促进了一种基于互联网思想的无层次结构的发展，减缓了以层次划分主导、管控为特点的管理方法的影响，逐渐塑造出一种多元平行、协同配合的网络型合作体系。对于"数字政府"服务平台的规定来说，目前还是以"政府监管，运行一体化"的方式占据主流。然而，在构建的过程中，市场的力量在"数字政府"平台的管理制度上得到了增强，这是由于在政府原则的引导下，企业和政府共同参与了平台管理规定、操作步骤及流程等方面的发展。此外，目前还没有形成一致性的数字政府共建公共私人合营平台，因此仍然保持着分裂竞争的情况。在这个模型里，广阔的协作网给政府的整体调度控制能力带来了更大的挑战，必须提高服务的综合调配和评价标准，以便提升跨越地域、领域和层次的组织的协同作用。

### （三）平台垄断模式

在强化了内部分配效率并提高了公共服务的品质之后，平台垄断模式更加注重数字政府平台的集中式构建、重复利用性和共享特性，以此来推进一体化政府改革进程。在提供服务的过程中，政府会接入多方市场参与者，建立起一种协作竞合的网络结构；当采用平台垄断模式时，大型互联网公司通常会联手政府创建全面覆盖的数字化政府平台，以整合各种科技资源和服务需求，进而产生垄断性的竞争格局。

民营企业常常会联手政府共同创建一家特殊的有专门用途的公司，用作数字政府发展的公私合营的基础设施和服务提供平台，这也使数字政府建构的独占竞赛更加激烈，主要的民营企业有着极大的决策权利，并在整个数字化政府服务的规划、实施到管理阶段发挥着重要作用，从而建立了"企业掌控，运行分割"的公私协作体系。这就经常表示出参加合作的企业可以在服务平台上直接面对客户，执行前台的服务和经营功能，而政府则负责后台的管理和引导。此种架构构建出的服务平台通常是地级市一体化的网络平台，它集成了可获取跨领域信息的入口网站，并向大众提供了便捷的一体化服务。在这个政治企业联合的环境中，数字化政府的发展呈现出更多的商业特性，并且在合作的过程中受到了更为显著的互联网商业组织的文化浸润与影响。

## 三、数字治理能力与治理体系

### （一）数字治理能力建设的三个方面

第一，技术治理能力。数字技术治理能力通过提高利益相关者主体利用数据资源、互联网资源以及成为数字公民的能力，推动数字经济、数字政府、数字社会的共同发展。数字技术赋予了数据的物理属性，并划分了数据权利的归属责任，以及制定了数据收益的分配规则，但数据的采集、存储等专业性问题，隐私性保护条款以及复杂的数据收益分配条款都难以让用户从数据中获益，即使是政府部门，仍需要专门的数据挖掘和分析才能将数据运用于治理情景。互联网技术制定了网络世界的制度框架，但网络接入标准的不统一、网络资源查找的不便捷以及网络通信协议的不统一都阻碍了网络技术的普惠共享。鉴于信息科技的影响力及其双刃剑性质，数字化管理的关键目标在于增强其技术处理的能力，借助广泛的信息教育提高公众的数据权限，创建专门负责监控和协调数字平台及用户之间利益分配的数据监督部门，同时利用国际会议促进全球网络通信标准的统一，构建互联互通的网络世界。

第二，规范治理能力。规范治理即通过规则建立与执行来规范数字社会生态下的公民、企业行为，促进数字社会的有序运行。数字网络扩展了人们生活的空间边界以及时间跨度，极大提高了人们的信息获取能力，与此同时，数字世界的匿名性、不确定性、动态性都让数字世界中的个体行为难以掌控，这就亟须建立网络行为规则来树立正确的价值观，并约束用户的行为。在规范治理能力上，政府部门应该通过网络进行主流价值体系的引导，特别是社会主义核心价值观在网络世界的融入。在数字社会生态中的每个治理主体都需要掌握大数据的特征属性，并合理合规地使用大数据，在享受大数据时代红利的同时，也能遵守数字社会规则规范，并推动数字规范治理能力的提升。

第三，组织治理能力。数字社会生态中不同治理主体具有不同的利益诉求和行为规律，并通过数字技术冲击着传统组织模式，逐步转变为开放式、扁平化和多元治理的新型组织模式。数字技术的动态性、及时性特点决定了新型组织结构既要动态开放，又要协调不同行动者的集体行动。数字治理体系中组织治理能力要提高对不同治理主体的集体行动的协调，同时也要采用学习型组织、适应型组织等来实现组织模式的灵活性、动态性与开放性。

## （二）数字治理体系的基本框架

依据"信息科技""个人行动""机构模式"的三方互动原理，数字治理体系应该从技术、行为、组织这三个维度来建构基本框架。技术维度主要集中于信息化时代的基础设施管理的难题，并为其社会的转型提供新颖的空间与机遇；行为维度的核心在于通过构建新型行为准则来引导数据用户的行为规范；组织维度侧重于团体活动及其形式的变化，从而塑造稳定且灵活的法律框架以便调节各方的内部及外部关联。

首先，数字社会的演化依赖于独特的基础设施结构，"数据"和"互联网"是它的主要构成元素。"数据"和"互联网"在带来数据共享、治理智能的同时也存在数据垄断、利益分配等问题，这些都要求在"数据"治理方面建立的技术性规范。数字治理体系框架建立前提是技术层面技术设施的建立，从确立数据权利、数据收益分配方案、互联网安全等方面来完善治理体系。

其次，信息技术给社会带来了巨大的挑战，并赋予了经济新业态、社会新模式，但也引发了诸多治理问题，需要建构新的治理规则来建立数字治理体系的基本框架。行为层面的目标是将用户的网络活动纳入规则管理的范围，构建数字世界的行为准则，从而指导和规定个体行为，成为数字治理系统的关键组成部分。相对于物理世界的法律法规、市场规则和社会习俗，数字世界的"算法"规则则在发挥隐形之手的作用，隐形影响组织行为和个人行为，成为监控和规范数字社会形态的新型方式，"算法"治理也正在成为新的治理范式。

最后，组织维度是在技术维度和行为维度之上的综合性调整。技术维度的革新和行为维度的变化将创造出新型的组织形态，具体表现为平台经济的发展、数字政府的变革以及多元治理模式的兴起都在推动组织形态的变迁。学习型或适应型的组织正在转变为新的组织形态，而回应型政府则成为更加灵活的组织框架以满足民众的需求。

# 第二节
# 数字政府的功能分析

## 一、优化政府内部管理

### （一）开展智慧决策

系统性无缝隙的决策模式。为了处理数据的采集、积累、传递与分享，政府需要实行系统地运作并保持运转流畅。这种全面性的政府决策方法是基于从数据产生到储存再到使用的整个过程中，构建数据核心、使用工具及技术标准，以保证在做决定的时候可以利用数据，并且这些数据能够被有效地运用，同时也能得到有效的管理。而所谓的"没有间断"的政府决策方式则意味着要消除由部门间的隔阂导致的数据隔离、功能分离和管理零散化的问题，从而促进信息的集聚融合、权力的统一分配、责任的一体承担，使得多个治理实体能在政府决策的过程中共同采取行动。

技术制度融合的决策模式。数字治理是电子政务从技术层面向治理层面的跃升，体现了数字要素和治理要素的融合。数字治理逻辑下，通过信息技术收集沉淀经济社会发展各类数据，运用云计算、区块链等技术实现数据的归类、计算和阐释，并进入政府决策议程。同时，新一轮信息技术推动的数字化是跨时空、立体化、全息式的，在价值上体现人民本位，在组织上促进治理体系的扁平化、分权化和无缝隙，在目标上推动技术赋能和治理效能的双重优化。

### （二）重组政府机构

数字化技术的出现使得虚拟世界和社会现实间，民众、社团与政府机关间的交流得以通过"信息流"来完成，这为跨界、跨系统、跨部委、跨层次等多方协作提供了一个实际性的平台，也是实体的政府在虚拟领域的扩展。政府组织借助信息技术实现了从顶到底和纵向的协调，这是政府扁平式变革的基本条件。传统的科层制能保证并监察工作流程，然而相比于更具弹性的扁平型组织，它的执行效果明显减弱。网络等信息技术用于组织结构调整有自然的"扁平化"效应。近年来，政府积极采用信息科技大幅提升了政府管理能力。

## （三）再造业务流程

构建数字化政府的基础是扩展服务型政府和全面性的政府理念及其实际操作经验。目前的主要关注点在于以下两部分：首先，针对数字化政府的运作方式进行优化，旨在改善信息化技术的应用水平低下的现状，从而满足高级别的政府管理模式和决策需求；其次，缺乏必要的设施和政策支持，这会导致地方政府的执行力受到限制。这种改进方法强调利用信息科技来推进政府组织的变革，并借助其提供的信息技术手段使政府转型成为具有垂直连接性和横向协作能力的数字化政府，以此降低交易费用，同时也为各部门功能和关系调整提供技术支持。传统的政府组织模型反映出"命令-控制"系统，然而，信息科技却消除了层次特性，促使政府变得更加扁平化。因此，在这一过程中，经典的科层制所遭遇的如区块划分、信息分享受限等问题的解决有望得到信息科技的支持。比如，IT技术可以增强政府间的交流能力和加强各机构之间的信息共享和整合。

## 二、优化公共服务功能

数字政府改革创新公共服务方式，采取一站式整合、一体化的服务、细致入微的服务方式、智能化的审批流程，提升公共服务质量。

### （一）一体化窗户式公共服务

在数字政府中，地方政府通过平台集成的策略使公众能够更加轻松地完成任务，运用信息科技来精简现有的行政服务流程，通过"一扇门""一窗口""一张网""一层级"的政务服务结构，实现了各部门联合处理事务的功能，极大地提高了行政服务的速度与便利度，满足了民众的需求。

### （二）精细化公共服务

为了解决公众办理业务最后一步的问题，数字政府借助网络科技的力量来提升政府的服务水平，突破区域内信息的隔阂，建立一致性的行政服务规范，以此减轻民众的负担并增强其工作效率。通过智能服务在线操作，创建"线上政务"，清晰界定各类事务和部门责任，依托政务数字化平台提供精细化公共服务。

### （三）智慧化公共服务

智能化政府服务是在"互联网＋政府服务"理念指导下的新型政府服务形式，其核心特点在于跨越领域整合与创新驱动力，通过实时互动及信息共享特性来促进政府服务的透明度、便捷性和数字化。在此"互联网＋"环境中推进传统的政府服务转向移动式政府服务，构建出智慧化公共服务。

## 三、促进公民参与功能

数字政府具有促进公民参与的功能，数字政府的建设能够促进我国公民转变成"数字公民"。

### （一）推动社会治理

随着经济发展去区域化、人员流动性增强，"数字公民"将成为社会治理方式的有效探索。从群众需求出发，构建由大数据等信息技术推动的自下而上的公共服务创新体系，使群众愿意参与、主动参与到社会治理中，与政府自上而下的治理体系形成合力，实现从政府单一主体的管理模式，走向多元主体的协同治理。

### （二）创新公共服务

在现代信息技术推动下，"数字公民"变得可感知、可识别，而针对性的服务也可以方便送达，直击民众需求"痒点"。同时，个体所有的关系、行为轨迹留痕，所有与个体相关的材料都能便捷地取用。

### （三）增进民生福祉

积极利用信息技术，借助数据驱动的力量，建立起一种能够迅速更新和不断优化的"数字公民"运行系统，使居民可以在社区或手机上轻松完成各种事务和享受各种服务，从而促进从传统的、基于经验的社会管理向精准化的、定制化的、自动化的新型模式转变。

# 第三节
# 数字政府优势与挑战

## 一、数字政府优势

### （一）数字政府具有开放性优势

在新兴的数字经济发展模式下，开放性成为一种显著的特点。随着新型互动技术与平台技术的广泛应用，数字时代的工作方式变得更加灵活且具有更高的自由度，这有助于推动数字经济朝着多样化及更多元化的路径发展。为了有效地促进政府向数字化转型并构建全能型数字政府，必须保持一定程度的开放性，以利于政府管理活动的顺利开展。尽管数字经济强调全方位的开放，但数字政府所倡导的是"开而不放"的原则，也就是在开放的基础上加以限制，同时确保最大限度地开放。对数字政府来说，它的开放性主要体现在两方面：一方面是指政府机构内的决策公开透明，另一方面则指政府对外部市场的监管力度。

### （二）数字政府具有整体性优势

数字政府呈现出一种"形态多样且精神统一"的状态。尽管它因数字技术的远程连接特质导致了各个部门外表上的杂乱无章和破碎，然而实际上，所有独立的权力核心都在各自的网络节点内存在并保持密切联系。每一个独立的核心都能和其他核心产生直接关系，形成多个、分离、互为独立的权力中心模式。同时，它们也能够迅速适应实际需求，转变为关键角色来协调其他的独立中心，从而实现系统功能的正常运行。这种看似独立却相互依存的权力中心并非真正的核心，但在特定情况下可以立即变身为核心，引领其他多元的中心达到满足当前需要的目标。如同蜘蛛和蛛网之间的关系一样，数字政府的组织网络包括各级政府及各部门（作为蛛网的节点），遍布各地，分别负责自身辖区内的业务。国家中心机构能够对整个系统内的大量信息和各种资产加以整理与管理；同时依据各个地方具体的状况来实施优先级排序原则，满足各类主体的需求。

### （三）数字政府具有人民性优势

在数字化时期，人民的需要被视为核心价值。不论何种科技的发展都应从人的角度出发并最终回归到对人的关注上。相较以往，这种趋势在数字化时代更为明显。不管是创造产品或提供商业服务，或是消费者与零售业的活动，只有能够充分满足人们的期望才能获得有效的推进，这种逻辑同样适用于政府的工作。"以人为本"这一理念构成了数字政府的核心价值。这是社会进步的要求，同时也是数字政府自身的特性所在。

## 二、数字政府面临的挑战

### （一）数字政府建设的法治化规制有待加强

当政府正在向数字化和智能化的方向转变时，"技术"和"制度"之间还尚未产生积极的相互作用，而更常见的是过分关注技术的引入和信息化系统的建立，忽略了制定法规和法制协调的重要性。无论是中央还是地方的相关规定都主要集中于内部管理、部分领域、零散且破碎化，这使得它们很难适应政府数字化发展的法律制度要求。例如，关于公共数据的管理、行政组织的改革及流程制度的调整、新的行政手段的合法性和限制，以及对公众权益保护等问题，目前在法律制度方面仍有许多空缺或者滞后的情况。

## （二）公民权利保障机制有待完善

新科技在新政事务中的实施使得信息的取得变得更方便且公开的服务也更容易接触到大众；同时交流方式得到提升并扩大了民众对于政策执行过程的选择机会，这让他们的感受越来越好并对这些工作有了更多的投入感和满足度。然而，新的信息化工具带来的全新形式的数据力量正在扩展其影响力范围并且通过智能化的自动操作来颠覆传统的合法流程；在大规模的大数据环境里，个人的私密性和私人资料的安全可能受到侵犯。例如，人口数据库的管理者——国家机关可以借助大量统计学的方法以达到改善效率的目的，但同时也需要考虑到，如果他们过度地搜集或是误用了人们的敏感资讯，就会造成人们的基本合法权益得不到保证的情况。由年龄、地理位置、教育水平、财务状况等多种因素造成的不同的人群对于数字技术的使用和理解能力是有差别的，即数字鸿沟使得一些数字弱势群体不能充分利用数字化政府服务的便捷性和高效性，甚至可能会因缺乏选择和替换机制或公共资源被高优先级的数字化占据而失去最基本的公共服务享受及参与公共事务的机会，从而遭受新形式的不公正对待和不平等待遇。

## （三）数字化促进公众参与的实效有待增强

政府数字化转型这一过程普遍缺乏公众参与。把公众的需求放在首位并以此作为指导原则，这是数字法治政府发展的核心特性和主要目的。在推进数字政府的过程中，通常会采取与公司或其他社会实体协作的方法来推动发展。然而，无论是由政府独自完成或是与企业共同实施，其整体上都呈现出一种相对闭环的状态。尽管与政府单独行动相比，这种协同方式更具开放性和公众参与感，但是大多数时候只是局限于部分参与的企业，而且往往忽视了公众的角度。这体现在过于关注项目的研发却忽略了公众的使用感受，过分看重行政部门内的数字化改革而忽略了与公众相关的应用程序开发，过度专注于数字化政务接口的设计而忽略了与客户互动的服务系统建立。公众的参与度较低是一个明显的问题，对于公众实际需求的全面吸收及快速回应都不够到位，易导致偏向效率而忽视公众参与、侧重监督而疏于保护、追求表面效果而忽略本质等方面的问题。

 **主要概念** ······················································

数字政府；数字治理体系；大数据

## 复习思考题

1. 大数据具有哪些特征和关键技术？
2. 数字政府模式具有哪些类型？
3. 数字政府具有哪些功能？
4. 数字政府具有哪些优势？
5. 数字政府具有哪些挑战？

## 参考文献

[1] 彭荣. 中国的数字化政府之路 [J]. 电脑知识与技术，2009，5（21）：5923-5924.

[2] 姜宝，曹太鑫，康伟. 数字政府驱动的基层政府组织结构变革研究——基于佛山市南海区政府的案例 [J]. 公共管理学报，2022，19（2）：72-81，169.

[3] 黄璜. 中国"数字政府"的政策演变——兼论"数字政府"与"电子政务"的关系 [J]. 行政论坛，2020，27（3）：47-55.

[4] 詹姆斯·N. 罗西瑙. 没有政府的治理 [M]. 张胜军，刘小林，等译. 南昌：江西人民出版社，2001.

[5] 于江，魏崇辉. 多元主体协同治理：国家治理现代化之逻辑理路 [J]. 求实，2015（4）：63-69.

[6] 黄璜. 对"数据流动"的治理——论政府数据治理的理论嬗变与框架 [J]. 南京社会科学，2018（2）：53-62.

[7] 郑大庆，黄丽华，张成洪，等. 大数据治理的概念及其参考架构 [J]. 研究与发展管理，2017，29（4）：65-72.

[8] 梁芷铭. 大数据治理：国家治理能力现代化的应有之义 [J]. 吉首大学学报（社会科学版），2015，36（2）：34-41.

# 第二章

# 数字政府的理论基础

—————— 本章导言 ——————

数字政府实务常常关心的问题是，在理想状态下信息技术可以在怎样的程度上改变政府的运作？以及在现实状态中信息技术的应用又受到哪些因素的制约？

据此，数字政府的研究问题有两条主线，其一为数字技术可以给政府带来怎样的变化？其二为哪些因素影响信息技术作用的发挥？从理论上对第一个问题的回答，可以概括为数字政府的数字治理理论；而对于第二个问题的回答，则可以概括为数字政府的技术与组织理论。

—————— 重点问题 ——————

1. 数字治理理论的背景与内涵。
2. 数字治理理论与网络化治理理论、整体性治理理论的区别与联系。
3. 数字治理理论的新进展。
4. 数字政府的技术与组织理论的理论背景。
5. "技术-组织-环境"框架（TOE理论）的理论要素、作用机制以及应用。
6. 技术接受模型（TAM理论）的理论背景、理论内涵以及应用。

## 第一节
# 数字政府的数字治理理论

数字治理理论（Digital Governance Theory）发轫于新公共管理运动的衰微与数字时代治理的兴起之际，强调信息技术和信息系统对公共管理的影响。数字治理理论与网络化治理理论、整体性治理理论既有区别又有联系。

## 一、数字治理理论的背景

### （一）数字治理理论的现实背景

随着信息技术的蓬勃发展、经济全球化的加速、网络社会的崛起以及新公共管理运动的式微，人们开始思考如何充分发挥信息技术和信息系统在公共部门改革中的重要作用、如何构建公共部门扁平化的管理机制，促进权力运行的共享，逐步实现还权于社会、还权于民，从而实现"善治"。

我国政府高度重视信息技术在政府事务中的应用。早在 21 世纪初，习近平在福建任职期间就作出建设"数字福建"的战略决策。党的十八大以来，习近平总书记高度重视信息化发展，加强顶层设计、总体布局，为"数字中国"建设指明了发展方向。

2013 年 11 月 12 日，中国共产党第十八届中央委员会第三次全体会议审议通过的《中共中央关于全面深化改革若干重大问题的决定》[①] 指出："全面深化改革的总目标是完善和发展中国特色社会主义制度，推进国家治理体系和治理能力现代化。"这要求我国政府在原有行政改革基础上进一步加快转变政府职能，探索对政府治理行之有效的治理理论。2015 年第十二届全国人民代表大会第三次会议的《政府工作报告》[②] 首次正式提出"互联网＋"的战略构想，通过将传统产业与互联网、物联网、大数据等先进的信息技术结合，实现各行业协同发展的新业态。2015 年 7 月，国务院印发《关于积极推进"互联网＋"行动的指导意见》（国发〔2015〕40 号）[③]，制定"互联网＋"行动计划的顶层设计，积极推进传统产业与互联网的深度融合。其中，发展政府基于线上线下的网络化公共服务成为"互联网＋"的热点话题，线上（数字治理）的公共服务提供方式具有便利和花费少的优点，对政府和公众都是一种不错的服务提供方式。党的二十大报告强调了加快建设网络强国、数字中国的重要性，指出要加快发展数字经济，促进数字经济和实

---

① https：//www. workercn. cn/243/201311/18/131118070708354. shtml.

② https：//www. gov. cn/guowuyuan/2015-03/16/content _ 2835101. htm.

③ https：//www. gov. cn/gongbao/content/2015/content _ 2897187. htm.

体经济深度融合，打造具有国际竞争力的数字产业集群；同时还提到要推进教育数字化，建设全民终身学习的学习型社会、学习型大国；此外，还指出要实施国家文化数字化战略，健全现代公共文化服务体系。这些内容表明，数字治理不仅是党的二十大报告中的一个重要议题，而且是中国推进国家治理体系和治理能力现代化的关键组成部分。加强数字政府建设，旨在提高政府治理的效率和透明度，更好地服务于人民，实现高质量发展。

上述政策文件传递出下述要点：① 政府需要一种有效的、能够改善自身弊病的管理体制；② 政府需要一种能够与信息技术结合的治理理论指导自身改革；③ 公众需要一种能够有效与政府进行良好的沟通与互动的数字治理方式。数字治理理论就是这种数字治理方式的指导理论之一。

### （二）数字治理理论的理论背景

数字治理理论产生于新公共管理运动的衰微以及数字时代治理的兴起之际。自 20 世纪 90 年代以来，数字治理理论日益成为公共管理领域研究的重要议题之一。行政学界对新公共管理运动带来的政府治理碎片化、条块分割、信息不对称、目标冲突、效率低下等问题进行了深入的反思。随着治理理论的兴起和发展，逐步产生了整体性治理、数字治理等理论。

治理理论产生于 20 世纪 80 年代末期，它的提出主要是为解决 20 世纪 70 年代西方国家新公共管理运动带来的负面后果。治理理论一经兴起就掀起了世界范围内的改革热潮，并逐渐演变为一种重要的理论与价值追求。治理理论与互联网信息技术的结合催生出数字治理理论——一种运用信息技术重塑公共部门管理流程的新型理论。

尽管数字治理理论产生时间较晚，但相关理论（整体性治理理论）的出现为数字治理理论的发展奠定了深厚的理论基础。整体性治理理论是新公共管理运动在 20 世纪 90 年代末期的修正路线。整体性治理就是政府机构组织间通过充分沟通与合作，形成有效的整合与协调，彼此政策目标一致且连续，政策执行手段相互强化，达到合作无间的目标的治理行动。整体性治理理论为解决新公共管理遗留下来的碎片化症结提供一种"整合方案"，通过运用重新整合以及整体性治理实现碎片化管理体制的重构。整体性治理针对碎片化治理带来的一系列问题提出了解决方案，但该理论强调的整合与协调尚停留在理论层面，未提出具体的制度化途径。数字化变革则为整体性治理理论提出了具体的路径选择，是对该理论的补充与完善。有关整体性治理理论与数字治理理论的区别与联系，我们后面再详细阐述。

通过以上分析，我们发现数字治理理论缘起于对新公共管理运动负面后果的反思，作为一种新型的治理理论准范式，它既有效地应对了新公共管理运动带来的碎片化问题，又为数字时代的政府公共管理实践提供了新的治理思路与治理框架。那么，什么是数字治理理论？其理论内涵是什么？该理论与其他理论存在什么差异？该理论的最新进展又是什么呢？

## 二、数字治理理论的内涵

综合学术界已有的研究，可以将数字治理定义为：在政府与市民社会、政府与以企业为代表的经济社会的互动和政府内部的运行中运用信息技术，简化政府行政，简化公共事务的处理程序，并提高民主化程度的治理模式。从多个不同维度看数字时代的治理，可以概括出以下三个主题：重新整合、以需求为基础的整体主义和数字化变革。

### （一）重新整合

重新整合关键在于将新公共管理主张分离到不同层级、企业，并且将公共服务的职能重新整合到政府行为主体中。这种重新整合不是旧式的中央集权式的管理的简单重复，而是对新公共管理的综合性回应。重新整合包括 9 大要素：逆部门化和碎片化、协同政府、重新政府化、恢复或重新加强中央过程、极力压缩行政成本、重塑功能为支撑的服务提供链、集中和专业化的采购、以"混合经济"为基础的服务共享、网络简化和"小组织"。

### （二）以需求为基础的整体主义

与在重新整合主题下狭隘的协同治理相比，整体性改革试图简化和改变政府机构和其顾客之间的整体关系，创造一个更庞大、更具包容性的管理机构：与端对端的再造过程相连接、卸载不必要的流程、控制成本、加强监督、强化规则，从而构建一个更具便捷性的政府，能够对外部社会环境变化做出迅速和灵活的反应。以需求为基础的整体主义包括 7 大要素：互动的信息搜寻和提供、以顾客和功能为基础的组织重建、一站式服务、数据库、从终端到终端的服务重塑、敏捷的政府过程、可持续性。

### （三）数字化变革

当代生产力的进步越来越依赖信息技术和相关的组织变革，因此需要紧紧抓住向完全数字化运作的转型所带来的巨大机遇。电子化渠道并非传统行政管理和商业流程的补充，它们已经完成了真正的转变，政府部门"网络化"成为常态，电子化政府和网络化服务成为公共管理的重要形式，这也是政府与公民和其他社会组织联系的主要渠道和方式。数字化变革包括 9 大要素：电子服务递送、以网络为基础的公共事业估算、集中的国家指导的信息技术采购、自动化流程的新形式、根本性的非居间化、积极的渠道分流和分割、受控制渠道的减少、加速自我管理、走向敞开书卷式的政府。

## 三、数字治理理论与其他理论的区别与联系

随着治理理论的兴起和发展，逐步产生了更多公共管理新的范式，如网络化治理、整体性治理和数字治理等。[1]

### （一）网络化治理、整体性治理和数字治理理论的相同点

网络化治理、整体性治理和数字治理理论的产生具有相同的时代背景，均是建立在信息技术的蓬勃发展、经济全球化的加速以及数字化时代到来对于公共管理模式和公共管理工具的革新要求的基础之上，相同的运行机制和组织结构、价值追求和最终发展目标也使得三种理论形成一种相互促进、相互依赖的良性互动的逻辑关系。

#### 1. 运行机制和组织结构相同

网络化治理理论是一种全新的治理模式，它通过公私部门合作，非营利公司和营利公司等多主体广泛参与，提供公共服务。在网络化治理模式下，政府角色发生重大的转变，从传统的管理和控制社会向协调资源转变，行政管理序列变得更为扁平，参与的部门也更为广泛。在网络化治理模式中，政府、市场和社会多元主体形成一种新的互动关系以达到共治，并在一个政策网络框架中相互依存。

整体性治理理论主张协调、整合，整合的过程亦是组织结构的优化和重组。整合性涉及政府活动的三个层面：治理层级的整合，如中央和地方组织层级的整合；治理功能的整合，如部门与部门之间在不打破职能分工的情况下进行功能上的协调和整合；公私部门的整合，如公共部门与私人部门委托代理、公共服务合同等契约关系的构建，以共同提供公共服务。政府组织涉及的三个方面的整合使得政府组织结构更为扁平化、组织层级更加简化、组织内外沟通更加顺畅、组织行为更加便捷。

数字治理理论强调重新整合，将原来新公共管理改革下放到不同层级、企业、公民的权力回收到政府部门，重新整合政府部门的公共服务职能。重新整合意为重新合并、重组一些功能相近或相似的部门，简化组织结构、改变无序竞争和多头主义，精简官僚制组织基础下新公共管理改革带来的复杂的管制层级，以构建扁平化的组织结构为基础，形成一种政府主导下管制层级简化、信息和服务共享链条完整、以合作和公民需求为价值追求的新秩序。

#### 2. 公民需求与结果导向

网络化治理理论是第三方政府、协同政府、数字化革命和公民需求四种理论趋势的合流，其中网络化治理理论的核心价值追求是公共价值，在公共活动中更多地回应公民需求，使公民有更多的选择权，从而为公民提供更优质的公共服务，以公民需求为本。

结果导向表现为政府及其合作伙伴绩效的测量，由于网络化治理涉及的治理主体较多，政府和其他治理主体不再是统治关系，而是基于信任、沟通协商和信息共享基础下的合作伙伴关系。

整体性治理理论强调预防性、公民需求和结果导向。整体性治理理论强调以公民需求为主，政府应把公民的生活需求作为一切工作的重心，一站式的服务简化了政府工作流程，能够将部门集中起来更加方便地解决公民诉求；以公民需求为本，以公共利益为价值追求，积极兑现政府对公民的承诺，及时关注公共利益，能够建立政府与公民间的信任，提高政府效能；结果导向将整体性治理同公共管理中仅仅是政府间的联合区分开来，这是一种独特的管理模式并且关注于责任感，使得整体性责任感关注于诚实、效率和有效性。[2]

数字治理理论强调以需求为基础的整体主义、数字化变革，其核心是通过对组织优化重组，将电子化政府与网络化服务相结合，再造政府服务流程，为公民提供更为便捷的服务。数字治理理论更多地关注技术层面的政务流程再造，以公民和功能需求为基础的机构重组，利用一站式商店、一站式窗口、网络集成技术等进行一站式的服务提供，终端对终端的服务流程再造促使政府部门在改革过程中更加关注公民需求。数字治理更加注重服务提供的方式、速度、质量，公民需求以及与公民之间的互动，能够增强政府回应性，提升政府公信力。

## （二）网络化治理、整体性治理和数字治理理论的不同点

### 1. 对于重塑权力结构的观点不同

网络化治理理论在强调政府角色的过程中提出，政府在政策网络中的主要职能是提升公私合作程度并且管理好公私合作网络，政府角色的转变意味着权力结构的重塑，网络化治理将多主体参与以及协商对话的精神融入公共服务的提供中。网络化治理理论认为，重塑权力结构落脚于分权。

整体性治理理论是对新公共管理将企业管理分权和竞争带来的无序竞争、各自为政和条块分割等问题的纠偏。作为一种新的治理范式，整体性治理理论在重塑政府角色和权力结构方面主张集权。整体性治理理论提出集权并非旧式官僚体制的中央集权，而是职能明确分工基础上权力的集中和整合，包括纵向政府层级的整合、横向政府功能的整合和公私部门的整合。

数字治理理论提出重新整合、重新恢复和加强中央集权，这是对整体性治理集权和整合的进一步深化。重新整合的关键在于将新公共管理理论分离出去的政府职能重新收回，合并一些准政府机构，实行大部门式治理，逐步化解新公共管理由分权导致的碎片化和职能分割、政出多门、各自为政和孤岛现象，同时，数字治理对权力和职能的重新整合、组织和机构的重组也为跨界治理降低了难度。[3]

### 2. 对理论承袭和批判程度不同

网络化治理理论是对新公共管理理论的延续，是对新公共管理理论批判地继承。网络化治理理论从根本上承认公司部门的合作在政府治理和公共服务提供方面的重要作用，主张构建一个由私人部门提供服务的整个服务网络，而管理好这个网络是政府的主要职能。

整体性治理理论是对新公共管理理论在发展过程中出现问题的批判、反思和超越。整体性治理理论提倡协调、整合和网络化，较好地解决了新公共管理理论强调分权、竞争和市场化导致的碎片化、孤岛现象、协调低效率、职责同构、信息不对称等问题。

数字治理则是数字时代下对整体性治理理论的新要求。数字治理理论在价值追求角度与整体性治理理论一脉相承，提倡重新整合、以需求为基础的整体主义。而数字化变革，是对整体性治理理论的补充和完善，从技术层面解释了数字时代对整体性治理理论模式的新要求，是整体性治理理论在工具理性层面的归宿。

## 四、数字治理理论的新进展：数字治理生态理论

伴随着数字政府发展进入全新阶段，数字政府已经超越单一领域发展阶段，迈入全面数字化转型的协同发展阶段。数字治理生态从生态论视角理解政府数字化转型，强调治理体系的系统化、治理主体的包容性、治理资源的共享性。

### （一）数字治理生态理论的结构

数字技术嵌入政府、社会、市场中形成数字政府、数字社会与数字经济三大治理场域，三者借由数字治理主体和数字治理资源两大要素系统共同构成数字治理生态，成为驱动数字政府、数字经济和数字社会各个子系统协同演化的基础性机制。数字政府是数字治理生态中以公共部门为代表的公共治理子系统，与以科技企业和数字消费者为代表的数字经济子系统，以科技社群、数字公民为代表的数字社会子系统并存且深度融合。从行动者-资源视角出发，党委政府、科技企业、科技社群、社会组织、公众和媒体等行动者拥有治理资源并在各个子系统中扮演角色。譬如，科技企业既是数字经济子系统的创新力量，也是数字社会子系统的服务供给者和社会责任承担者，更是数字政府子系统的产品开发者和运营主体；党委政府既是数字政府子系统的主导力量，也是数字经济子系统的规划者和监管者，更是数字社会子系统的服务者和组织动员者。作为公共产品的提供者，党委政府是数字治理生态构建的核心力量，发挥着建设数字基础设施、构建行动者网络和激活新兴治理资源的主导作用。在政府主导数字治理生态的过程中，数字政府一方面要促成实体政府与数字空间"政府"的融合，另一方面则通过重构政府-社会关系和政府-市场关系以吸纳市场主体、社会力量等多元主体的参与，并通过体制机制创新激发市场和社会活力。数字经济是数字治理生态的经济基础和创新动力，

激发市场机制和创新活力；数字社会则致力于实现数字普惠与包容性，提升全民数字素养，通过治理知识普及化、治理参与普遍化、服务享受普惠化构建共建共治共享的治理格局。

### （二）数字治理生态理论的特征

数字治理资源的多样化与数字治理主体的协同化促使数字治理生态成为数字时代的国家治理的新型结构，呈现出包容性、协同性、智慧性和可持续性四个特征。

#### 1. 包容性

数字治理生态构建是一场全方位、系统化的治理转型，其包容性体现为多样化治理资源在多元治理主体中的共享和协同。在数字时代，国家治理日趋复杂化，这促使国家治理主体由单一的政府主体向多元主体转变。相应地，数字治理资源以开放和共享为宗旨，这就促使数字治理生态充分包容各类治理主体，因为不同治理主体供给着不同类型的治理资源，如科技企业生产着算法和算力，社会大众生产着数据，科技社群开发算法和智能化解决方案。在治理实践中，公共治理需要政府将议程设置、政策制订、施策监督及考核反馈等治理过程面向多元主体公开透明，要依据可记录、透明化、扁平化、规范化的一套程序来运行，拓宽数字化参与渠道，激发社会公众参与热情，推进政府与科技企业、科技社群在数字化基础设施建设和智能化解决方案开发上协同合作，形成一种包容性、扁平化的治理结构。[4]

#### 2. 协同性

国家治理是一项庞大而复杂的系统工程，对政府内部机构的整合和与外部组织的协同要求不断提升。政府数字化转型基于两种协同治理：一是政府内部机构围绕特定治理场景或政策领域实现跨系统、跨层级和跨业务的部门间协同；二是政府与外部主体如市场主体、社会组织、网络社群、社会公众之间的协同共治。数字治理生态要求政府、科技企业、科技社群、公众、媒体和社会组织等多元主体协同共治。其中，政府处于主导地位，发挥理念转变、制度变革与重塑业务流程等引领作用；科技企业和科技社群作为技术创新的中坚力量，为政府数字化转型提供技术与智力支持；公众和社会组织是数字社会的基础单元，通过社会自组织、协商自治和公众参与介入数字政府运行，不仅为数字政府供给着丰富而价值密度高的"人感数据"，更发挥着社会监督作用。[5]

#### 3. 智慧性

智慧性体现为依靠数字化应用实现敏捷治理。随着国家治理复杂性的增加，数字智能技术的发展为分析和理解复杂系统提供了可能。即时感知、精准滴灌、精准决策、主动服务、智能研判等新型治理技术正在成为现实，提升复杂治理的智慧性和综合治理的精准化。智慧性包括决策的智能化、部署的智能化、执行的智能化及反馈的智能化。决策的智能化是指决策过程从议程设置、问题诊断、预测分析到政策模拟和优选全流程的智能化。部署的智能化是指软硬件配套设施将决策标准及流程付诸具体治理环节的智能化。执行的智能化是指信息接收及输出终端普及，辅助政策执行和精准干预的智能化。反馈的智能化是指政策反馈系统在对反馈信息进行收集、分类、预处理及信息提取方面的智能化。

### 4. 可持续性

数字治理生态一旦形成就具有自我生长的内生动力，这源于数字治理生态的两大要素系统的内生关联。一方面，随着数据的快速积累、算力的更新提升、算法的迭代优化，数字治理资源愈发丰富，智能化解决方案愈加精准有效，数字治理能力得以持续提升。另一方面，数字治理生态将政府、企业、公众和社会组织连接起来，形成协同共治的格局。这客观上促进数字政府与数字经济、数字社会的深度融合，并不断形成交互与正向反馈，数字政府发挥牵引数字经济与数字社会的作用，而数字经济提供经济基础和科技支撑，数字社会通过激发社会活力反哺数字政府，这使得数字治理生态具有可持续的自我演化能力。

## 第二节
## 数字政府的技术与组织理论

### 一、数字政府的技术与组织理论的理论背景

数字政府建设在提高政府运行效能、优化营商环境、密切社会联系等方面取得了许多成就。但是，数字政府的发展与理想状态存在一些差距。首先，政府数字化建设的速度不够快，覆盖面还不够广泛，部分地区和部门数字化程度较低。此外，数字治理平台在实践中存在资源整合不力、信息孤岛、业务服务协同性不足等问题，未能充分发挥数字技术与数字化转型的优势。同时，政府互联网服务能力的提升也面临着数据不兼容、数据失准、统计口径不一等技术基础性问题，以及科层组织协同不力、部门整合不足、业务协同困难等治理深层次问题。

可以用什么理论解释数字政府建设存在的问题呢？政府对技术的采纳在数字政府发展中具有非常重要的作用。从学理上分析，有多种理论可以解释政府对技术的采纳问题。首先，技术接受模型（Technology Acceptance Model，简称 TAM 理论），技术接受和利用整合模型（Unified Theory of Acceptance and Use of Technology，UTAUT）这两个

理论都将信息技术采纳的影响因素视为一个持续性变量,用来解释信息技术采纳的初次决策和持续应用。[6] 其次,适应性结构理论(Adaptive Structure Theory,AST)和信息系统持续采纳模型(Expectation-Confirmation Model of IS Continuance,ECM-ISC)则关注用户持续使用信息技术意愿及行为的关键影响因素,帮助理解持续采纳阶段的决策。此外,还有传统的电子政务理论,如理性行为模型(Theory of Reasoned Action,TRA)、计划行为理论(Theory of Planned Behavior,TPB)等。

政府对技术的采纳问题可以从不同的理论角度进行解释。学术界用得最为广泛的是"技术-组织-环境"框架(Technology-Organization-Environment,简称 TOE 理论)与技术接受模型(Technology Acceptance Model,简称 TAM 理论)[7]。TOE 理论和 TAM 理论都是应用于信息技术领域的理论模型,但它们侧重的方向不同。TOE 理论侧重于分析技术应用环境的影响因素,包括技术、组织和环境三个方面,从而预测新技术应用的采纳情况。而 TAM 理论则更加关注个体采纳新技术的动机和行为,将采纳过程分为感知有用性和简易性两个方面。此外,TOE 理论和 TAM 理论的研究方法和应用场景也不完全相同。TOE 理论通常用于研究组织对新技术的动态响应和应用,适用范围比较广泛。TAM 理论则更适用于研究个体对新技术的接受程度和采纳行为,可以应用于信息技术、市场营销、用户体验等方面。总的来说,TOE 理论和 TAM 理论各有其优劣势,选择合适的理论模型应该根据研究目的和实际情况来确定。

## 二、 TOE 理论

### (一) TOE 理论概述

#### 1. TOE 理论的理论内涵

TOE 理论是一种综合性的影响因素模型,涉及新技术应用的三个方面:技术、组织和环境。其中,技术方面包括技术资源和能力等特征,以及新技术对组织的促进或抑制作用;组织方面包括组织规模、资源、组织结构等特征,以及组织内部应对新技术的能力;环境方面指外部环境对新技术的支持程度,包括市场需求、制度环境等。这三个方面的因素会共同影响新技术的应用和使用。在 TOE 理论的影响因素模型中,技术、组织和环境三个方面是相互交错、相互作用的,在进一步研究具体问题时需要进行具体分析和挖掘。此外,TOE 理论的基本概念的具体内涵也因研究对象和所属领域的不同而存在差异,需要根据具体的情境进行细化和拓展。

#### 2. TOE 理论的核心概念和变量

TOE 理论指的是"技术-组织-环境"框架,该框架认为新技术应用受到技术、组织和环境三方面因素的共同影响。TOE 框架的核心概念包括技术、组织和环境三个方面。其中,技术因素涉及技术相关特征,如技术资源、技术能力等,会促进或抑制组织应用和使用技术；组织因素涉及组织的特征，如组织规模、组织资源等；环境因素则强调组织外部环境的影响，如行业结构、需求压力和制度环境等。TOE框架通常被用来研究新兴技术应用的影响因素，如地方政府网站建设、工业互联网实施等。该框架被广泛应用于组织的创新采纳及其影响因素研究。

### 3. TOE理论的适用性

TOE理论是一个普遍适用的理论框架，可以用于研究不同的新兴技术应用的影响因素。TOE理论认为新技术应用受到技术、组织和环境三方面因素的共同影响。这些影响因素可以归纳为技术相关特征、组织的特征和组织外部环境的影响。以工业数字化发展为例，可以将其关键条件变量归纳为技术管理能力、注意力分配和制度环境等方面。此外，TOE理论的适用性也受到各个地区情境的差异影响。例如，TOE理论在中国情境下的实证应用和适应性修正尚需进一步探索。因此，在具体应用TOE理论时，研究者需要考虑到所研究的对象的独特性，并在适当情况下进行适应性修正，以更好地引导和促进新兴技术应用的发展。在研究工业数字化高质量发展的过程中，不同学者根据具体研究对象和情境，选择不同的视角来应用TOE理论，以探究驱动工业数字化高质量发展的关键条件变量。

## （二）　TOE理论的理论要素及其作用机制

### 1. TOE理论的技术因素及其作用机制

TOE理论是一个广泛运用于新技术应用领域的理论框架，其包括三个主要影响因素：技术、组织和环境。其中，技术因素是指技术本身的特征对组织的适用性的影响。在工业数字化发展中，技术因素主要关注技术资源、技术能力等方面对组织应用和使用技术的促进或抑制作用。TOE理论强调技术的适应性与可塑性，即技术应用能否满足组织的实际需求，以及是否能够通过有效的技术整合和创新更好地服务组织的发展。因此，在工业数字化发展中，技术因素是影响工业数字化组态路径、驱动工业数字化高质量发展的关键因素之一。

技术因素如何影响政府对新技术的采纳呢？TOE理论中的技术因素包括技术资源和技术能力等方面，这些因素会影响政府采纳新技术的应用和使用。具有较强技术管理能力和技术能力的政府部门更有可能采纳新技术并成功运用，而技术资源的不足则会制约政府采纳新技术的进程。除了技术管理能力和技术能力，TOE理论还强调了组织和环境因素对政府采纳新技术的影响。组织因素与技术因素相互交织，包括组织规模、组织资源和数据管理体制等方面，这些因素对政府新技术应用的推广和成功使用具有重要影响。环境因素包括公民外部需求、制度环境和应用市场等方面，同样会影响政府采纳新技术的进程。因此，考虑到技术、组织和环境等多种因素的影响，需要综合考虑并掌握政府采纳新技术的相关因素，以达到成功实施和运用新技术的目标。

### 2. TOE 理论的组织因素及其作用机制

TOE 理论中的组织因素是影响新技术应用的重要因素之一。组织因素主要指组织内部结构、资源禀赋、管理方式和组织文化等方面的影响因素。具体来说，组织规模、组织结构、人员素质和组织文化等均会对新技术应用的推广和使用产生不同程度的影响。此外，组织内部的管理方式和决策机制也会对新技术应用的推广和使用产生重要影响。如果组织内部管理不善、决策不当，就很难推动新技术的应用和普及。与此同时，组织内外部的合作和协调也是推动新技术应用的重要因素，例如组织之间的联合研发、技术转移和合作共享等。总之，组织因素对于新技术应用的推广和使用具有重要的作用，需要在实践中予以重视和充分考虑。

组织因素如何影响政府采纳新技术呢？根据 TOE 理论，组织因素是影响企业采纳新技术的关键因素之一。对于政府来说，组织因素同样会影响政府采纳新技术的能力和意愿。具体来说，组织因素包括规模、类型、结构、财政、需求、任务、领导支持等。政府采纳新技术所需的投入往往是巨大的，因此政府的财政状况会对政府采纳新技术产生很大的影响。此外，政府的需求和任务也是影响政府采纳新技术的重要因素。只有政府的需求和任务与新技术的应用场景相符合，政府才会采纳新技术。领导支持也是政府采纳新技术的重要因素，政府高层对新技术的支持和推动，能够提高政府采纳新技术的意愿和能力。综上所述，组织因素是影响政府采纳新技术的重要因素之一，政府应该注重建设适应新技术发展的组织机构和领导层，提高政府采纳新技术的能力和水平。

### 3. TOE 理论的环境因素及其作用机制

TOE 理论中的环境因素强调组织外部环境对新技术应用的影响。具体来说，环境因素包括行业结构、需求压力和制度环境等方面。其中，行业结构是指所处行业的竞争、市场规模、市场结构等因素对新技术应用的影响；需求压力是指社会对新技术应用的迫切需求，例如消费者对产品和服务的需求、政府对公共服务的需求等；制度环境是指政策和法律对新技术应用的影响，例如政策和法律的支持或限制、知识产权保护等。这些环境因素会共同作用，影响组织对新技术的应用和采纳。在工业数字化发展中，环境因素特别重要，必须充分考虑各种环境因素的作用，以推动工业数字化高质量发展。

环境因素影响政府采纳新技术的内在机制是什么呢？TOE 理论中，环境因素是指组织外部环境对新技术采纳的影响，包括政治、经济、社会、文化和人口等多个方面。在政府采纳新技术方面，这些环境因素都具有重要的影响作用。例如，政治环境的稳定性可以促进政府采纳新技术的决策和实施，而不稳定的政治环境则可能拖延或者破坏政府采纳新技术的计划。另外，经济环境的发展水平和产业结构也会影响政府采纳新技术的态度和程度。社会和文化环境则对政府采纳新技术的接受度和影响力具有重要影响，例如，公众对新技术的态度和了解程度，以及文化传统和习惯会影响政府采纳新技术的决策和实施方案。因此，在政府采纳新技术的过程中，环境因素的影响也需要充分考虑和分析，以便制定出合适的决策和实施方案。

## （三） TOE理论的应用

### 1. TOE理论的一般应用

TOE理论是一种针对新兴技术应用的影响因素的理论框架，主要考虑技术、组织、环境三个方面的影响因素。在应用TOE理论研究时，需要选取影响新兴技术应用的关键条件变量，从技术、组织、环境三个方面入手，以全面分析新技术应用的可行性和影响因素。

针对工业数字化的发展，可以通过应用TOE理论来探究其驱动路径和条件因素。在选择关键条件变量时，需要结合工业数字化的特点和发展情况，从技术、组织和环境三个方面选取关键变量。在实际应用中，可以通过问卷调查、深度访谈等方式收集数据，然后运用统计学方法进行数据分析，以得出工业数字化发展的驱动路径和条件因素。因此，应用TOE理论可以帮助我们系统性地分析工业数字化发展的影响因素，为工业数字化高质量发展提供指导和支撑。

### 2. TOE理论的多条件组态分析

多条件组态分析是一种适用于研究复杂系统的分析方法，而TOE理论则是在分析技术应用时常用的理论框架。[8] 如何将多条件组态分析应用到TOE理论中呢？可以按照以下步骤进行：

（1）确定研究对象和研究问题。确定需要研究的系统或组织，以及需要解决的问题或研究目标。

（2）构建分析框架。基于TOE理论，构建分析框架，确定三个核心条件，即技术、组织和环境，并细分为二级条件。

（3）确定条件变量。根据研究问题和框架，确定需要考虑的条件变量，以及它们可能的取值。

（4）构建真值表。根据确定的条件变量和它们可能的取值，构建真值表，列出所有可能的条件组态。

（5）计算各个条件组态的重要性。使用适当的方法，比如学者拉金和费斯提出的结果呈现法，计算各个条件组态的一致性和覆盖度。

（6）分析条件组态的协同作用。根据计算结果，分析各个条件变量在不同条件组态下的协同作用。

通过上述步骤，可以将多条件组态分析应用到TOE理论中，深入探讨技术应用的影响因素和机理，并为实际应用提供决策支持。

# 三、 TAM 理论

## （一） TAM 理论概述

### 1. TAM 理论的背景与内涵

不确定性是组织环境的重要特征，组织需要针对任务环境、技术、目标等不确定性要素建立适应性的组织结构和行为模式。行动者在寻找解决问题的方案时，同样需要将不确定性考虑在内。信息技术作为一种沟通和协调的新载体，本身是一种"外来"的技术，它的引入具有改变权力关系、重塑利益格局、推动组织变革的潜在效果，是组织面临不确定性的来源之一。组织内不同的行动者往往会依据其自身在组织结构中的角色和地位，形成不同的信息技术认知，赋予它不同的意义和期望，这种认知和期望在很大程度上影响到信息技术的采纳和应用。

TAM 理论是指技术接受模型，是信息技术领域有关技术认知和采纳的经典理论模型。TAM 模型主要用于解释个体或组织采纳新信息技术的行为，探讨人们接受新技术的动因和过程。该模型认为人类的特定行为表现由行为意图决定，而行为意图受到态度因素的显著影响，人们接受新技术的过程涉及三个变量：有用性、易用性和使用意愿。其中，有用性是指使用某项技术能够加强工作表现的程度，易用性是指使用某项技术的容易程度。该模型引起了广泛关注，并成为信息系统领域中一种重要的分析工具。

### 2. TAM 理论的来源

随着计算机和信息技术的发展，有研究发现，20 世纪 80 年代以来，组织的投资中有一半以上用于信息技术方面。技术虽然能够改善组织的生产效率，但是它们必须首先被组织的人员所接受。研究个体对技术的接受行为被认为是信息系统中最成熟的研究领域之一。这方面的研究中产生了很多理论模型，其中最有代表性的是理性行为理论和技术接受模型（TAM 理论）。

理性行为理论是一个被广泛研究的模型，它源于社会心理学，研究的是有意识行为打算的决定性因素，实质上可用于解释任何一种人类行为，对于不同领域的行为，它都能做出很好的预测和解释，是研究人类行为最基础的最有影响力的理论之一。根据理性行为理论，一个人执行某项行为是由他/她的行为意向决定的，行为意向是由个人对所要执行的行为的态度和主观规范共同决定的。

TAM 理论是 Davis（1989）运用理性行为理论研究用户对信息系统接受时所提出的一个模型。理性行为理论是在"行为的发生是基于个人的意志力控制"的假设下，对个人的行为进行预测、解释。但在实际情况下，个人对行为的意志控制程度往往会受到时间、金钱、信息和能力等诸多因素的影响，因此，理性行为理论对不完全由个人意志所能控制的行为，往往无法给予合理的解释。Davis 在研究用户对信息系统接受时，一方面扩大了理性行为理论的适用范围，另一方面也对理性行为理论进行了一定程度的修正。

### 3. TAM 理论的核心变量与测量

在实证研究中，感知有用性因素常常被概念化为，一个人认为使用一个系统对他工作业绩的提高的程度；而感知易用性因素则被概念化为，一个人认为很容易使用一个具体的系统的程度。

具体到操作化方面，感知有用性因素的操作化测量为：① 在我的工作中使用这个系统使我能够更快地完成任务；② 使用这个系统将会提高我的工作业绩；③ 在我的工作中使用这个系统将会提高我的生产能力；④ 使用这个系统将会提高我的工作效率；⑤ 使用这个系统将会使得我更加容易工作；⑥ 在我工作中，我将会发现这个系统有用。感知易用性因素的操作化测量为：① 学习使用这个系统对我来说将会很容易；② 我将会发现使用系统做我想做的事是很容易的；③ 我与系统的交互将会是清楚的和明白的；④ 我将会发现系统能很灵活地进行交互；⑤ 熟练地使用系统对我来说将会是很容易的；⑥ 我将会发现这个系统容易使用。

## （二）　TAM 理论在信息技术领域组织层面的应用

组织中信息技术的应用与采纳，取决于组织中不同行动者面对信息技术不确定性时所产生的不同认知。

任何问题在涉及其解决方法和途径时，总是包含部分未定、难以预见的情形，即不确定性。在组织的运作过程中，行动者总是基于自身目标效用函数对不确定性做出反应、分析和判断。一种反应是视不确定性为潜在的机遇，它可能转化为增加自身目标效用的利好因素；另一种反应是视不确定性为潜在的约束，它可能转化为减少自身目标效用的不利因素。信息技术作为一种"外来"的技术，基于其可访问性、可连接性、互依性和外源定制性等特性，它的引入会给组织场域内的行动者带来程度不一的不确定性。对不同行动者而言，也就具有内涵各异的效用和意义，从而形成不同的主观认知和判断。

以大家熟知的行政服务中心建设过程为例，如何用 TAM 理论分析信息技术应用与采纳的影响机制呢？行政服务中心建设过程，其核心行动者包括地方政府领导人、行政总汇管理者、职能部门管理者、窗口工作人员四类。依据前述 TAM 理论，这些行动者对于信息技术不确定性的认知和关注点存在着显著差异：地方政府领导人处于决策层，偏于重要性认知，更关注项目的社会和政绩效益；行政总汇管理者处于实施部门的管理层，偏于有用性认知，关注项目给本部门带来的地位和利益；职能部门管理者处于使用部门的管理层，偏于相容性认知，面对非本部门的信息技术项目，更关注技术系统的兼容性，尽可能避免利益损失和责任风险；窗口工作人员处于操作层，偏于易用性认知，关注的则是操作难易程度、自身时间和精力投入、学习成本等。总体而言，该项目对地方政府领导人和行政总汇管理者来说是机遇，而对职能部门管理者和窗口工作人员来说是约束。新的信息技术方案最终是否被采纳，取决于组织内不同的行动者依据其自身在组织结构中的角色和地位所形成的信息技术认知。

## 本章小结

数字治理理论强调信息技术和信息系统对公共管理的影响，与网络化治理理论、整体性治理理论既有区别又有联系。政府对技术的采纳问题可以用"技术-组织-环境"框架（TOE理论）与技术接受模型（TAM理论）等进行解释，二者在理论的侧重点、研究方法及应用场景等方面存在着一定的差异。

## 主要概念

数字治理理论；"技术-组织-环境"框架（TOE理论）；技术接受模型（TAM理论）

## 复习思考题

1. 什么是数字治理理论？该理论的提出是为了解决什么现实与理论问题？
2. 数字治理理论与网络化治理理论、整体性治理理论有何区别与联系？
3. 数字治理理论的新进展是什么？
4. 数字政府建设存在哪些现实问题？可以用什么理论来解释？
5. 什么是"技术-组织-环境"框架（TOE理论）？其理论要素及其作用机制是什么？
6. 怎样用TOE理论分析数字政府建设过程中碰到的现实问题？
7. 什么是技术接受模型（TAM理论）？其理论背景、内涵及缺陷是什么？
8. 怎样用TAM理论分析数字政府建设过程中碰到的现实问题？

## 参考文献

[1] 韩兆柱，单婷婷. 网络化治理、整体性治理和数字治理理论的比较研究 [J]. 学习论坛，2015，31（7）：44-49.

[2] 孙志建. 平台化运作的整体性政府——基于城市运行"一网统管"的个案研究 [J]. 政治学研究，2022（5）：39-48，152-153.

[3] 陈振明，魏景容. 公共价值的"研究纲领"：途径、方法与应用 [J]. 公共行政评论，2022，15（6）：63-77，197.

［4］竺乾威．公共价值的行政学分析［J］．公共管理与政策评论，2023，12（1）：20-27．

［5］孔繁斌，郑家昊．建设人民满意的服务型政府——中国共产党对行政体制理论的创新探索［J］．中国行政管理，2021（7）：22-29．

［6］谢起慧，彭宗超．基于 TAM 的政务微博与政务微信危机沟通机制比较研究［J］．情报杂志，2017，36（5）：106-112，100．

［7］谭海波，范梓腾，杜运周．技术管理能力、注意力分配与地方政府网站建设——一项基于 TOE 框架的组态分析［J］．管理世界，2019，35（9）：81-94．

［8］陈爽英，雷波，冯海红．发达地区和欠发达地区工业数字化的组态路径——基于"技术-组织-环境"的理论框架分析［J］．科学学研究，2022，40（3）：410-419，453．

# 第三章

# 数字政府的演变历程

—— 本章导言 ——

　　信息技术的持续发展推动政府行政实践的不断改革。随着信息化浪潮在世界范围内的影响力的不断增强及信息技术的迭代升级，数字政府建设已逐步成为推进国家治理体系和治理能力现代化的关键所在。以"全过程"视角回顾我国数字政府发展历程并总结相关建设经验，对于未来数字政府持续发展具有重要意义。

———— 重点问题 ————

1. 我国电子政务的发展历程。
2. "三金工程"。
3. 大数据技术在政府治理中的应用。
4. 数字政府建设的保障措施。
5. 数字政府建设的成效。

数字政府是政府借助云计算、大数据、人工智能等新一代信息通信技术，以实现公共服务无纸化、社会治理精准化、政府决策科学化为目标，通过连接网络社会与现实社会，重组政府组织架构，再造政府行政流程，优化政府供给，变革政府治理理念、方式和工具等建立起的一种新型政府形态。数字政府是政府利用新技术、新工具、新思路进行改革与发展的必然结果。数字政府不是从来就有的，与传统政府一样，从孕育、萌芽、问世到蓬勃，其发展历程也是一个较为长期的过程。由于各国数字政府实践基础和重点不同，关于这一过程该如何划分，理论学家们莫衷一是。美国学者韦斯特认为数字政府发展可以分为"公告板""部分服务提供""门户网站"和"互动式民主"四个阶段。[1] 还有学者提出数字政府系统变革需要经历五个发展阶段，即"火炉管"式组织、整合化组织、全国性入口、组织间整合和需求驱动的系统型政府。[2] 由于国外学者关于数字政府发展阶段的划分主要是基于其本国数字政府的发展经验，相关阶段划分方式无法体现我国数字政府发展的阶段性特征，因而不具有参考性。基于我国数字政府的建设发展历程，本章根据数字技术对政府治理变革的影响程度不同，将其分为基于信息数字化的电子政府阶段及基于数字技术驱动的数字政府两个阶段。

## 第一节
## 基于信息数字化的电子政务

20 世纪 80 年代个人电脑面世以来，基于信息技术的计算机管理信息系统便被快速应用于各行各业之中。公共部门也采用了计算机技术并搭建了一套电子政务的应用体系。美国是世界上最早进行电子政务建设的国家。在进行电子政务建设之前，美国首先建立了一套与之相关的法律法规体系，包括《信息自由法》（1967）、《隐私法案》（1974）等，这一系列法律、法规和政策为美国政府、其他公共部门和个人收集、使用和共享信息数据提供了法律依据和行为准则。在有了相对成熟的法律、政策之后，美国电子政务的发展开始进入侧重于技术管理、电子服务、安全以及拓展公民参与路径等的阶段。[3] 欧洲及其他较早推广应用电子政务的西方国家和地区基本都遵循了上述美国电子政务发展的逻辑。受到外部环境和技术发展的限制，我国在改革开放以后才开始尝试在经济管理领域推进电子信息化建设，虽然起步较晚，但相关实践为计算机技术引入政府管理领域起到了良好的示范效应，促进了中国特色电子政务的产生与发展。

### 一、政府信息化建设的筹备阶段：1978—1992 年

我国电子政务萌芽最早可以追溯到 20 世纪 70 年代末。改革开放以后，为了尽快弥补在信息化建设领域的不足和短板，我国政府通过自我开发与国外技术引进等多元方式

推进计算机技术发展，并率先在经济管理等领域推广应用计算机技术。直到 1992 年，理论界与实践界都还尚未正式提出"电子政务"或"电子政府"概念，加之相关工作的推进重点也主要是办公自动化的普及应用，因此，这一阶段被学术界称为"政府信息化建设的筹备阶段"或"电子政务（政府）的萌芽阶段"。这一阶段，在顶层设计方面，我国主要通过领导人重视、政策宣传和成立领导小组等形式推动政府信息化建设（见表 3-1），相关部门或组织的成立以及政策制度的出台，为我国后来电子政府的发展奠定了组织与制度基础。

表 3-1　政府信息化筹备阶段（1978—1992 年）

| 时间 | 政府信息化发展基础 |
| --- | --- |
| 1982 年 10 月 | 国务院成立"计算机与大规模集成电路领导小组" |
| 1982 年 12 月 | 领导小组召开会议并确定我国后期发展的重点目标 |
| 1983 年 5 月 | 计算机技术全面推广和应用，提出构建一支强大的科技队伍 |
| 1984 年 | 中央强调要发展现代化信息系统，普遍应用电子计算机等信息技术；国务院成立"新技术革命对策"小组；邓小平同志为《经济参考》创刊两周年题词"开发信息资源 服务四化建设" |
| 1984 年 9 月 | "计算机与大规模集成电路领导小组"更名为"国务院电子振兴领导小组" |
| 1984 年 11 月 | 电子振兴领导小组发布"我国电子和信息产业发展战略" |
| 1986 年 3 月 | 启动国家高技术研究发展计划 |
| 1986 年 12 月 | 召开首届中国信息化问题学术讨论会 |
| 1988 年 5 月 | "国务院电子振兴领导小组"更名为"国务院电子信息系统推广应用办公室" |
| 1992 年 | 持续推动电子信息技术应用向纵深发展 |

资料来源：根据中国电子政务官网、国家互联网信息办公室官网、中国信息年鉴以及报纸媒体报道等资料整理。

在实践领域，我国"六五"（1981—1985 年）计划已经明确提出要在政府管理中使用计算机。当时，原国家计划委员会、财政部等中央政府部门开始建立数据中心，进行电子数据处理。为了迎接世界新技术革命的挑战，加快我国社会主义现代化建设进程，国务院于 1986 年批准建设国家经济信息系统并组建国家经济信息中心。相关机构的成立可以显见当时中央层面对政府管理信息化建设的重视。

到"七五"（1986—1990 年）时期，我国建设了包括国家经济信息系统等在内的 10 余个信息系统，43 个部委建立了信息中心，中央政府安装的大中型计算机达到 1300 多台，微机超过 3 万台，建设数据库约 170 个。随着计算机技术应用的逐渐普及，综合采用图形、文字、图像、声音等的通信网络在政府管理领域开始得到广泛应用。

从时代发展脉络来看，这一阶段是我国在政治、经济和社会领域向信息化迈进的初步探索，在"四个现代化"建设的背景下，党和中央政府大力推动计算机信息技术的发展及应用，在短短 10 余年的时间里从政策设计、保障机制、发展模式以及人才培养等方面完成了初步架构，使我国信息技术开始由研究制造逐步转向普及应用发展。这一阶段，中国政府信息化建设在吸取西方国家"工业革命"经验的基础上，集中发展现代化的信息系统：① 电子信息技术应用逐步向邮电、银行、电网、铁路、公安、财税和军事等领域探索发展；② 信息技术产业服务对象开始瞄准国民经济、"四化"发展和社会基本服务领域。但是需要指出的是，这一阶段计算机技术在政府管理领域的应用还主要局限于数据处理和管理，系统的电子政务系统此时还尚未形成。

## 二、电子政务建设的起步阶段：1993—1999 年

在全球快速建设信息高速公路的潮流中，1993 年 12 月，中国政府正式启动了国民经济信息化的起步工程——"三金工程"，即金桥工程、金关工程和金卡工程。其中，"金桥工程"的目标是建立一个覆盖全国并与国务院各部委专用网连接的国家共用经济信息网。"金关工程"是对国家外贸企业的信息系统实现联网，推广电子数据交换技术（EDI），实行无纸贸易的外贸信息管理工程。而"金卡工程"则是以推广使用"信息卡"和"现金卡"为目标的货币电子化工程。为了加强国家经济信息网的建设，为了推动国家信息化事业的健康发展，在推出"三金工程"的同时，国务院批准成立了国家经济信息化联席会议。1994 年 5 月 23 日又对联席会议的成员进行了增补。此时的国家经济信息化联席会议是国务院抓好国家经济信息化工作的参谋议事机构，肩负着政府信息化重要问题的决策职责。[4]

以"三金工程"启动和"国家经济信息化联席会议"成立为标志，我国进入了电子政务建设的起步阶段或者说政府信息化的普及阶段。1994 年，中国正式接入国际互联网。到 20 世纪末期，我国网络已呈现出中国科技网、中国公用计算机互联网、中国教育和科研计算机网、中国金桥网以及中国联通公用计算机互联网等"五网奔腾"的局面。相关信息基础设施、通信网络和网络互联等的建设和实现，为 1999 年起在全国普遍实行"政府上网工程"做了充分准备，这也是我国第二阶段电子政务发展的主要特征。[5] "政府上网工程"由当时的中国邮电电信总局和国家经贸委经济信息中心等 40 多家部委（办、局）信息主管部门联合策划发起，各省、自治区、直辖市电信管理局作为支持落实单位，联合信息产业界的各方面力量，推动我国各级政府部门在 163/169 网上建立正式站点并提供信息共享和便民服务的应用项目。当时，为了配合政府上网，中国电信还为上网的政府机构专门出台了优惠政策，包括在一定期限内减免接入专线月租费、相关通信费和主机托管费，组织服务商免费为政府制作主页等。

在"政府上网工程"的推动下，不到 2 年，我国政府网站建设范围便已经延伸到乡镇级政府，并开始向社会发布政府部门信息。有的政府还开始尝试提供在线服务，数字北京、数字福州等具有典型创新的电子政务发展模式开始涌现，极大推动了公共信息基础设施建设，政府专网、业务系统建设开始铺开。至此，中国政府电子政务大幕正式拉开。

总的看来，在这一阶段，我国从国家信息化顶层设计、领导人推动、机构改革与发展规划制定等方面明确了信息化的方针、任务目标以及"统筹规划、国家主导；统一标准、联合建设；互联互通、资源共享"的原则。在信息化实践操作的推进中，呈现网络

主导的技术特征，重视信息发布、信息利用和信息安全的流程特征，以及辐射范围广、规模大的影响特征。

## 三、电子政务平台架构建设阶段：2000—2011 年

2001 年国务院办公厅《全国政府系统政务信息化建设 2001—2005 年规划纲要》的颁发，标志着我国正式进入电子政务的建设阶段。根据该规划，全国系统要在 3 至 5 年的时间里，初步建立以"三网一库"为基本架构的政府系统信息化框架。所谓"三网一库"，即政府机关内部的办公网、中央和地方政府及部门的办公业务资源网、以因特网为依托的公共管理与服务网和政府系统共建共享的电子政务信息资源库。其中，政府机关内部的办公网（简称"内网"）是各个行政机关内部的行政办公局域网，分别运行着决策指挥、宏观调控、行政执行、应急指挥、监督检查、信息查询等各类相对独立的电子政务应用系统。办公业务资源网（简称"专网"）承载政府系统共建共享的政务资源信息库，通过连接各部门、各地方的内网，形成覆盖从国务院到各部门、各地方的政务资源网络，为政府运转提供最主要的信息服务和业务协同支撑环境。专网是按照国家的安全保密要求，为特定部门提供安全可靠的无线服务的专业网络，其基础网络一般与公众通信网络相互隔离，以确保内部政务办公、决策指挥等系统的运行安全性。公共管理与服务网（简称"外网"）建立在公共通信平台之上，通过应用支撑平台与公共互联网络实现接口，并与其他政府部门的外网实现安全的互联和信息交换。电子政务信息资源库则主要是政府各部门共建共享的包括党务、政务和行业部门业务数据的电子政务信息资源库，如国家的政策法规，工商、税务和海关等部门的业务管理信息或数据等。"三网一库"的建设是与电子政务的三个层面的应用相对的，它们分别是政府部门内部办公的电子化、网络化；政府部门通过网络进行信息共享、传递及协同办公；政府部门通过网络为公众提供信息发布与互动、政务公开、网上办公等服务。[6]

"三网一库"电子政务框架的提出凸显了电子政务在我国信息化进程中的重要地位，标志着我国政务信息化建设开始在应用层面向纵深发展。然而随着电子政务建设工程的推进，相关方面顶层设计缺失、统筹协调不力、制度和标准规范不完善等问题日益突出，亟须国家有关部门围绕框架设计、机构安排、工程项目管理、网络设施建设、信息资源管理、政府网站发展、信息安全保障等进行统一部署，以明确电子政务发展方向、基本原则、重点任务、推进思路和保障机制等。[7] 为了解决顶层设计不足的问题，2001 年，国家成立国务院信息化工作办公室，专门负责制定电子政务总体规划，协调、指导和推进电子政务建设，并负责建立科学的审议和评估机制。2022 年 8 月，中办（中共中央办公厅）、国办（国务院办公厅）联合下发《国家信息化领导小组关于我国电子政务建设指导意见》（以下简称《意见》），这是首次以中办、国办名义印发的电子政务建设的指导意见。《意见》第一次系统地提出了我国电子政务建设的建设目标、基本原则和指导意见。除此之外，《意见》还规划了"两网四库十二金"作为后续一段时间重点建设的信息

化工程。《意见》立足高远，从战略高度谋划了电子政务发展方向，为此后很长一段时间我国电子政务的发展举旗定向，成为我国电子政务发展中里程碑式的文件。2006年，中办、国办再次联合下发了《2006—2020年国家信息化发展战略》，进一步谋划到了此后15年我国电子政务发展的整体方向、基本路径、基本框架和重点领域。

其间，中办、国办、国家发展改革委、工业和信息化部等电子政务主管部门围绕统筹协调、网络建设、信息共享、业务应用、安全保密、标准规范、法律法规和绩效考核等领域，相继出台了多项电子政务文件。从实践看，这些文件承接性较强，对上述电子政务建设和发展中的普遍性问题进行了进一步的制度性安排，为电子政务健康发展提供了强有力的制度保障（见表3-2）。

**表3-2　电子政务平台架构建设阶段国家政务指导性文件**

| 文件 | 统筹协调 | 网络建设 | 信息共享 | 业务应用 | 安全保密 | 标准规范 | 法律法规 | 绩效考核 |
|---|---|---|---|---|---|---|---|---|
| 《国家信息化领导小组关于我国电子政务建设指导意见》（中办发〔2002〕17号） | ● | ● | ● | ● | ● | ● | ● | ● |
| 《关于加强信息资源开发利用工作的若干意见》（中办发〔2004〕34号） | | | ● | | ● | ● | ● | |
| 《国家电子政务总体框架》（国信〔2006〕2号） | ● | ● | ● | ● | ● | ● | ● | |
| 《2006—2020年国家信息化发展战略》（中办发〔2006〕11号） | ● | ● | ● | ● | ● | ● | ● | ● |
| 《国家信息化领导小组关于推进国家电子政务网络建设的意见》（中办发〔2006〕18号） | ● | ● | | ● | ● | | | |
| 《电子文件管理暂行办法》（中办国办厅字〔2009〕39号） | ● | | | | ● | ● | | |
| 《关于加快推进国家电子政务外网建设工作的通知》（发改高技〔2009〕988号） | | ● | | | ● | ● | | |
| 《国家电子政务"十二五"规划》（工信部规〔2011〕567号） | ● | ● | ● | ● | ● | ● | | |

资料来源：根据中国电子政务网、国家互联网信息办公室官网、相关政府网站等资料整理。

## 四、电子政务发展的创新阶段: 2012—2017 年

党的十八大以后,党和中央政府积极顺应时代发展潮流,高度重视信息化和电子政务发展,在组织领导、国家战略和顶层设计等方面为电子政务的创新发展提供了强而有力的保障。2012 年 5 月,国家发展改革委印发《"十二五"国家政务信息化工程建设规划》,要求全国各地区、各级政府、各部门等参照执行。根据该规划,到"十二五"末期,我国要形成统一完整的国家电子政务网络,基本满足政务应用需要;初步建成共享开放的国家基础信息资源体系,支撑面向国计民生的决策管理和公共服务,显著提高政务信息的公开程度;基本建成国家网络与信息安全基础设施,网络与信息安全保障作用明显增强。在该规划的指引下,各级政府部门积极围绕市政管理、应急救灾、公共安全等业务主题,大力推进政务信息共享和业务协同。

《国家电子政务"十二五"规划》曾提出,"完成以云计算为基础的电子政务公共平台顶层设计","积极研究云计算模式在电子政务发展中的作用","在现有基础上建设集中统一的区域性电子政务云平台","推动政务部门业务应用系统向云计算服务模式的电子政务平台迁移"的要求。完善的顶层设计,是做好电子政务云平台建设与应用的前提和基础,为了实现这一目标,2013 年 2 月,工业和信息化部颁布了《基于云计算的电子政务公共平台顶层设计指南》,要求各地各部门积极开展电子政务公共平台顶层设计,避免电子政务基础设施重复建设和投资浪费,进一步提高电子政务发展质量。

2014 年 2 月,中央网络安全和信息化领导小组成立,领导小组下设办公室,具体负责全国网络安全和信息化推进。此后,与电子政务统筹推进相关职能从工业和信息化部信息化推进司划转到中央网络安全和信息化委员会办公室(以下简称"中央网信办")信息化发展局,由该局负责统筹全国电子政务发展工作。自此以后,中央网信办通过出台顶层设计方案、建立国家电子政务工作统筹协调机制等方式,推动全国电子政务发展和推进工作进入一个新时期。在具体措施方面,一是通过政务信息系统整合共享,推动各级政府由"网络通""数据通"向"业务通"方向转变。自 2017 年 9 月以来,国家共享数据交换平台建立了 71 个部门、31 个地方和新疆生产建设兵团互联网互通的大通道,摸清了 71 个部门、5000 个信息系统的"家底",消除了 2900 个"信息孤岛",构建了覆盖广泛领域的数据资源体系,打通了 42 个垂直信息,初步疏通了 20 个重点领域的堵点问题,支撑数据共享交换超过 305 亿条次。[①] 长期制约电子政务发展的共享难题得到有效改善。二是通过"互联网+政务服务"推动办事服务由"群众跑"向"数据跑"转变。各级政府依托在线服务平台,推动线上线下集成融合,实时汇入网上申报、排队预约、审批(审查)结果等信息,实现线上线下功能互补、无缝衔接、全过程留痕,并推动基于互联网、自助终端、移动终端的政务服务入口全面向基层延伸,通过"数据多跑路"实现"群众少跑腿"。[8]

---

① 《伍浩:大力推进政务信息系统整合共享》,人民网-传媒频道,2018 年 04 月 23 日。

综而述之，经过几十年的探索与发展，我国电子政务建设取得巨大成就，但是仍然存在一些亟待解决的问题，比如条块分割的电子政务建设和发展模式造成了网络分割和"信息孤岛"，阻碍了各类政务服务的信息共享和业务协同，影响着一站式电子政务服务体系建设；比如电子和政务融合深度不够，电子政务经济社会效益没有得到充分发挥，制约国家治理能力提升；比如电子政务设施重复建设、投资浪费现象依然存在等。为了解决上述管理机制不顺、信息系统整合不足、业务协同水平不高、政务服务不到位等问题，中央网信办联合相关部门开展了国家电子政务综合试点工作，围绕建立统筹推进机制、提高基础设施集约化水平、促进政务信息资源共享、推动"互联网＋政务服务"、推进电子文件在重点领域规范应用五大方面共十三项具体任务进行重点探索，力图探索出一套符合本地实际的电子政务发展模式，形成一批可借鉴的电子政务发展成果，为统筹推进国家电子政务发展积累经验。

## 第二节
## 基于数字技术驱动的数字政府

数字政府是数字时代背景下电子政务面向深化应用的新阶段。数字政府可以从广义和狭义两个角度来进行理解。广义的数字政府即政府信息化。狭义的数字政府是指适应数字化发展要求的政府运行新形态，是以大数据、云计算、区块链、人工智能等信息通信技术为支撑，通过数据共享和业务协同，实现政务服务便利化、社会治理精准化、政府决策科学化的行动举措，其目的是提高政府治理体系和治理能力现代化水平。[9] 本章是从狭义的角度来使用数字政府的概念的。

"数字政府"这一概念肇始于信息网络蓬勃发展的 21 世纪初，最早可追溯到美国前副总统阿尔·戈尔在 1998 年 1 月发表的《数字地球：认识 21 世纪我们这颗星球》演说。自此以后，戈尔提出的"数字地球"概念不断被各行业各领域的专家借鉴和使用，随后出现了如"数字国家""数字政府"和"数字城市"等诸多相近概念。我国关于数字政府相关概念的使用则是从 2017 年开始的。2017 年 10 月，党的十九大报告提出建设"数字中国"，从国家顶层设计层面提出了"数字化"概念，为我国数字政府建设提供了方向和指南。2017 年 12 月，习近平总书记在中共中央政治局第二次集体学习时强调"推动实施国家大数据战略，加快完善数字基础设施，推进数据资源整合和开放共享，保障数据安全，加快建设数字中国，更好服务我国经济社会发展和人民生活改善"。数字政府是数字中国建设的支撑，究其原因，数字政府是政府治理现代化的重要载体和标志。在由党、政、企、社、民、媒六种主体组成的国家治理网络体系里，政府是具有特殊性的"网络节点"，国家治理现代化首先要求政府治理现代化，而政府数字化是数字时代政府治理现代化的重要表征。为了加快推进数字政府建设，2019 年党的十九届四中全会通过的《中共中央关于坚持和完善中国特色社会主义制度　推进国家治理体系和治理能力现代化若干重大问题的决定》（以下简称为《决定》）中明确提出，"建立健全运用互联网、大数据、人工智能等技术手段进行行政管理的制度规则。推进数字政府建设，加强数据有序共享，依法保护个人信息"。这也是在国家层面文件中首次明确提出数字政府建设要求。

## 一、数字技术在政府管理中的应用

科学技术是推动经济社会关系变革的重要动力。数字政府建设的兴起同样依赖现代技术的驱动——大数据、云计算、物联网、区块链、人工智能等数字技术的发展，为新时代各级政府用"技术变革"推动"治理变革"提供了技术手段和实施路径，为国家治理现代化水平提供了创新抓手和保障支撑。以大数据技术为例，其产生与发展对于政府治理现代化及数字政府建设的推进具有深远意义。

### （一）大数据技术的产生与发展

大数据技术的产生，最早可以追溯到 20 世纪 60 年代。在这一时期，欧美国家的一些企业开始利用载体在大型计算机上进行财务部署和资源开发工作，这便形成了大数据最原始的状态。20 世纪 80 年代后期，随着个人计算机的出现和普及，以及 Word、Excel 等软件在办公领域的广泛应用，数据录入与收集变得更加容易，数据总量在这一阶段得到了较大规模的扩张。20 世纪 90 年代中后期以后，互联网技术的普及推动数据量在全球范围内的大规模扩张，企业组织、社会机构甚至公民个体都成为数据生产的重要主体，并且随着多媒体、自媒体技术的应用，数据存在形式也变得越来越多元。进入 21 世纪以后，尤其是最近几年，随着以电子商务、社交网络、位置服务为代表的新型信息发布方式的不断涌现，以及移动互联网、物联网、三网融合、云计算等技术的兴起，各种终端设备每时每刻都在记录着人类复杂频繁的信息行为，人、机、物三元世界的高度融合，直接引发了数据的爆炸式增长。世界开始真正进入网络化的大数据时代。[10]

大数据在当今时代的蓬勃发展除了有科学技术的驱动，还得益于政府的有效推动。比如，2009 年联合国发布的"全球脉动计划"就致力于通过大数据技术促进本地区发展。2012 年，世界经济论坛曾将"大数据、大影响"作为重要议题。我国政府同样意识到了大数据之于社会治理的重要作用，因此，为了推动大数据技术的发展，2011 年，我国成立了专门研究大数据的大数据专家委员会，并在中央层面发布了以大数据作为重点领域的《物联网"十二五"发展规划》。2012 年，科技部发布《中国云科技发展"十二五"专项规划》，2015 年，国务院印发《促进大数据发展行动纲要》，大数据发展战略地位进一步得到提升。2017 年 12 月 8 日，中共中央政治局就实施国家大数据战略进行第二次集体学习，习近平总书记强调推动国家大数据战略、建设数字中国。[11] 至此，大数据发展已经提至国家战略高度。2022 年，党的二十大报告再次重申数字中国战略，并将其作为加快构建新发展格局，着力推动高质量发展的重要举措。

## （二）大数据技术在公共管理领域的应用

在数字技术的加持之下，政府可收集和可获得的数据越来越多，这些数据大体可以划分为四大类：第一类是传统信息系统产生的数据。这类数据面广量大，特别是数字城市、电子商务、电子政务系统中产生的数据非常多。第二类是环境状态数据。主要是通过机器产生，如各类的摄像头和各种感知终端所生成的数据。第三类是社会行为数据。如在社会交往过程中，大家利用社交媒体平台交流分享的内容，以数据化的方式被记录和留存，因此形成了很丰富的数据资源。第四类是物理的实体数据，特别是将来随着虚拟现实技术、3D打印技术以及工业互联网技术的发展，相关使用情况也将成为新的数据形态加入大数据的行列中。这些数据资源及技术为政府管理活动的开展提供了有力的支撑。就目前的实践来看，大数据技术在我国政府管理中的应用主要包括但不限于教育、公共卫生、交通、网络舆情等领域。下面仅以几个重点领域进行举例说明。

### 1. 大数据与教育管理

大数据在教育领域的应用主要有两个方面：学生管理和教育决策支持。在学生管理方面，利用大数据技术可以建设网格化的学生管理平台和学生信息个人用户画像。其中网格化的学生管理平台，是指基于大数据的技术和分析能力面向全校师生、职能部门的数据采集，对学生信息进行精准管理；学生信息个人用户画像是通过大数据技术对学生在校的全数据采集，进行综合展示和统计分析，通过用户画像技术，可以实现对学生的贫困生认定、学生在校情况预警、学业预警、身心健康预警等功能。

大数据在教育决策支持方面，主要可以发挥整合全国教育数据、生成智能统计报告、动态监测教育运行情况和全面评估教育质量等作用。基于GIS（地理信息系统）技术、智能报告生成器和监测、评价体系，能够满足教育管理决策层信息的实时传达要求，实现全面、动态的监测和评价，让决策层及时了解教育情况，为全局决策提供有力支持。除此之外，大数据还可以通过对经济、环境、文化等关联因素分析，实现对教育的外围延伸和扩展，避免分析范围的不足；以大数据为基础，政府还可以对未来学龄人口、教育水平、教育资源等进行预测。

### 2. 大数据与公共卫生管理

随着智能设备和云计算的发展，越来越多的公共卫生数据被收集到，并且能够以前所未有的方式进行分析，这种发展对社会和学术的巨大影响引起了全球对大数据的关注。大数据在公共卫生事业中的应用主要包括个性化健康干预、基于网络的流行病监测、基于传感器的健康状况监测和公共卫生资源的动态优化配置等。除此之外，公共卫生领域还非常关注最新的大数据收集、存储、传输技术和分析方法的开发与运用，如Hadoop分布式文件系统、MapReduce和深度学习网络分析等。

### 3. 大数据与交通管理

目前大数据在城市交通管理方面的应用是非常广泛的，智能交通、事故预测等领域都有大数据技术干预的痕迹。在智能交通方面，随着物联网和车联网、分布式计算、基于大数据的实时流处理等各种技术的不断发展，智能的交通导航和趋势分析预测将逐步实现，相关管理部门可以通过交通摄像头等实时采集数据，然后根据相应的模型计算并实时为车辆提供路况信息。在事故预测方面，通过大数据分析，可以制作智能事故地图以锁定事故多发区，进而有助于指导当地执法部门更好地进行相关事故的预防和处置。

### 4. 大数据与网络舆情监督

网络舆情是指在互联网上流行的对社会问题不同看法的网络舆论，是通过互联网传播的公众对现实生活中某些热点、焦点问题所持有的有较强影响力、倾向性的言论和观点。相比于传统舆情，网络信息传播具有传播便捷、速度快、影响面广等特点，使人们在更大程度上实现了表达与交流的自由，而且更能反映出人们的真实想法。但是，网络舆情在发挥其积极功能的同时，由于自身发展的局限性，也非常容易导致各类社会舆论危机的爆发。因此，为了规避网络舆情的错误性质而带来的负面影响，就需要相关管理部门关注网络舆情形势、干预网络舆情的发展、引导网络舆情的方向。简而言之，政府要承担起监管网络舆情的责任，而在这一方面，舆情大数据可以为政府相关治理活动的展开提供有益助力——利用大数据技术对网络舆情信息进行快速抓取、有效分析、持续跟踪、及时预警和有效调控，可以实现政府对网络舆情的有效监管。

## 二、新时代中国数字政府建设的保障措施

几十年的电子政务建设巩固和提高了我国政府信息化的整体水平，为新时期我国数字政府建设奠定了基础。而数字技术的不断成熟发展，则为新时期我国数字政府建设提供了重要动力。在此基础上，各级政府还通过完善政府建设发展规划、统筹协调机构和加强制度供给等方式保障数字政府建设的稳步推进。

### （一）强化顶层设计，完善数字政府建设发展规划

党的十九大以来，为了进一步推动"数字政府"战略发展，国家部委和省级政府以政策行动方案为抓手，加快建设智能化数字政府，构建统一的国家电子政务网络体系。工业和信息化部、中央网络安全和信息化委员会办公室等十部门联合印发《5G应用"扬帆"行动计划（2021—2023年）》（工信部联通信〔2021〕77号），旨在推动5G技术在基于数字化、网络化、智能化的政府建设中的应用创新，打造信息技术、通信技术和运行技术深度融合的数字政府新生态。与此同时，2021年12月27日，中央网络安全和信

息化委员会印发《"十四五"国家信息化规划》，部分省级政府出台并公开数字政府建设相关规划计划、方案意见（见表 3-3）。[12]

表 3-3　省级政府数字政府建设行动指南

| 序号 | 地区 | 建设方案或规划文件 | 发文字号 |
|---|---|---|---|
| 1 | 上海 | 上海市全面推进城市数字化转型"十四五"规划 | 沪府办发〔2021〕29 号 |
| 2 | 广东 | 广东省数字政府改革建设"十四五"规划 | 粤府〔2021〕44 号 |
| 3 | 辽宁 | 辽宁省"十四五"数字政府发展规划 | 辽政办发〔2021〕26 号 |
| 4 | 四川 | 四川省"十四五"数字政府建设规划 | 川府发〔2021〕24 号 |
| 5 | 陕西 | 陕西省数字政府建设"十四五"规划 | 陕政办发〔2021〕27 号 |
| 6 | 河南 | 河南省数字政府建设总体规划（2020—2022 年） | 豫政〔2020〕35 号 |
| 7 | 安徽 | 安徽省"数字政府"建设规划（2020—2025 年） | 皖政〔2020〕44 号 |
| 8 | 湖北 | 湖北省数字政府建设总体规划（2020—2022 年） | 鄂政发〔2020〕12 号 |
| 9 | 浙江 | 浙江省数字政府建设"十四五"规划 | 浙政发〔2021〕13 号 |
| 10 | 宁夏 | 宁夏回族自治区数字政府建设行动计划（2021 年—2023 年） | 宁政发〔2021〕11 号 |
| 11 | 山西 | 山西省数字政府建设规划（2020—2022 年） | 晋政办发〔2020〕79 号 |
| 12 | 山东 | 山东省数字政府建设实施方案（2019—2022 年） | 鲁政办发〔2019〕8 号 |
| 13 | 广西 | 广西推进数字政府建设三年行动计划（2018—2020 年） | 桂政办发〔2018〕99 号 |
| 14 | 甘肃 | 甘肃省数字政府建设总体规划（2021—2025 年） | 甘政办发〔2021〕113 号 |

资料来源：根据各省政府官方发布资料整理。

## （二）加强组织、制度建设，为数字政府建设提供保障

随着"数字政府"的发展思路在国家政策文件中被明确提出，各省级政府陆续成立了数字政府建设领导小组，明确了领导小组的主要职责、组成人员、工作机构职责、领导小组会议制度、领导小组办公室会议制度、重大事项研究报告制度、督查督办及信息报送制度等。在组织保障方面，根据《数字中国发展报告（2020 年）》，截至 2020 年 11 月底，我国有 23 个省级政府（占比 71.9%）和 31 个重点城市政府（占比 96.9%）明确了政务数据统筹管理机构，有力推进本地数字政府建设，16 个省级政府（占比 50.0%）和 10 个重点城市政府（占比 31.3%）已出台并公开数字政府建设相关规划计划、方案意见。11 个政府网站集约化改革试点地区完成试点任务，通过建设统一的信息资源库，深化数据融通、服务融通、应用融通。[13] 在法治建设方面，2021 年 6 月，我国审议通过《数据安全法》，明确了统筹数据安全和发展的基本要求，健全了我国数据安全保护的制度规则。同年 7 月，国务院公布《中华人民共和国关键信息基础设施安全保护条例》，确

立了关键信息基础设施安全保护的基本制度。8月，《个人信息保护法》审议通过，为个人信息保护提供了更具系统性、针对性和可操作性的法律遵循。2022年，印发《国务院关于加强数字政府建设的指导意见》，加快数字技术在政府管理服务中的广泛深入应用，推进政府数字化、智能化转型；印发《国务院关于加快推进政务服务标准化规范化便利化的指导意见》，进一步推进政务服务运行标准化、服务供给规范化、企业和群众办事便利化。在中央全面发力的同时，各级地方政府亦积极推进数字技术应用与政府职能转变协调配套，探索打造"线上＋线下"协调管理模式。北京坚持从办好"一件事"入手，打造"无事不扰、无处不在"的一体化综合监管体系；天津打造一批应用示范场景，强化"双随机、一公开"监管；浙江全面推进极简审批许可，加快实现商事主体登记"零干预、零材料、零费用、零跑动"。[14]

## 三、新时代中国数字政府建设的成效

总体来看，目前我国数字政府建设已经取得一定成效，数字政府初见雏形。各地的相关实践探索有力推动了政府治理模式创新，提高了政府公共服务水平和社会治理能力，提高了政府公信力和执行力。

### （一）党政机关数字化服务能力不断增强

根据《数字中国发展报告（2022年）》，截至2022年底，我国国家电子政务外网覆盖范围已经连接31个省（自治区、直辖市）和新疆生产建设兵团，实现地市、县级全覆盖，乡镇覆盖率达到96.1％。全国人大代表工作信息化平台正式开通，汇集办理议案建议群组超2万个，推动提升人大代表履职工作和沟通效率。全国各级政协以信息化赋能委员履职，省级政协普遍开发履职应用程序，积极开展网络议政、远程协商。中央纪委国家监委机关推动基层小微权力"监督一点通"信息平台建设，已覆盖16个省份836个县（市、区），累计办结群众投诉68.7万件。智慧法院服务能力覆盖100％高院中院和97％基层法院，全国法院电子诉讼占比从2021年的24％提升至2022年的28％，全国统一司法区块链平台累计完成超过28.9亿条数据上链存证固证，率先出台人民法院在线诉讼、在线调解、在线运行"三大规则"。全国检察机关数字检察工作正式启动，全年提供律师互联网阅卷服务超7万次，同比增长159％。数字技术有力支撑群众信访办理，7日内程序性回复率基本达到100％。"互联网＋督查"深入推进，平台累计访问量上亿次，成为覆盖面最广、影响力最大、社会参与度最高的政府监督平台。

### （二）数字政府在线服务标准化、规范化、便利化水平稳步提升

从2012到2022年，我国电子政务发展指数国际排名从78位上升到43位，是上升

较快的国家之一。其中"在线服务"指数排名保持全球领先水平，上海在全球 193 个城市综合排名中位列第 10 名，城市数字化服务达到国际领先水平。截至 2022 年底，全国一体化政务服务平台实名注册用户超过 10 亿人，国家政务服务平台总使用量超过 850 亿人次，已初步实现地方部门 500 万余项政策服务事项和 1 万多项高频应用的标准化服务，大批高频政务服务事项实现"一网通办""跨省通办"，有效解决市场主体和群众办事难、办事慢、办事繁等问题。全国 96.68％的办税缴费实现"非接触式"办理，电子发票服务平台用户数量突破千万级。电子证照共享服务体系持续完善，已汇聚 31 个省份、新疆生产建设兵团和 26 个部门 900 余种电子证照、56.72 亿条目录，累计提供电子证照共享服务 79 亿次，有效支撑"减证便民"。国家政务服务平台"助企纾困服务专区""民生保障服务专区"等针对企业和特殊个人群体提供精准保障服务，助力各地复工复产。广东全面推广数字政府填表报数系统，推进"目录之外无填报、目录之内系统报、数智赋能少填报"，大幅压减基层填报的表格数量、数据项和工作量。

## （三）数字政府推进政务广泛公开以支撑践行全过程人民民主

社会各界借助网络媒体平台积极为党中央、国务院重要工作建言献策。在党的二十大报告起草过程中，中央有关部门专门开展了网络征求意见活动，收到 854.2 万多条留言。2022 年《政府工作报告》起草收到网民建言近百万条，报告起草组对 1100 多条代表性建言中的重点意见予以吸收。政府门户网站交流互动能力持续增强。2022 年，70％以上的政府网站已迁入集约化平台运行，为企业和群众提供统一便捷的交流访问渠道。各省市政府通过重要网站平台拓宽重大文件发布征求意见的渠道，重点围绕"六稳""六保"、优化营商环境等重要工作发布政策解读。政务新媒体发展至 11 万个账号，年发文量超过 2000 万篇，形成了一批引导力强的优质头部账号。整体联动、同频共振的政策信息传播格局正在构建。[15]

### 📖 本章小结

当下，全球已经进入"互联网＋"阶段，网络执政已经成为彰显国家竞争力的核心要素。数字政府不仅是新时代推进国家治理现代化的重要战术工具，更是践行社会治理全过程人民民主和夯实网络强国的重要举措。从发展历程来看，数字政府是数字时代背景下电子政务迈向纵深发展的新形势，其推进与落实既需要依靠持续迭代的数字技术的驱动，还需要政府合理的发展规划、有效的组织支撑和完善的制度保障。

### 📖 主要概念

电子政务；数字政府

## 复习思考题

1. 电子政务和数字政府的关系如何？
2. 数字政府建设对国家治理现代化的推进作用有哪些？

## 参考文献

[1] 达雷尔·韦斯特. 数字政府：技术与公共领域绩效 [M]. 郑钟扬，译. 北京：科学出版社，2011.

[2] Bram Klievink，Marijn Janssen. Realizing Joined-up Government—Dynamic Capabilities and Stage Models for Transformation [J]. Government Information Quarterly，2009，26 (2)：275-284.

[3] 陈玉梅，Sharon S. Dawes. 中国电子政府与行政现代化改革的整合发展 [J]. 上海行政学院学报，2016，17 (6)：25-36.

[4] 国家经济信息化联席会议 [J]. 电子科技导报，1994 (2).

[5] 翟云. 改革开放 40 年来中国电子政务发展的理论演化与实践探索：从业务上网到服务上网 [J]. 电子政务，2018 (12)：80-89.

[6] 计世资讯. 观察：理性面对电子政务 [EB/OL]. https：//tech. sina. com. cn/i/c/2003-03-03/1830169281. shtml.

[7] 洪毅，杜平. 中国电子政务发展报告：十年回顾与展望 (2012) [M]. 北京：社会科学文献出版社，2013.

[8] 王伟玲. 数字政府：开辟国家治理现代化新境界 [M]. 北京：人民邮电出版社，2022.

[9] 莫宏波. 新时代数字政府建设：使命、发展和未来 [M]. 北京：人民邮电出版社，2023.

[10] 李富贵. 基于大数据技术的政府绩效信息使用研究 [D]. 厦门：厦门大学，2018.

[11] 习近平. 实施国家大数据战略加快建设数字中国 [EB/OL]. http：//www. cac. gov. cn/2017-12/09/c_1122084745. htm.

[12] 祁志伟. 中国数字政府建设历程、实践逻辑与历史经验 [J]. 深圳大学学报（人文社会科学版），2022，39 (2)：13-23.

[13] 数字中国发展报告 (2020 年) [EB/OL]. https：//www. gov. cn/xinwen/2021-07/03/content_5622668. htm.

[14] [15] 数字中国发展报告 (2022 年) [EB/OL]. https：//www. cac. gov. cn/2023-05/22/c_1686402318492248. htm.

第四章

# 数字政府的顶层设计与实践逻辑

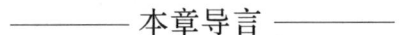

本章导言

　　数字政府在中国的兴起，既是符合时代发展趋势的变革之举，也是暗含"数字中国"战略的纵深发力之为。当前，数字治理成效不断显现，为数字政府迈入新的建设阶段打下了坚实基础。这些成效的取得，一方面得益于党和中央政府有效的顶层设计，另一方面则得益于我国各级政府在数字政府建设实践探索中有益的实践经验总结。

重点问题

1. 数字政府建设的指导原则。
2. 数字政府顶层设计的体系架构。
3. 数字政府建设的实践逻辑。

# 第一节
# 数字政府建设的顶层设计

顶层设计的概念源于瑞士计算机科学家尼古拉斯·沃斯在 1971 年进行大型程序设计时提出的"自顶向下逐步求精、分而治之"原则，后被引申至公共管理领域。数字政府顶层设计借助系统论的思想，从整体视角对数字政府的多个方面、多个层级、多个要素进行科学布局、系统谋划，从而实现数字政府结构上的优化、功能上的协调和资源上的整合等目标。本节关于数字政府顶层设计的论述，主要关注的是中央层面数字政府建设的指导思想、基本原则及顶层设计的框架体系建构等内容。

## 一、数字政府建设的指导思想

2022 年 6 月印发的《国务院关于加强数字政府建设的指导意见》（以下简称《指导意见》），就主动顺应经济社会数字化转型趋势，充分释放数字化发展红利，全面开创数字政府建设新局面作出部署，为我国开展数字政府建设指明了方向。

根据《指导意见》，新时代我国数字政府建设要立足新发展阶段，在完整、准确、全面贯彻新发展理念，构建新发展格局的基础上，将数字技术广泛应用于政府管理服务，推进政府治理流程优化、模式创新和履职能力提升，构建数字化、智能化的政府运行新形态，充分发挥数字政府建设对数字经济、数字社会、数字生态的引领作用，促进经济社会高质量发展，不断增强人民群众获得感、幸福感、安全感，为推进国家治理体系和治理能力现代化提供有力支撑。

《指导意见》还提出了新时代我国数字政府建设的主要目标。一是到 2025 年，与政府治理能力现代化相适应的数字政府顶层设计更加完善、统筹协调机制更加健全，政府数字化履职能力、安全保障、制度规则、数据资源、平台支撑等数字政府体系框架基本形成，政府履职数字化、智能化水平显著提升，政府决策科学化、社会治理精准化、公共服务高效化取得重要进展，数字政府建设在服务党和国家重大战略、促进经济社会高质量发展、建设人民满意的服务型政府等方面发挥重要作用。二是到 2035 年，与国家治理体系和治理能力现代化相适应的数字政府体系框架更加成熟完备，整体协同、敏捷高效、智能精准、开放透明、公平普惠的数字政府基本建成，为基本实现社会主义现代化提供有力支撑。

## 二、数字政府建设的基本原则

在数字政府建设的战略架构中，数字政府建设的基本原则就是对数字政府改革的发展战略所做出总的指引要求。根据《指导意见》，新时代我国数字政府建设需要遵循以下六个方面的原则。

### （一）坚持党的全面领导

在数字政府的建设过程中，要充分发挥党总揽全局、协调各方的领导核心作用，全面贯彻党中央、国务院重大决策部署，将坚持和加强党的全面领导贯穿数字政府建设各领域各环节，贯穿政府数字化改革和制度创新全过程，确保数字政府建设正确方向。

### （二）坚持以人民为中心

数字政府建设是"制度＋技术"造福人民的再探索、再实践。因此，各级政府要始终把满足人民对美好生活的向往作为数字政府建设的出发点和落脚点，着力破解企业和群众反映强烈的办事难、办事慢、办事繁问题，坚持数字普惠，消除"数字鸿沟"，让数字政府建设成果更多更公平惠及全体人民。

### （三）坚持改革引领

数字政府建设本身就是一场深刻的变革，因此，在其推进过程中，必须围绕经济社会发展迫切需要，着力强化改革思维，注重顶层设计和基层探索有机结合、技术创新和制度创新双轮驱动，以数字化改革助力政府职能转变，促进政府治理各方面改革创新，推动政府治理法治化与数字化深度融合。

### （四）坚持数据赋能

数字技术是数字政府建设的技术支撑，因此，在数字政府的建设过程中要建立健全数据治理制度和标准体系，加强数据汇聚融合、共享开放和开发利用，促进数据依法有序流动，充分发挥数据的基础资源作用和创新引擎作用，提高政府决策科学化水平和管理服务效率，催生经济社会发展新动能。

### （五）坚持整体协同

数字政府建设是一项系统工程，贯穿政治、经济、社会、文化、生态文明建设各方面。因此，在数字政府的建设过程中，各级政府要强化系统观念，加强系统集成，全面提升数字政府集约化建设水平，统筹推进技术融合、业务融合、数据融合，提升跨层级、跨地域、跨系统、跨部门、跨业务的协同管理和服务水平，做好与相关领域改革的有效衔接、统筹推进，促进数字政府建设与数字经济、数字社会协调发展。

### （六）坚持安全可控

在数字政府的建设过程中，要全面落实总体国家安全观，坚持促进发展和依法管理相统一、安全可控和开放创新并重，严格落实网络安全各项法律法规制度，全面构建制度、管理和技术衔接配套的安全防护体系，切实守住网络安全底线。[①]

## 三、数字政府顶层设计的体系架构

根据《指导意见》，新时代中国数字政府建设顶层设计的体系架构主要包括五大部分，分别是协同高效的政府数字化履职能力体系、全方位安全保障体系、科学规范的制度规则体系、开放共享的数据资源体系、智能集约的平台支撑体系。[1]

### （一）构建协同高效的政府数字化履职能力体系

构建协同高效的政府数字化履职能力体系，需要全面推进政府履职和政务运行数字化转型，统筹推进各行业各领域政务应用系统集约建设、互联互通、协同联动，创新行政管理和服务方式，全面提升政府履职效能。在具体措施方面，一是要强化经济运行大数据监测分析，提升经济调节能力。要将数字技术广泛应用于宏观调控决策、经济社会发展分析、投资监督管理、财政预算管理、数字经济治理等方面，全面提升政府经济调节数字化水平。二是要大力推行智慧监管，提升市场监管能力。充分运用数字技术支撑构建新型监管机制，加快建立全方位、多层次、立体化监管体系，实现事前事中事后全链条全领域监管，以有效监管维护公平竞争的市场秩序。三是积极推动数字化治理模式创新，提升社会管理能力。推动社会治理模式从单向管理转向双向互动、从线下转向线上线下融合，着力提升矛盾纠纷化解、社会治安防控、公共安全保障、基层社会治理等领域数字化治理能力。四是持续优化利企便民数字化服务，提升公共服务能力。持续优化全国一体化政务服务平台功能，全面提升公共服务数字化、智能化水平，不断满足企业和群众多层次多样化服务需求。五是要强化动态感知和立体防控，提升生态环境保护能力。要全面推动生态环境保护数字化转型，提升生态环境承载力、国土空间开发适宜性和资源利用科学性，更好支撑美丽中国建设。六是要加快推进数字机关建设，提升政务运行效能。建立健全大数据辅助科学决策机制，提升辅助决策能力；深化数字技术应用，创新行政执行方式，提升行政执行能力；加快一体化协同办公体系建设，不断提高机关运行效能；以信息化平台固化行政权力事项运行流程，推动行政审批等全流程数字

---

① 国务院关于加强数字政府建设的指导意见［EB/OL］. https：//www.gov.cn/zhengce/zhengceku/2022-06/23/content_5697299.htm.

化运行、管理和监督，促进行政权力规范透明运行；优化完善"互联网＋督查"机制，提升督查效能，保障政令畅通。七是要推进公开平台智能集约发展，提升政务公开水平。优化政策信息数字化发布，加快构建以网上发布为主、其他发布渠道为辅的政策发布新格局；完善政府信息公开保密审查制度，严格审查标准，消除安全隐患；紧贴群众需求畅通互动渠道，及时回应群众关切。

## （二）构建数字政府全方位安全保障体系

全面强化数字政府安全管理责任，落实安全管理制度，加快关键核心技术攻关，加强关键信息基础设施安全保障，强化安全防护技术应用，切实筑牢数字政府建设安全防线。在具体措施方面，一要强化安全管理责任。各地区各部门按照职责分工，统筹做好数字政府建设安全和保密工作；建立数字政府安全评估、责任落实和重大事件处置机制，加强对参与政府信息化建设、运营企业的规范管理，确保政务系统和数据安全管理边界清晰、职责明确、责任落实。二要落实安全制度要求。建立健全数据分类分级保护、风险评估、检测认证等制度，加强数据全生命周期安全管理和技术防护；加大对涉及各类秘密及个人信息等数据的保护力度；加强关键信息基础设施安全保护和网络安全等级保护，提升数字政府领域关键信息基础设施保护水平。三是要提升安全保障能力。建立健全动态监控、主动防御、协同响应的数字政府安全技术保障体系。充分运用主动监测、智能感知、威胁预测等安全技术，强化日常监测、通报预警、应急处置，拓展网络安全态势感知监测范围，加强大规模网络安全事件、网络泄密事件预警和发现能力。四是要提高自主可控水平。加强自主创新，加快数字政府建设领域关键核心技术攻关，强化安全可靠技术和产品应用，切实提高自主可控水平。

## （三）构建科学规范的数字政府建设制度规则体系

以数字化改革促进制度创新，保障数字政府建设和运行整体协同、智能高效、平稳有序，实现政府治理方式变革和治理能力提升。一是要以数字化改革助力政府职能转变。充分发挥数字技术创新变革优势，优化业务流程，创新协同方式，推动政府履职效能持续优化。健全完善与数字化发展相适应的政府职责体系，强化数字经济、数字社会、数字和网络空间等治理能力。充分发挥全国一体化政务服务平台作用，促进政务服务标准化、规范化、便利化水平持续提升。二是要创新数字政府建设管理机制。明确运用新技术进行行政管理的制度规则，推进政府部门规范有序运用新技术手段赋能管理服务，如健全完善政务信息化建设管理会商机制；做好数字政府建设经费保障；推动数字普惠，加大对欠发达地区数字政府建设的支持力度以尽快消除区域间"数字鸿沟"；依法加强审计监督，强化项目绩效评估，避免分散建设、重复建设，切实提高数字政府建设成效。三是要完善法律法规制度。持续抓好现行法律法规贯彻落实，及时修订和清理现行法律法规中与数字政府建设不相适应的条款,将经过实践检验行之有效的做法及时上升为制度规范,以加快完善与数字政府建设相适应的法律法规框架体系。四是要健全标准规范。推进数据开发利用、系统整合共享、共性办公应用、关键政务应用等标准制定,持续完善已有关键标准,推动构建多维标准规范体系。五是要开展试点示范。围绕重点领域、关键环节、共性需求等有序开展试点示范,鼓励各地区各部门开展应用创新、服务创新和模式创新,实现"国家统筹、一地创新、各地复用"。科学把握时序、节奏和步骤,推动创新试点工作总体可控、走深走实。

## (四)构建开放共享的数据资源体系

加快推进全国一体化政务大数据体系建设,加强数据治理,依法依规促进数据高效共享和有序开发利用,充分释放数据要素价值,确保各类数据和个人信息安全。在具体措施方面,一是要创新数据管理机制。强化政府部门数据管理职责,明确数据归集、共享、开放、应用、安全、存储、归档等责任,形成推动数据开放共享的高效运行机制。二是要深化数据高效共享。充分发挥政务数据共享协调机制作用,提升数据共享统筹协调力度和服务管理水平。尽快建立全国标准统一、动态管理的政务数据目录,持续提升国家数据共享交换平台支撑保障能力,以应用场景为牵引,建立健全政务数据供需对接机制,推动数据精准高效共享,大力提升数据共享的时效性。三是要促进数据有序开发利用。编制公共数据开放目录及相关责任清单,构建统一规范、互联互通、安全可控的国家公共数据开放平台,分类分级开放公共数据,有序推动公共数据资源开发利用,提升各行业各领域运用公共数据推动经济社会发展的能力。

## (五)构建智能集约的平台支撑体系

强化安全可信的信息技术应用创新,充分利用现有政务信息平台,整合构建结构合理、智能集约的平台支撑体系,适度超前布局相关新型基础设施,全面夯实数字政府建设根基。在具体措施方面,一是要强化政务云平台支撑能力。依托全国一体化政务大数据体系,统筹整合现有政务云资源,构建全国一体化政务云平台体系,实现政务云资源统筹建设、互联互通、集约共享。二是要提升网络平台支撑能力。强化电子政务网络统筹建设管理,促进高效共建共享,降低建设运维成本。三是要加强重点共性应用支撑能力。推进数字化共性应用集约建设,如加快完善线上线下一体化统一身份认证体系、完善电子证照共享服务体系、深化电子文件资源开发利用等。①

---

① 国务院关于加强数字政府建设的指导意见[EB/OL]. https://www.gov.cn/zhengce/zhengceku/2022-06/23/content_5697299.htm.

## 第二节
## 数字政府建设的实践逻辑

从 20 世纪 80 年代至今，数字政府在中国从无到有的发展历程表明，政府治理现代化的内涵及数字政府的适用场景是可以依托信息技术的发展而不断延伸的。以"信息技术-政府结构-政策执行"为界面的数字政府发展历程从多维视角诠释着我国数字政府建设的实践逻辑，并在实施上构成了我国国家治理现代化的基本原则。

### 一、大数据驱动：数字政府推进国家治理现代化技术支撑逻辑

根据党的十八届三中全会，新时代中国全面深化改革的总目标是"完善和发展中国特色社会主义制度，推进国家治理体系和治理能力的现代化"。根据政治学家俞可平的研究，国家治理体系现代化是社会经济现代化的必然要求和重要表征，衡量一个国家的治理体系是否现代化，至少有以下五个标准。一是公共权力运行的制度化和规范化；二是民主化，即公共治理和制度安排都必须保障主权在民和人民当家作主；三是法治，即宪法和法律成为公共治理的最高权威；四是效率，即国家治理体系应当有效维护社会稳定和社会秩序，有利于提高行政效率和经济效益；五是协调，国家治理体系是一个有机的制度系统，各种制度安排作为一个统一的整体相互协调、密不可分。国家治理体系和治理能力是一个有机整体，有了良好的国家治理体系，才能提高国家的治理能力；反之，只有提高国家治理能力，才能充分发挥国家治理体系的效能。[2] 而以大数据技术为主的信息技术是驱动上述国家治理现代化目标推进的重要工具。

### （一）大数据技术的应用有助于增强政府决策科学性

完善的政府决策体制是由信息系统、咨询系统、中枢系统、执行系统和监督系统等构成的。这些系统的良好运行是保证政府决策科学性的关键所在。而大数据技术的应用则可以对政府决策机制进行改造和重塑。具体说来，一是大数据技术可以增强信息子系统的信息量及信息分析处理能力。2016 年，习近平总书记在网络安全和信息化工作座谈会上明确指出，信息是国家治理的重要依据，要发挥其在这个进程中的重要作用。要以信息化推进国家治理体系和治理能力现代化，更好地用信息化手段感知社会态势、畅通沟通渠道、辅助科学决策。信息系统则是政府决策的"神经系统"，其所提供的信息能够为政府决策方案的制定、抉择和监督提供依据。而在信息供给方面，大数据技术具有得天独厚的优势。首先，大数据技术能够为政府提供海量实时信息数据，使得政府决策的信息从少量的样本数据转变为海量的全体数据，进而使得政府决策更加贴近实际；其次，

大数据技术强大的信息处理能力可以增强决策信息系统收集、整理、储存和传递信息的能力，进而使政府决策更加客观、准确。二是大数据技术能够提升决策咨询系统的决策分析能力。政府决策咨询系统主要由决策问题相关领域的专家或精英组成。随着社会发展进程的加快，政府治理内容越来越繁杂，人们对于政府治理的科学性和专业性的要求也在不断提升，许多问题需要依靠专业人士来进行判断，因此，依靠决策咨询系统内的精英和专家来进行决策问题的分析和方案设计，已经成为政府决策科学化和民主化的保障。将大数据技术应用到决策咨询中来，一方面可以继续发挥传统条件下行业精英和专家的智库作用；另一方面，依靠大数据技术所获得的决策问题分析结果可以提高决策咨询系统智能化程度，在此基础上所做出的政府决策，相比传统决策会更加周全、可靠。三是大数据技术能够提升决策中枢系统的决断能力。决策中枢系统是整个决策的"大脑"，其他决策子系统都是为了服务中枢系统的科学决策而存在的。决策中枢系统的运转情况决定着决策是否科学、合理和有效。大数据技术具有强大的数据分析和处理能力，将大数据技术应用于决策中枢系统中，可以为决策者明确决策问题、确定决策目标、拟定备选方案和评估及比较方案优劣等提供重要参考。四是大数据技术能够提升决策监督子系统的监督效能。监督子系统功能在于通过对整个决策过程进行监控来保证决策的严肃性和有效性。利用大数据技术对监督子系统进行打造和升级，可以有效提高政务信息和政府运行的透明度，促进市场主体、社会组织和公众主动参与及合作，也可以对政府决策各个子系统进行全程跟踪并分析各个子系统的运行状态，还可以对不同时期同一决策系统或者同一时期不同政府部门决策系统的运行状态进行比较分析，从而实现对政府决策的全过程智慧监控，更好地保障政策决策的科学化、民主化和法治化。[3]

## （二）大数据技术的应用可以推进政府社会治理精准化

精准治理是国家治理现代化的重要特征。在信息化社会到来之前，由于技术限制，传统社会治理主要依靠的是片面化的样本数据，其反映的社会需求很容易忽视不同社会阶层、群体和地区的差异性。也就是说，在"个案"和"样本"的掩盖下，政府治理行为可能偏离人民的真实需求，可能会具有主观性、局限性和模糊性，这种"一厢情愿"的社会治理思路不仅可能无法解决社会的"真问题"，反而可能会导致部分人民因美好生活需要长期无法满足而陷入不满和不安之中。而大数据技术的发展有效提升了政府整合社会海量数据的能力，打破了政府各部门各自为政的"信息孤岛"格局，将人民复杂的美好生活需要通过交叉复现、质量互换等技术手段实现量化，形成规模庞大、全面系统、直观可视化的"全体数据"，为政府发现人民"真需求"、预判社会"真问题"提供了客观可靠的决策基础。政府可多角度、多层次对"全体数据"的规律性进行挖掘，精准洞察不同阶层、群体和地区的真实需求，及时发现倾向性社会问题，做出动态化、科学化、个性化的决策。举例来说，在卫生健康领域，政府可以通过大规模采集居民健康数据，建立关于国民的电子健康档案，实现对国民卫生健康问题的智能化管理，并做到科学高效的疾病预防和疫情监测；在文化教育领域，依托大数据技术，可以获取多元教育数据，进而为教育管理提供充足的事实真相，推进教育政策、教育模式、教学评价等从经验性向客观性转变；在社会治安管理领域，公安部门可以依托大数据技术对犯罪信息进行专业化挖掘，可以实时掌握社会不稳定因素，有效预测犯罪活动，织牢治安防控网。[4]

### （三）大数据技术的应用能够提升政府公共服务质量和效率

提供优质公共服务是现代政府的职责所在。概括而言，公共服务是现代政府为满足公共需求、履行公共责任、践行公共理念而为全社会公民提供的公平且普遍的公共产品和服务。公共服务的外延广泛，确保经济有序运转、维持社会稳定、促进社会健康发展、保障国家安定等都属于政府公共服务职责所在。根据党的十九大的判断，当前我国社会的主要矛盾是人民日益增长的美好生活需要和不平衡不充分的发展之间的矛盾。而构建增进民生福祉的公共服务体系和提升公共服务水平，则直接关系人民所期盼的美好生活的真正实现。由此，在中国式现代化全面推进的过程中，各级政府能否按照"幼有所育、学有所教、劳有所得、病有所医、老有所养、住有所居、弱有所扶"的目标不断提升区域之间和城乡之间的公共服务均等化水平，并随着经济的发展逐步提高基本公共服务水平，将成为判断政府治理质量高低的重要标准。

就现实看来，公共服务发展具有综合性、延展性、动态性等特征，我国公共服务空间与结构差异大，公共服务需求与发展水平呈现不均衡的状态。加之传统国家治理语境下，国家治理结构是以政府为核心的封闭性结构，在公共服务供给领域，政府是公共服务尤其是基本公共服务的主要供给主体，公共服务管理的制度设计总体属于"供给主导"型模式，公共服务需求表达机制严重缺失。在这种治理结构下，政府所提供的公共服务，只是政府职能部门认为公众所需要的服务，至于这些服务是否能够真正满足公众的需求，答案则莫衷一是。也就是说，在传统国家治理语境下，公众与政府之间的沟通壁垒，使得政府公共服务质量和效率并不尽如人意。

公共服务是保障和改善民生的重要内容，关系到人民群众美好生活的质量。如何将人民群众的需求实时、准确地传递到公共决策机制中，使公共服务运行管理达到实时、动态的需求-供给的精准匹配，不仅是公共服务质量改进的核心内容，也是让现代化建设成果更多更公平地惠及全体人民、提高人民生活品质和扎实推进共同富裕的重要路径。而大数据技术的应用则有效地改善了政府提供的公共服务与公众需求之间的不对等问题。具体说来，首先，大数据技术促进了政府治理机制协同化。随着计算机技术的发展，业务重组与数据共享正在革新以科层结构为基础的行政流程与管理机制，在线协同、资源共享、利益整合与动态调整促使各级政府构建协同化的治理机制，提升了政府公共服务的效率与能力。其次，大数据、云计算技术在政府治理中应用范围的扩大，必然会激发政府公共服务供给方式的变革，从过去的政府职能部门的"想当然"转变为以需求为导向、精准输出以满足公众需求的公共服务，进而提高公众满意度。再次，数字技术的发展有利于建立现代化的公共服务基础设施。依托于数字技术建立的新型公共服务基础设施，涵盖交通、生态、治安等多个领域，通过对其进行数字化、网络化、智能化的改造，其能够更加高效、便捷地满足公众的需求。大数据技术正以新理念、新机制、新模式改变传统行政管理运行机制，它通过对公共服务需求挖掘和公共服务供给、公共服务决策等的数字赋能，深层次地改变了公共服务运行管理逻辑与政府治理逻辑，为公共服务质量改进提供了新的动力支持。

## ● 二、结构优化：数字政府建设的组织建构逻辑

随着互联网、大数据及云计算等技术的发展、应用与普及，以碎片化、竞争和激励为特征的传统国家治理理念正在被逐渐解构，取而代之的是强调服务整合、全面服务以及行政数字化的"数字治理"理念。从数字政府发展的现实需求来看，建构多元主体有序参与、共商共建的开放治理格局是数字政府建设的重要着力点。然而，由于资源禀赋和治政理念等原因的限制，目前我国不少地区的数字政府建设还存在主体单一和社会参与程度较低的问题，低水平的参与阻碍了政府与公众的沟通，进而使得政府治理的数字化转型很难有效契合民众的多样化需求。因此，从组织建构来看，为了使数字政府更好地发挥其效能与优势，数字政府建设的组织逻辑是持续优化政府结构以便吸收多元主体参与数字政府建设和社会治理活动。

### （一）传统政府治理结构对于数字政府建设的阻碍

"政府主导，其他主体配合"是传统政府治理结构的典型特征，在这种治理模式下，虽然政府能够在多元主体中起到绝对掌控作用，但也在一定程度上削弱了其他主体参与政府治理的积极性。数字政府强调"参与式治理"，旨在通过政府治理结构的数字化转型，更大程度拓展其他主体参与社会治理的路径。在这一模式中，政府不再是主导者，而是更多地扮演了参与者和服务者的角色。显然，这与传统政府治理结构中政府角色的定位是不同的。在现实的数字政府建设中，各级政府如果不能及时、正确地进行角色转换，就容易给数字政府建设及效能发挥造成阻碍。具体说来，这种阻碍主要由以下几种原因造成。

首先，传统治理语境下的认知性隔阂阻碍数字政府建设。数字政府在建设内容和方向上涵盖政务、民生、社科、公益等各个领域，领域的扩大对政府治理思维也提出了新的挑战，政府不再是事事包办的绝对领导者，而是逐渐演变为参与服务的引路人，只有形成共商共建的多元化共同体，才能更有效地把市场、社会和政府联系起来参与建设，形成分工协作、全民参与的多元互动互联模式，激发社会的积极性，实现数字政府更进一步的统筹建设。然而在实际的数字政府建设中，在传统治理模式政府强势思维的影响下，一些部门并未完全做好自身的角色转换工作，依然以"绝对管理者"的姿态开展数字政府建设，而这必然会挤压其他社会主体参与数字政府建设的范围，降低它们的积极性。比如，目前很多行政审批以及国家政策规划的调研依然仅限于专家学者以及地方官员，广大群众市民鲜有能通过数字政府平台参与政策规划讨论的。此外，目前我国公民

参与网络政务的形式并未得到明确规定，公众主要通过微博、抖音等社交媒体发布"意见"，而在这些"意见"中，不乏以讹传讹的谣言，这无疑会给数字政府建设带来很大阻碍和风险。

其次，政府科层制结构的超稳定性阻碍数字政府建设。数字政府的信息和数据一体化要求政府各部门打破信息壁垒，而这势必对传统治理语境下政府科层制结构造成一定冲击。具体而言，其一，传统科层制结构的部门本位主义导致政府数字化转型下政府公共服务供给呈现碎片化形态，难以满足跨地域、跨部门、跨系统要求。受到传统科层制结构的惯性影响，数字政府线上系统运行与线下业务流程仅呈现为简单的服务模块，没有形成无缝隙衔接，无法有效满足公众实际需求。许多地区线下公共服务业务办理工作量大，排队时间长、流程烦琐。线上平台虽然办事简便快捷，但可选择的业务比较少，无法实现真正的全网通办。其二，条块式的部门结构限制，使现有数字政府的信息共享和业务协同能力受到限制。在现实的公共管理活动中，一项公共服务的提供依然会涉及多个部门的事项办理，而这就要求核心部门扮演牵头角色，多部门予以配合，通过多项公共服务处理业务的并行办理，实现跨部门的无缝协同，从而建成互联互通的数据资源体系、高效协调的业务应用体系。但是受到现实政府条块结构的限制，绝大多数业务部门依然仅专注于自身业务需求，跨部门集约共享、互联协同的政府治理局面依然没有有效达成。

最后，政府角色错位所导致的参与性偏差阻碍数字政府建设。现代数字政府建设的目标之一是要兼顾不同阶层、不同群体以及社会成员之间的利益诉求，保障他们的意见表达渠道畅通。然而在当下的社会治理场景中，无论是政府、公众，还是社会组织，都认定政府在社会治理中"绝对管理者"的地位——政府已经习惯"大包大揽"的"全能型政府"角色定位，而公众和社会组织也形成了"被管理"的习惯，没有参与社会治理的意识或意愿。在这种社会参与不充分的情况下，政府不得不亲自"下场"补全和补足公共服务供给的缺口，而这必将导致政府职能的泛化。换言之，政府承担了"根本不适合它承担的事务"，这种做法不仅增大了政府的工作压力，还降低了公共服务供给质量和实效范围，同时加大了面向公民和面向决策者的治理压力。

## （二）优化治理结构以推进数字政府高质量发展

数字政府建设，从本质上来看，就是要把整个政府运作模式进行创造性的数字化改造，在过程上注重业务协同、数据融通、技术集约，在结果上实现政府治理过程数字化和政府治理结果数字化。在当下国家治理实践中，各级政府主要是通过改变政府运作流程、治理方法甚至组织架构，来实现政府治理数字化转型的目的。在具体做法方面，主要包括以下几种措施。

一是以多元价值引领，建构政府治理的"互联网思维"。习近平总书记一直非常重视信息技术在国家治理中的作用。为了推进政府决策科学、社会治理精细化等目标的实现，除了要求在治理工具选择上要善于利用互联网优势，他还强调各级党委政府要建立"互联网思维"。"互联网思维"是一个多元概念，包括用户思维、流量思维、平台思维和跨界思维等。在具体的政府治理实践中，我们可以把这些思维与政务信息化工作的理念相结合用以指导政府治理活动的开展，进而实现政府治理的现代化。具体说来，用户思维就是要改变传统治理模式下"以政府为中心"的理念，从用户体验的角度改进在线政务服务的流程和交互设计，真正践行"以人民为中心"的治理价值。流量思维则是倡导以公众"爱不爱用、好不好用"来检验政务服务成效的理念，互联网世界"流量为王"，这一标准在政务信息化平台建设成效的评价中同样适用，只有使用体验感获得公众认可的政府平台，才是成功的数字政府平台。平台思维要求和倡导"集约建设"的理念，通过打造"大平台、小前端、富生态"的政务信息化建设、应用、管理新模式，结束和破除存在各部门间的"信息孤岛"和"信息壁垒"。跨界思维则要求吸收"快速迭代"和"小步快跑"的互联网应用发展理念，把互联网公司的文化引入政务信息化建设中，进而破除政府传统建设运营管理模式，通过"政企合作"，打造更加敏捷、更加高效的政务信息化发展模式。[5]

二是以资源聚合实现对传统政府科层制结构的超越。相较于传统的科层制结构，数字政府的优势在于能够从虚拟空间上实现对政府碎片化治理的整合，进而改善政府各自为政、信息孤岛的局面。以政府经济决策为例，众所周知，一个有效的经济决策需要依赖区域经济、产业经济、宏观经济、资源禀赋、区位优势等多方面数据。但在传统治理语境下，各种决策数据分散化、碎片化严重，无法为政府决策提供有力支撑。因此，若想对区域经济发展做出有效决策，就必须整合与该地区经济发展相关的商业、金融、能源和国有资产等多方面碎片化数据，以便政府总结规律并对相关决策问题做出精准分析。而要做到这一点，首先，政府应着力构建碎片化数据资源的整合平台。一方面，可以专门设立负责数据资源的部门。比如，2015年，浙江省就成立了浙江省数据管理中心，其职责之一是组织协调数据资源的归集整合、开放共享。另一方面，可以进一步加大数据和业务整合的力度。以浙江省丽水市经济运行监测分析数字化平台为例，该平台通过核心模块整合、数据录入方式转变和更改资源利用方式等途径，将原本分散且碎片化的资源进行分类聚合。[6] 其次，政府应尽快整合组织标准、聚集碎片化资源。就目前中国数字政府建设实践来看，主要有两种做法。一是统一数据整合标准。比如，江苏省在数字政府建设中提出了"八统一"的技术支撑体系，并要求政府各部门行政权力事项按照"三级四同"标准予以推进。① 此举大大提高了江苏省政府服务的效率，获得了民众的普遍好评。二是尽快建成一体化服务体系。例如，上海市率先开启"一网通办"服务体系。该服务体系作为整合碎片化政务服务资源、提升办事效率和民众满意度的重要举措，在"互联网＋政务服务"改革中起着关键性作用。[7]

---

① 所谓"八统一"，是指统一的技术方案和业务规范、统一的政务服务门户、统一的江苏政务服务客户端、统一的身份认证系统、统一的公共支付平台、统一的快递服务渠道、全省统一的企业和个人用户中心。

所谓"三级四同"，是指省、市、县三级政府部门相同的行政权力事项，其权力名称、类型、依据、编码必须统一。

　　三是推进角色重构以实现对治理格局的优化。如前所述，调动社会各主体参与政府治理的积极性，是有效转变政府治理角色，实现政府体系和公众体系双向匹配，打造系统化、整体化政府的突破口和关键转折点。而要调动社会主体的参与积极性，重中之重是重构政府治理模式，形成政府主导和社会共治相匹配、居民自治与社会自我调节相融洽的顺畅运行机制。在具体措施上，首先，中央政府要在纵向协同领域进行顶层指导，在系统化思维的指导下进行战略谋划，充分调动和发挥社会、市场的治理活力和智慧，切实发挥政府在数字治理中的主导作用。此外，要坚持培育发展及监管并重，保证数字政府建设在正向轨道上有序前进。随着多元主体参与到社会治理进程中，政府一方面要动员组织群众依法理性参与数字政府治理，另一方面还应辅之以规范的法律和制度进行监管，将多元主体纳入政府主导的主流治理体系中，真正发挥好社会主体在数字政府建设中的重要作用。其次，在横向协调领域强化合作力度。一方面，在不同地区、不同场合多管齐下打通参与渠道，打开参与大门，让多元社会主体有更多机会参与到实实在在的治理行动中。比如，部分地方政府将各类社交平台与数字政府治理平台进行对接，打通自上而下的政务处理方式，吸引更多社会主体理性参与政府治理。[8] 另一方面，应遵循"政企合作、管运分离"的原则，调动企业参与积极性，利用优秀企业的数据技术和互联网网络，充分发挥其在基础设施、技术平台、数字资源等方面的治理效能。

## 三、先试点、后推广：数字政府建设的政策行动逻辑

　　政策试点是政策试验的一项创新性过程。[9] 改革开放以后，政策试点在中国经济社会发展中逐渐推开，并成为地方政府治理创新的重要手段。我国数字政府建设的发展历程，同样遵循着"先试点、后推广"的政策行动逻辑，并形成了具有区域性参考价值的政策试点机制。具体说来，数字政府这种"先试点、后推广"的政策行动逻辑主要包括以下三个方面的内容。

### （一）中央政府驱动以使数字政府政策试点机制成型

　　政策试点是中国治理实践中所特有的一种政策测试与创新机制。纵观我国政府治理实践，我国的政策试点往往都由中央政府发起，相关政策内容代表了中央治国理政方针政策的方向，体现了中央的意志和价值取向。由于政策试点针对的一般是各级政府缺乏实践经验的领域，相关工作的展开多需中央政府从方向引领或底线划定方面发挥引领作用。一般说来，在政策试点开启前，需要中央政府研究确定清晰的政策目标，在目标引领下，根据政策方案的情况形成两种试点方式。一种是政策方案清晰，中央政府与地方政府研究论证后形成较为清晰的政策方案，这一方式多运用于自上而下的试点中，通过在某个点的试验中检验方案的可行性、发现可能存在的问题、总结方案实施过程中的经验教训，中国的自贸区、特区等建设就属于这一种类型。另一种是政策方案模糊，中央政府提出政策目标后，仅制定较为粗略的框架及评选考核标准，这一方式多运用于自下

而上的试点中，在中央目标引领下，试点方结合自身治理实践积极探索，形成具有区域性参考价值的、相对成熟的政策试点机制，再经由中央审核评估，最终形成可以全面推广的方案。数字政府建设的政策试点就是属于这种类型。[10] 在这一行动过程中，中央政府作为数字政府政策试点的推动者，主要通过数字政府政策顶层设计和试点谋划，统筹推进政府信息化同经济发展、区域可持续发展及其他领域的信息化建设相衔接。同时，中央政府还对试点成功经验进行直接和间接推广，并就数字政府试点成果围绕内容、标准化、时间和方式等维度提出明确要求。

## （二）央地协同以使数字政府试点机制有效扩散

政策试点机制并非数字政府建设阶段专属，我国政府信息化建设启动以来，政策试点机制在各阶段都得到了应用和推广，包括"信息化示范工程"、电子政务公开和政务服务试点、政府信息化评估试点等。从试点过程来看，在政府信息化建设和电子政务阶段，各级政府紧紧围绕"政府先行、以信息化带动工业化"的指导思想，由中央政府和科技部牵头组织实施，中央政府各部门及个别地方政府参加"电子政务试点示范工程"，逐步形成包括国务院办公厅、科技部、国家税务总局以及北京市、上海市、青岛市等在内的有条件、有基础和有示范性的部门和地区的央地协同格局。[11] 数字政府建设的部分实践也体现了"自下而上"的试点思路，在形成经验的基础上实现央地协同目标。具体说来，一方面，广东、福建等作为数字政府建设先行先试的省份，其试点机制和经验构成了非试点地方学习的驱动力；另一方面，党的十九届四中全会对数字政府建设提出战略性目标和远程规划，地方政府"先试点、后推广"的实践主要围绕着首席数据官制度、跨省通办、政府网站集约化、不见面审批和"互联网＋政务服务"等试点方案进行，形成可管可控、治理有效的地方经验，并在凸显地方强推动和强学习的试点机制基础上，与中央政府层面数字政府规范化和标准化的政策推广方案协同。[12]

## （三）设置"规划式"发展议程以使数字政府建设稳步发展

我国数字政府建设历程表明，党和政府注重对政府信息化建设的顶层设计与长期规划，把政府上网工程、电子政务与数字政府建设融合于国家治理体系与治理能力现代化的建构之中，形成了以规划促发展的实践逻辑。具体说来，我国数字政府"规划式"发展议程的设置主要分为四种类型。一是中央委员会历次报告中关于政府信息化或数字政府建设的宏观性和长期性的总基调（见表4-1）。二是在国民经济和社会发展规划中设置政府信息化建设规划议程，并与其他各领域的规划形成协同发展目标。三是以"国家信息化规划"的政策议程形式对一段时期内国家数字政府建设的目标、内容、主体、过程和评估方式等进行专门性、系统性和科学性的设置（见表4-2）。四是地方政府（包括省、市、县三级）根据数字中国和数字政府建设的整体性要求，对本地数字政府建设做出系统全面的发展议程设置。

表 4-1 中央委员会报告中设置的"规划式"发展议程

| 名称 | "规划式"发展议程内容 |
|---|---|
| 党的十五大报告 | 科学技术是第一生产力,科技进步是经济发展的决定性因素 |
| 党的十六大报告 | 坚持以信息化带动工业化,以工业化促进信息化;进一步转变政府职能,改进管理方式,推行电子政务 |
| 党的十七大报告 | 健全政府职责体系,完善公共服务体系,推进电子政务,强化社会管理和公共服务 |
| 党的十八大报告 | 完善党务公开、政务公开、司法公开和各领域办事公开制度 |
| 党的十九大报告 | 建设网络强国、数字中国;加强社会治理制度建设,提高社会治理社会化、法治化、智能化、专业化水平 |
| 党的二十大报告 | 加快建设网络强国、数字中国;健全共建共治共享的社会治理制度,提升社会治理效能 |

资料来源:根据历次中央委员会报告梳理得到。

表 4-2 以政策形式设置的"规划式"发展议程

| 时间 | "规划式"发展议程内容 |
|---|---|
| 2001 年 | 《全国政府系统政务信息化建设 2001—2005 年规划纲要》 |
| 2002 年 7 月 | 国家信息化领导小组讨论通过《国民经济和社会信息化专项规划》 |
| 2006 年 3 月 | 国务院办公厅印发《2006—2020 年国家信息化发展战略》 |
| 2008 年 4 月 | 国务院办公厅印发《国民经济和社会发展信息化"十一五"规划》 |
| 2016 年 12 月 | 国务院办公厅印发《"十三五"国家信息化规划》 |
| 2017 年 8 月 | 国家发展改革委印发《"十三五"国家政务信息化工程建设规划》 |
| 2021 年 12 月 | 中央网络安全和信息化委员会印发《"十四五"国家信息化规划》 |

资料来源:根据中央人民政府官网、《人民日报》等公开信息资料整理得到。

　　"规划式"发展议程设置使得政府治理目标更趋明确。政府信息化筹备和普及阶段的规划目标在于推动信息技术的广泛应用,电子政务阶段"规划式"发展的目标在于构建"三网一库"的电子政府框架,数字政府阶段的规划目标重在依据数字技术进行行政管理制度和规则的构建。在已设置好的规划议程框架下,各级政府部门、各行业、各地区积极响应,制定出符合自身发展要求的总体规划方案,并提出建设目标、治理机制和制度设计等。总的说来,数字政府建设以规划促发展的实践逻辑,在我国已取得较为丰硕的研究成果和实践效应。[13]

## 📖 本章小结

　　数字政府建设属于系统性、整体性工程,牵一发而动全身,需要宏观谋划、顶层设计。在具体施行中,数字政府建设需要遵循"党的领导、以人民为中心、改革引领、数据赋能、整体协同、安全可控"等基本原则,按照协同高效的政府数字化履职能力体系、全方位的数字政府安全保障体系、科学规范的数字政府建设制度规则体系、开放共享的数据资源体系、智能集约的平台支撑体系等进行数字政府架构体系建设。在实践逻辑层面,我国数字政府建设主要遵循的是大数据驱动技术支撑逻辑、结构优化的组织建设逻辑和"先试点、再推广"的政策行动逻辑。

## 主要概念

数字政府顶层设计;大数据驱动;"先试点、再推广"

## 复习思考题

1. 数字政府建设的顶层设计的指导思想是什么?
2. 数字政府顶层设计的体系架构是怎样的?
3. 大数据在数字政府建设中的能动作用是什么?
4. 如何优化数字政府建设的组织结构?

## 参考文献

[1] 汪玉凯. 数字政府的顶层设计与实施 [EB/OL]. https://www.seeyon.com/News/desc/id/4907/typeid/.

[2] 俞可平. 推进国家治理体系和治理能力现代化 [J]. 前线,2014(1):5-8,13.

[3] 熊光清. 大数据技术的运用与政府治理能力的提升 [J]. 当代世界与社会主义,2019(2):173-179.

[4] 王仕勇,张成琳. 利用互联网推进社会治理精准化 [J]. 重庆社会科学,2018(8):35-42.

[5] 吴磊. 需求锚定、结构赋能与平台耦合:数字政府建设的实践逻辑 [D]. 长春:吉林大学,2022.

[6] 北京大学课题组. 平台驱动的数字政府:能力、转型与现代化 [J]. 电子政务,2020(7):2-30.

[7] 翟云. 整体政府视角下政府治理模式变革研究——以浙、粤、苏、沪等省级"互联网+政务服务"为例 [J]. 电子政务,2019(10):34-45.

[8] 朱玲. 我国数字政府治理的现实困境与突破路径 [J]. 人民论坛,2019(32):72-73.

[9] 周望. 如何"由点到面?"——"试点—推广"的发生机制与过程模式 [J]. 中国行政管理,2016(10):111-115.

［10］贺芒，闫博文．政策试点推动国家治理现代化：何以可能与何以可为——基于"试点—推广"的方法论视角［J］．求实，2023（2）：28-39．

［11］姚尚建，刘铭秋．从政策试点到制度示范——发展型国家的治理转向［J］．学术界，2020（8）：25-32．

［12］［13］祁志伟．中国数字政府建设历程、实践逻辑与历史经验［J］．深圳大学学报（人文社会科学版），2022（2）：13-23．

# 第五章

# 数字政府的架构体系与政府平台的组织逻辑

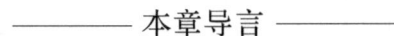

## 本章导言

　　近年来，在中国政府组织变革及其与社会的互动过程中出现了政府平台的新现象。从中央到基层，平台几乎渗透到国家治理的各个领域。在"政府即平台"理念下，数字政府的基础设施架构包括信息化公共基础设施、IT基础设施和网络基础设施，还有以服管办融合为目标的多端互动应用平台，这些构成了数字政府的架构体系。

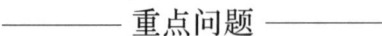

## 重点问题

　　1. 数字政府架构体系的构成。

　　2. 政府平台的组织逻辑。

　　3. 政府平台组织对传统科层组织的影响。

2018 年，《国务院关于加快推进全国一体化在线政务服务平台建设的指导意见》发布，提出"国家政务服务平台是全国一体化在线政务服务平台的总枢纽，各地区和国务院有关部门政务服务平台是全国一体化在线政务服务平台的具体办事服务平台"。2021 年，国务院办公厅印发《全国一体化政务服务平台移动端建设指南》，提出"各地区和国务院有关部门要建立健全推进本地区本部门政务服务平台移动端建设管理的协调机制，制定政务服务平台移动端建设方案以及与国家政务服务平台移动端的对接方案，加快推进政务服务平台移动端标准化建设和规范化管理"。

习近平总书记在二十大报告中强调，提高城市规划、建设、治理水平，加快转变超大特大城市发展方式，实施城市更新行动，加强城市基础设施建设，打造宜居、韧性、智慧城市。打造宜居、韧性、智慧城市的重点任务之一就是要推进城市基础设施体系化建设，实施基础设施补短板和更新改造专项行动，建设集约高效、经济适用、智能绿色、安全可靠的现代化基础设施体系。同时要加强应用场景建设，推行城市数据"一网通用"、政务服务"一网通办"、城市运行"一网统管"、公共服务"一网通享"，构筑美好数字生活新图景。

各地积极推动面向政府内部、公众和企业等多元化对象，支撑数字政府整体化变革和组织内部协同的平台载体集约化整合探索，并在此过程中形成了一系列富有代表性的治理模式。例如，浙江省的"最多跑一次"改革致力于打造"小前端＋大平台＋富生态＋共治理"的治理模式，政务钉钉助力政府内部高效协同办公；上海市推行政府服务"一网通办"、城市运行"一网统管"，围绕"高效处置一件事"，加快政府各系统整合；广东省全面推行数字政府改革等。这些改革都需要以数字政府的硬件设施为基础，本章主要讨论数字政府的架构体系与政府平台的组织逻辑。

<hr/>

## 第一节
## 数字政府的基础设施建设

在传统 IT 时代，传统软件、PC（个人计算机）、传统电信网络、2G 支撑着政府信息化建设；在互联网时代，通过 Web 应用、消费 App、手机 3G/4G，人人互联成为主要社会现象，"互联网＋"同样将很多政务服务迁移到互联网上，使得人民可以方便、快捷地获取信息；进入 DT（data technology，数据处理技术）时代，人工智能、物联网、云平台、5G 等技术将万物互联，数字政府建设开启"智能＋"新篇章。基础设施架构的进步，推动着数字政府建设不断升级。

数字政府基础设施架构包括信息化公共基础设施、IT 基础设施和网络基础设施。信息化公共基础设施以物理的方式为数字政府运行提供动力；IT 基础设施作为新一代数字政府的触角，智能化地感知物理世界的细节；网络基础设施将物理设施进行联通，构建起信息化数字政府网络体系。[1]

## 一、信息化公共基础设施

信息化公共基础设施是由物理硬件设备、数据中心、能源系统等构成的实体设施体系，为数字政府提供基础算力、存储能力和物理环境保障，属于数字政府基础设施架构中的物理基础层，是云平台、物联网等其他数字化能力的底层承载设施。其核心组成要素包括数据中心、算力硬件、灾备系统和基础能源设施。其核心功能在于物理算力供给、数据存储保障、环境可靠性和资源集约化。

## 二、IT 基础设施：统一的政务云平台

统一的政务云平台是地方政务数字化转型的关键基础设施。地方政府通过政务云建设，实现地方电子政务的集约化发展，为下一步政务大数据、"互联网＋政务服务"等发展奠定了平台基础，创造了可持续发展的条件。政务云的建设过程不仅是技术平台的搭建过程，也是地方电子政务研发体系、服务体系、运营体系的生态共建和升级过程。同时，通过层级化结构能够清晰地分离任务责任，根据任务需要或者升级需求进行层级解耦，从而在很大程度上便于系统的整体迁移和备份。

云平台架构实现分布式集群、虚拟化集中、统一化调度。整体 IT 基础设施架构，通过分布式系统服务、分布式文件系统保障了数据资源分布存储与备份，利用云原生（自主研发）分布式数据库、大数据库、中间件及微服务框架，对数据量大、用户并发多的应用进行改造，实现无缝衔接，以充分发挥云架构的全部优势和特性，是应用云最合理的目标状态。通过单一的云平台架构，利用虚拟平台完成数据资源的物理集中和虚拟集中，以云计算为核心的 IT 基础设施建设，方便用户使用与管理，同时使资源拥有更高的安全性和可迁移性。

对政府而言，集约一体智能的政务云平台和智能协同统一的安全防护体系是数字政府的核心基础设施，为跨层级、跨部门的业务协同提供了底层连接能力。[2]

### （一）集约一体智能的政务云平台

政务云平台是数字政府的核心基础设施，其通过统一的资源调度将分布式离散的数据中心统一起来，为"政府即平台"理念体系提供集约、安全、稳定的大数据计算、视觉智能计算、物联网计算、安全保障等基础服务，从而构建跨层级、跨地域、跨系统、跨部门、跨业务的协同管理和数据服务供给能力。

举例来说，浙江省的"一朵云"采用省、市两级架构，其通过政务云平台，促进了

医疗、教育等公共服务行业的云基础设施建设，并逐渐开发和建成高并发、大容量、高性能、强一致的分布式关系型数据库。

集约化政务云基础设施平台由部门主管单位主导，由专业技术服务机构规划、实施、运营，通过虚拟化、云原生、"微服务"、容器、分布式系统、软件定义网络、资源调度、服务编排等云计算技术，立足于电子政务实际应用和发展需求，以服务为中心来进行建设，从而为各级政府部门提供云服务。

一体化、智能化政务云基础设施平台包括服务器、网络、存储、虚拟化平台、安全服务及通信链路等，具备可扩展性，能满足用户的差异化容量需求。更重要的是，AI智能化能力平台包括自然语言处理算法、语音技术算法、视觉技术算法、智能决策算法等AI原子能力，能结合业务应用封装出标准的智能服务产品、服务支撑产品、服务管理产品，并通过热线电话、在线咨询、视频客服、线下大厅等渠道进行接入，服务于政务服务热线、城市大脑、民政、公安等政务服务领域，从而提升政务服务的效率，并降低服务运营的管理成本。

其中，AI智能化能力平台中的各算法能力具体如下。

（1）自然语言处理算法提供词法分析、文本相似度、命名实体、中心词抽取、情感检测、向量表达等相关功能。

（2）语音技术算法提供语音识别（将录音文件或者实时音频流转成文字）、语音合成（将文本信息转化为语音数据）等相关功能。

（3）视觉技术算法主要提供光学字符识别、人脸识别、人体属性识别、图像识别、内容安全、文件识别、活体检测、动作检测、手势识别等相关功能。

（4）智能决策算法主要提供时序预测、统筹优化、启发式搜索等相关功能。

## （二）智能协同统一的安全防护体系

在数字政府、数字经济与数字社会大融合的背景下，我们看到技术变化得越来越快，过去分散、独立的网络和应用变得高度关联、相互依赖，网络安全的威胁来源和攻击手段也在不断高速变化。传统边界安全防御的方法论和理念已不合时宜，这是因为在传统IT架构之下，安全响应往往是单点的、外挂式的，哪里有问题就给哪里打补丁，治标不治本。而数据泄露、网络诈骗、勒索病毒等网络安全威胁日益凸显，有组织、有目的的网络攻击日益增多，其中，数字基础设施将会成为攻击者攻击的主要目标。因此，在当下及未来，在数字化基础设施的建设过程中，我们尤其需要树立以智能化安全、协同安全防护、统一安全运营为核心的总体安全策略。

首先，依托智能化建立的云原生的基础安全架构，其最大的优势是可实现与政务云基础设施的深度融合，通过精确的数据分析能力及模型能力识别高等级的安全威胁，提升整体安全防护水位。

基础IT设施云化大趋势已经没有争议，而云和安全是相辅相成的。可信计算技术是构建更稳固的安全基础的根本性措施之一。可信计算技术可以构建涵盖计算环境各层面的完整可信链，实现主动免疫。例如，云平台的硬件可信芯片和 ECS（elastic compute service，云服务器）等上层环境中的虚拟可信芯片构建了涵盖用户计算环境各层面的完整可信链，强力保护操作系统和应用启动过程。

同时，云原生安全还可以结合云端丰富的威胁信息，与云安全产品能力达成联动，全网协同防御。相比外挂式安全，数智化的网络安全体系进行了多层次深度融合与分析。就像人体一样，只有同时拥有发达的大脑、强壮的身体和强大的免疫能力，才能更懂得如何防护，以应对各种威胁。

基于此，将安全基因植入每个产品和组件中，云平台天然具有了威胁识别与检测能力，通过对活跃度、攻击手法、更新频率、隐蔽性等特点进行武力值评估并形成威胁画像，将碎片化安全能力与云平台进行有机组合，形成云平台默认的安全机制和能力。这样一来，无论是对抗外来风险还是防御内部威胁，云平台都能提供无感的极致安全防护。

其次，网络安全能力从数字化到数智化的转变，本质是从单点智能到全局智能的变化。这逐步节省了安全人员参与策略、规则优化等事务性工作的精力，最终实现网络安全系统的"无人驾驶"模式。过去，在算力不足的情况下，很多安全设备无法处理全量原始数据，只能先将全量原始数据变为汇总数据、摘要数据，再进行分析。建立数据化、智能化、平台化的安全能力中台，打造面向业务的安全运营中心，是进入数智时代的典型特征，可以不断提升实战对抗能力。

例如，传统安全设备在检测已知威胁上可以通过特征码的方式，在防御未知威胁时就需要先提取特征，再把特征下发到安全产品中才能生效。在没有形成特征码的期间就会形成一个防御空窗期，无法应对未知威胁或者组合攻击，而攻击者就可以利用 0day、恶意代码变种等手段，入侵核心目标系统，窃取数据。

而如今，我们可以充分发挥云的天然优势，深度融合机器学习、深度学习等先进技术，形成一套基于机器学习技术的网络流量风险智能对抗体系，将第一轮复杂的流量分析和处置交给机器来做，从而降低处置成本，并提升应急响应效率。

数字政府对网络安全建设提出了更高的要求。它将基础设施、数据、业务、服务各层进行融合，属于典型的高价值攻击目标，因此我们要建立常态化、体系化、实战化协同的安全体系，而安全运营中心的建设是这套体系落地的重中之重。

安全运营中心建设的本质是建设基于兵力、装备、战术的协同"作战"体系，覆盖网络、主机、重点、服务、应用等 IT 架构中的不同层面，这些能力建设包括事件检测能力、攻击预防能力、防御加固能力、事件响应能力、关联分析能力、反制能力、安全运营能力等方面的建设。

如今，数据被称为新时代的"石油"，正在成为政府、企业的核心资产。在数智化的新格局下，以数据为中心的安全体系是技术落地的重要基石。在大数据环境中，数据流通、共享是趋势，在聚焦于数据本身安全的同时，我们还需要聚焦产业上下游间的数据流通、共享带来的安全挑战。

从数据生命周期来看，数据有数据生产、数据采集、数据存储、数据传输、数据处理、数据交换、数据销毁等多个环节，数据泄露的发生和数据链路中的每个环节都息息相关，任何一个环节发生数据泄露都会导致全局数据的安全体系崩溃。这与木桶原理一致，数据的泄露与否取决于最薄弱环节的安全水位。但数据加密或防泄露不是数据安全的全部，解决数据安全问题要以更高层次的视角从组织、制度、技术和运营等层面统筹考虑，由高层管理者牵头，通过多层面的环环相扣，基于合理的数据安全组织、完善的数据安全制度、覆盖多维度风险防护的数据安全技术和动态优化的数据安全运营机制，形成符合数字政府自身特点的数据安全保障体系。

总而言之，数字政府的安全建设必须充分考虑组织保障、管理政策及流程的落地，从而实现"云＋本地"的协同安全防御体系。具体而言，就是要将安全能力打碎重组，并融入基础设施，实现数字基础设施默认安全；通过智能化的安全能力建设，提升威胁检测能力；通过协同安全防护能力建设，发挥联合作战的优势；通过统一安全运营能力建设，提升数字政府的应急响应能力。

## 三、网络基础设施：城市物联网

网络基础设施是最重要的战略性基础设施。基础信息网络、城市物联网、5G 和数据中心的建设和应用，对云平台和云应用的建设起到了重要的支撑作用，为治理能力的提升奠定了坚实基础。

### （一）基础信息网络推进政府部门网络互联互通

基础信息网络主要包括互联网、公众服务业务网、非涉密政府办公网和涉密政府办公网等部分。所有的网络系统以统一的安全电子政务平台为核心，共同组成一个有机的整体。随着互联网的发展，我国已经从消费互联网时代全面迈入产业数字化时代，信息网络的触角已经触及智能电网、智能水网、智能交通、智能家居、工业互联网、农业物联网、电子商务平台等各种生产生活应用领域。

通过加快基础网络、功能平台、应用支撑等建设，加强无线电管理和网络安全保障，着力增强信息网络的综合承载能力、设施资源的综合利用能力和信息通信的集聚辐射能力，提升通信服务质量，促进宽带上网服务质量，为建设智慧城市提供基础保障。网络基础设施将支撑云服务的服务器、存储、安全和软件等设备和技术连接，依托基础信息网络，通过云平台的业务模式，对外提供网络安全服务，健全覆盖基础通信管线、移动通信基站、通信机房、无线室内覆盖系统、住宅区光纤宽带网络等的集约化建设和共建共享，结合城市布局和产业结构调整，推进政府部门网络互联互通，加强电子政务内网和外网间的信息安全交换，实现安全功能的灵活部署和应用，解决网络安全目前存在的部署、管理、能耗等多方面的问题。

### （二）城市物联网为云平台提供信息依托

物联网是通过各类可能的网络接入，实现物与物、物与人的泛在连接，实现对物品和过程的智能化感知、识别和管理。物联网作为无线传感网络与互联网之间重要的本地化中央信息处理中心，具备业务受理、开通、计费功能，信息采集、存储、计算、展示功能，以及行业的灵活拓展应用模式三大功能。

城市物联网通过引入物理资源虚拟化技术，使得物联网在云平台上运行的不同行业应用以及同一行业应用的不同客户间的资源（存储、中央处理器等）实现共享，使所有客户共用一个跨物理存储设备的虚拟存储池。通过提供资源需求的弹性伸缩，从虚拟存储池中分配存储资源，以便用最少的资源来尽可能满足客户需求，在减少运营成本的同时提升服务质量。通过引入服务器集群技术，将一组服务器关联起来，使它们看起来如同一台服务器，从而改善物联网运营平台的整体性能和可用性。云平台依托城市物联网进行信息处理，实现网络节点的配置和控制、信息的采集和计算功能。可以采用分布式存储、分布式计算技术，实现对海量数据的分析处理，以满足大数据数量巨大且实时性要求非常高的数据处理要求。云应用对感知层采集数据进行计算、处理和知识挖掘，从而实现对物理世界的实时控制、精确管理和科学决策，使用户可以直接使用智能操控、安防、电力抄表、远程医疗、智能农业等智能应用。

## 第二节
## 以服管办融合为目标的多端互动应用平台

服管办融合主要是指基于服务端、治理端和办公端在数据上形成融合互动，从而优化服务。面向终端用户的分层服务能力共享包括面向公众的服务端、面向企业的服务与监管端、面向雇员的办公端。

数字政府建设的前端应用就是建立以服管办融合为目标的"一网通办""一网统管""一键通达"的一站式政务服务、治理、监管与内部协同办公平台。它通过底层数据的融合来形成服务、监管与办公的场景化互动，最终"让群众少跑腿，让数据多跑路"，实现显性服务、隐性监管和高效办公三管齐下。

### 一、"一云两端"的交互架构体系与分层服务能力的培育路径

#### （一）"一云两端"的交互架构体系

"一云两端"的架构体系通过云计算平台的支撑，配合"办事端"与"办公端"两端

分别连接公众/企业与政府办公人员，实现政务业务的统一、综合、一体化办理。其中"一云"构建精准化的数据服务能力，"两端"是政务服务端和政务办公端，助力政务服务达成移动互联网式的用户体验。云计算是未来的趋势，也是引发国内外一众新旧 IT 势力角逐的关键点。用户通过云的支撑，不仅能够帮助各级政府机关以最简化的方式实现最广泛的互联网公共服务触达能力，在"一朵云"内实现统一的资源管理、统一的数据运营和统一的业务设计，还可以帮助大部分中小企业快速获取流量，构建业务闭环，形成业务生态。"两端"的架构是应用生态的入口，不同群体的用户分别通过相应的入口进入数字政府生态圈中，借助生态的能力简单、方便、快捷地进行业务办理。阿里巴巴最早开始应用大数据、云计算、人工智能等新一代信息技术支持数字政务发展，是数字政府 2.0 建设最得力的帮手。2008 年，支付宝第一个实现了网上缴费，如今支付宝已成为百姓民生服务的重要入口；钉钉办公端助力政务信息化建设，成为政府办公重要入口。以浙江省为例，钉钉助力浙江省政府数字化转型，以"浙政钉"平台为基础打造最高效的数字化政府，实现了省、市、县、乡、村、组六级机构的组织在线；"两端"应用以中台架构为基础，实现各部门信息共通共享。借助"一云两端"的能力，阿里巴巴和 26 个省、区、市达成了合作，为当地提供公共服务的数字技术支持。

数字政府可以分为公共服务、经济调节、市场监管、社会管理、生态保护、政府办公等建设内容。"一云两端"的政务服务数字化转型可以成为数字政府建设的前期样板工程，为未来的数字政府建设发挥如下三个方面的创新价值：

第一，云智能体构筑了政府的数据服务能力。数据中台成为政府机构的数据"蓄水池"，也是数据服务的"生产车间"，实现组织内部的数据共享。

第二，政务服务端和移动审批端为服务需求方和供给方提供了移动互联网体验，同时将数据服务体验和电脑端、线下服务大厅打通。

第三，该系统架构可以平滑升级支持数字政府的多种业务转型，云智能体的计算和数据能力、两端的移动互联网体验能力都可以复用到诸如城市管理、环境保护、经济调节、市场监管等方面。

## （二）分层服务能力的培育路径

前端面向不同对象的分层服务通常需要梳理具体需求，而这种梳理需要回答四个问题，包括"为谁梳理""为什么梳理""梳理什么需求""用什么方法梳理"。具体而言，"为谁梳理"由以政府为中心转向以公众、企业和雇员为中心，实现"让企业、公众和雇员办事或办公真方便，真能办成事"。"为什么梳理"则由可视化的展示平台转变为方便公众、企业和雇员生活、生产和办公，提供提高生活品质、企业高质量发展和雇员高效协同办公的办事、服务与办公平台。"梳理什么需求"需要梳理公众侧、企业侧和雇员侧的需求，梳理移动端、手机端的需求，梳理高频事项的需求，梳理高权重事项的需求。"用什么方法梳理"需要聚焦小切口，将服务及其相关的业务流、数据流融合至一体化、智能化公共数据平台，以提炼标准化、可复用的服务功能单元。

## 二、数字政府之"办事端"

政务服务端包括民众服务端和企业服务端,在数据层面打通政务服务网、政府服务App或者企业钉钉,以及支付宝小程序等其他社会化App的服务端。数字政府"办事端"以"政务服务App+支付宝小程序+钉钉移动办公"作为载体,运用移动技术、人工智能、风险管控、区块链等技术能力,结合城市服务平台,形成一体化政务服务"办事端"平台,为推进"放管服"改革和数字化转型服务,在简化办事流程的同时也提高了民众的办事满意度。

在政务服务App中,汇聚政府政务服务的所有资源,民众可以通过政务服务App线上办理业务,如办理税务查询、公积金提取、医疗保险缴纳、车辆违章处理等涉及多个政务部门的日常业务。同时,政务服务App可通过线上实时发布信息,及时与民众进行咨询互动,交流业务需要及重要事项提醒,能够不受字数、内容形式、推送次数的限制,及时发布和反馈信息到数据中台。另外,政务服务App可以实现业务数据的全面留存与分析,能够形成庞大的政务大数据,为政策制定和政府决策提供重要支撑。针对目前一些地方政府部门App泛滥、服务内容单一化等现实问题,开发整合一款集所有政务信息及业务办理需求于一体的政务服务一体化App,形成多部门协同合作,提供"一站式"的公共服务平台,是政务服务App未来的发展趋势。

支付宝小程序解决了政务服务App占用手机空间大且闲置时间长等问题。借助支付宝庞大的用户基础和用户黏度,针对不同的政务服务内容,推出不同的政务服务小程序,既解决了政府服务App服务内容单一的问题,又可实现随用随找,不占用手机内存。同时,接入支付宝小程序,符合"推动面向市场主体和群众的政务服务事项公开、政务服务数据开放共享"的精神,通过纳入社会力量实现了社会治理的共建共治,更能带动更多开发者进入,从而自发形成围绕数字政府2.0的生态体系,为群众提供更加优质、更为便捷的政务服务。

支付宝是国内最大的便民服务聚合平台,支付宝小程序的发展为"政府互联网+政务服务"提供了便捷的入口。目前,"政务服务"分成三大板块:① 政务服务板块,包括公安(两类)、社保、公积金、税务、财政等政务服务;② 公共服务板块,包括水电煤、医疗、公共出行、一卡通等日常生活服务;③ 新业务或者民生服务的创新板块,比如电子社保卡、网证等服务。通过支付宝城市服务入口,老百姓可以即时办理业务,实现了"一次都不用跑"便可轻轻松松办事;通过人脸识别技术,实现服务扫脸即办,并可保证实名实人,提高了办事的效率,简化了办事的程序;通过数据中台对每个人的数据识别和分析,建立个人业务办理数据库,精准地为每一个人量身打造所需的业务办理窗口推送,实现政务部门主动提供服务,使政务服务由"人找业务"转变为"业务找人",更加方便老百姓,提高民众的智能化生活体验。2018年是"一网通办"政务服务小程序迅猛发展时期,已有16个省市的"一网通办"小程序入驻支付宝,接入率高达90%。未来,随着信息技术的不断成熟和人民生活习惯的改变,信息化办事将更加普遍化。截至 2019 年 1 月，全国已有 442 个城市入驻支付宝城市服务平台，包括社保、公积金、政务、医疗、垃圾分类等服务，为超过 6 亿实名用户提供简单便捷的服务体验，支付宝已经成为政府和公共机构的移动便民服务平台。

钉钉 App 是为企业办事服务打造的"办事端"端口，通过移动办税大厅、税企微应用等实现企业与政府部门的高效率对接，一键办理税收业务，实现税企协同，高效进行税企沟通。政府能够及时监管企业的纳税情况，防止企业纳税漏洞。通过网上办理业务，简化了企业的办事流程，提高了审批效率。

## ● 三、数字政府之"办公端"

政务"办公端"主要是政务人员审批端，将事项审批与公文流转、日常办公环境打通，以"一网通办"为契机，让政务人员的办公信息化系统全面跨进移动互联网时代。以内蒙古为例，内蒙古税务局基于钉钉平台上线了"内蒙古 i 税服务平台"，快速实现了全区 150 多万纳税企业和自然人纳税服务的"最多跑一次"[3]。通过加强数字政府"办公端"的推进工作，全面推进各级政府及其部门移动办公，实现办文办会办事、督查督办、在线培训、财政预算、资产管理、后勤管理、绩效管理、档案管理等数字化应用，从而实现政府内部业务流程整合优化、精简高效。通过建设统一的电子公文交换平台，提升政府工作执行力和协同化水平。与此同时，加快完善统一的电子监察系统，强化实时监控、预警纠错，推进依法行政的力度，通过搭建公共信用信息平台建设，深度推进公共信用信息在政务服务、市场监管、社会治理等领域的应用，形成统一的政府网站集约化平台和移动应用开发平台，来支撑政务服务的"一网通办"。

通过统一政务"办事端"，实现公共数据资源的收集和一体化管理，可以完善公共数据资源体系，完善公共数据交换平台和共享平台，推进基础数据资源向部门数据仓、大数据中心汇集，强化数据资源统筹规划、分类管理、整合共享；能够加快推动政务数据开放和社会化利用，完善国家数据开放制度，在确保国家安全、企业和个人合法权益的前提下，优先满足与民生紧密相关、社会效益显著的数据开放应用需求。

为保证政务信息传递的安全性，建立完善关键信息基础设施保护制度和网络安全等级保护制度，通过对重要数据资源实行分级分类安全管理，建立数据流动安全评估机制，强化个人和法人信息保护。

政务钉钉作为政务领域数字化转型的载体，可以灵活搭建政务办公流程，简化政府审批流程，打破了以往传统办公中存在的流程周期长、公文流转多、无法快速响应业务变化的瓶颈；通过集即时消息、短信、邮件、语音、视频等于一体的安全、独立的协同通信体系，为政府提供免费的协同办公，同时能够与移动办公等第三方业务系统无缝集成，可靠性强。"办公端"流程的优化和信息的联通为实现"办事端"流程的简化和办事的高效提供了基础支撑。

依托阿里巴巴的钉钉移动办公平台，通过组织在线、沟通在线、协同在线、业务在线、生态在线这五个"在线"，建立办公一张网，实现了"信息孤岛"之间的连接，对涉及多部门、多环节的"一件事"进行"化学融合",信息互通、数据共享,实现了政府跨地域、跨层级沟通和一体化管理,让数字政府 2.0 真正能够实现协同联动办公、再造业务流程、提升工作效率,全面打造"数字化在线政府"。

## 四、多端服务及应用

数字政府建设的意义不仅仅在于作为一种技术架构来提升政府组织的整体效率,还在于推动政府治理方式发生基础性、全局性、根本性变革。而这种变革的最终落点之一即为公众、企业和雇员等终端用户提供更加优质、高效的服务和治理创新。

它依托政务大数据的互联互通、云计算平台基础设施的强大算力和先进算法,倒逼政府进行深层次、系统性的制度、结构、流程和规则重塑,助力政府内部协同、"放管服"改革和公共服务创新,并通过多元终端用户主体在服务使用与采纳后的行为数据和个人数据反馈,来帮助持续调适政府内部运行、公共服务和公共治理效能,最终改善政府内部、政府与市场、政府与社会三维互动界面,推动社会整体共享数字红利。

举例来说,依托集约化平台具备强大的信息传递能力,政府数字化协同办公平台能够突破现有的行政架构,促进信息流动,提升内部协同和沟通效率。例如,依托阿里巴巴的钉钉移动办公平台,通过组织在线、沟通在线、协同在线、业务在线、生态在线这五个"在线",政府建立办公一张网,实现了跨部门之间的连接,促进信息的互联互通;在纵向上,形成从省到市、县、乡的协同;在横向上,形成各部门间的协同,建立起协同高效、上下联动的政务办公流程,构建了"全局一屏掌控、政令一键智达、执行一贯到底、服务一网通办、监督一览无余"的政府数字化协同工作场景。

## 第三节
## 政府平台的组织逻辑及其影响

近些年来,在我国政府组织变革及其与社会的互动过程中开始出现一种新的现象,为政府组织回应复杂社会需求提供了创新的解决方案——随着信息技术与数字技术的发展,"平台"脱颖而出,相较于传统以单一科层组织为基础的治理,平台已经在我国政治社会生活中成为一种普遍趋势。在"政府即平台"的理念下,大到中央小到基层,平台几乎已经渗透到国家治理的各个领域,实现了政府运行的资源、组织以及技术等各种元素的支撑和共生。政府工作人员在不同平台之间切换,平台成为他们日常工作中不可或缺的助手。国家各项政策规定下达到各个部门,再通过各个部门借助不同的平台而贯彻于全社会。更为重要的是,平台对公众也具有异乎寻常的意义——公众的需求越来越需要通过以警民互动平台、政务服务平台等为代表的各类平台与政府部门进行互动和反馈。由此,可以获取开放数据、在线进行意见表达,等等,人们的日常活动也同样离不开各种政府平台。2017 年 12 月 8 日,习近平在中共中央政治局第二次集体学习时强调,审时度势精心谋划超前布局力争主动,实施国家大数据战略加快建设数字中国。① 2018 年,中央明确提出建设全国一体化在线政务服务平台,推动政务服务从政府供给导向向群众需求导向转变。

## 一、政府平台的组织逻辑 [4]

平台已经成为认识我国的组织运作过程和政府组织机制转型的一个新维度。实际上,平台的建设与发展影响深远——它们表面是政府组织借助技术进步对自身功能进行调适,却在依托科层组织展开运作的基础上,逐渐形成了自身特定的组织属性。平台虽然表面上是由数字技术所支持的,但它根本上体现出一种新的组织逻辑。更重要的是,平台改变的不仅是政府组织与社会的互动关系,同时,也可能改变中央与地方的互动过程。

对各级政府部门而言,"平台"已经不仅意味着行政权力与运行的透明化和可监督。从更深的层面看,它已经具备了"平台组织"上的意义。即平台围绕着回应公众需求,解决社会问题等复杂目标,形成了申请反馈、获取分配、验证比对、信息共享、业务协同、监督评价等一系列的环节和过程,这些过程已经超出平台表面上的技术特性,成为政府对复杂社会回应的一种组织机制。在实践中,各级政府部门以平台为中心回应公众的复杂需求,并将公众的复杂需求简化为各种能被政府部门识别和回应的具体任务,然后通过平台进一步协调解决这些复杂任务。由此形成贯通上下(中央与地方)、连通内外(政府与社会)的一体化的政府组织机制。平台既依托于政府科层组织(人员、部门与资源等)展开运作,同时也不同程度上超越了政府科层组织的典型特征。

这背后有着隐秘的逻辑在驱动。对于我国来说,中央所面临的重大挑战是如何能够鼓励和促进地方围绕着日益复杂和多元的社会需求进行积极回应。在传统的政府科层体系中,公众表达诉求和政府对这些诉求的回应往往依托实体部门,且地方政府在是否以及在多大程度上回应公众需求上有充分的自由裁量权,这就造成了政府科层组织封闭的治理结构对社会需求回应不足的问题。而平台逐渐演化成一种新的组织控制形式,在政务服务平台上,平台界面的预期量化限制了单个政府(部门)的行动可能,降低了基层的自由裁量权,由于统一了公众需求表达的入口和界面,加之形式化、数量化的考核激活了地方对社会需求回应的积极性,下级政府在考核压力下需要按照上级在政府平台中的栏目和内容分别回应公众的需求反馈。这样,中央政府可以极大强化"一竿子到底"

---

① 习近平:实施国家大数据战略加快建设数字中国 [EB/OL]. http://cpc.people.com.cn/n1/2017/1209/c64094-29696290. html.

的动员能力和控制能力，下级政府在公众需求回应上的自主行动能力被压缩，从而保证国家回应复杂社会需求的治理意图能够在国家的组织系统中得以贯彻。由此可见，中央政府通过输入和输出两种机制分别对"平台"的数量和界面进行控制相当于对"平台"本身及其演变过程的控制。这种做法的重要意义在于：通过这种"控制"来匹配和支撑中央对于平台建设的战略定位，上级政府便于通过平台的"输入"和"输出"控制分担责任，并且转化为对地方政府的监督和问责，间接促使地方政府部门主动回应复杂社会需求。显然，在过去，中央政府把自身决策和治理意图贯彻到地方是通过实体性的五级行政链条，使中央对地方的组织能力和控制力度提高，而平台逐渐成为中央对地方的另一种组织控制机制。以上分析涉及平台组织运作的两个关键环节：一方面，政府部门借助"平台"的组织化实现了对复杂社会需求的回应和缓解社会问题；另一方面，在我国国家治理场景下，平台的建设和全面推进又与中央政府对地方政府控制的强化有着直接关系。这种控制的本意是加强各级地方政府部门对回应社会需求这一治理目标的实施与配合。

## 二、政府平台组织的影响 [5]

必须明确的是，无论是科层组织还是平台组织，都是国家实现特定治理目标的一种组织机制。两种组织逻辑之间存在复杂的互动，在现实中亦非完全对立。同时，平台组织本身也深深地嵌入科层组织体系之中。但是，又有别于科层组织。在依托科层组织展开运作的过程中，平台逐渐在价值取向、逻辑过程和运行规则等方面形成了与科层组织颇为不同的组织属性，形成自身特殊的组织逻辑。在实际运行中，平台组织虽然切实提升了政府部门对公众需求的有效回应，促进了政府与社会互动关系的重塑，但也带来了多种问题。

### （一）政府平台组织的膨胀与扩张

从国家的角度看，平台建设的目的是重建政府与社会互动的方式，直接联结供给方（政府）与需求方（公众），并通过平台来吸引公众，提供服务，彰显了国家治理现代化的治理理念。这种成功经验使得各级政府形成了开拓新平台的强烈倾向，并延续和扩大了平台在各领域的运作。平台在各级政府中被越来越多地采用，表现出强大的"自我扩张"特征。平台的这种高度扩张的特征一方面来自平台自身特殊的技术结构。平台允许政府部门根据公众的需求和反馈不断地进行调整，进而可以不断地重新设计和扩展。随着时间的推移，平台的复杂性也就会不断增加。因为，不同的平台可能有利于满足不同的用户需求。而且，平台本身的设计几乎是无界限的，每一个平台都可以形成其他全新的子平台，而子平台则可以进一步扩展。平台本身的这种特征会极大促进政府平台组织的膨胀和扩张。

政府平台组织的膨胀和扩张效应还不仅如此。围绕平台建设和运作的工作安排和绩效考核进一步强化了平台的不断膨胀。在工作安排方面，平台运作需要的申报、审核、检查、测评整改、整改再反馈等程度都被高度标准化了。

简言之，"平台越来越多，任务越来越重，责任越来越大"实际上是让地方政府部门承担了大量的职责。结果显而易见：平台的膨胀和扩张所带来的负担加大在一定程度上使得各级政府部门对上级工作的应对能力下降。在各级政府围绕着平台建设的创新压力下，地方政府部门围绕着工作正常运转所依赖的各种组织资源条件（人力资源、财力资源以及时间资源等）短缺较为严重。

### （二）政府科层体系的分解与整合

平台依托于政府科层组织运作时，它也可能被科层组织强大的层次结构所"分解"。平台相对于科层组织运作的一个重要特征在于具备针对复杂社会需求和问题的灵活协作和处置能力。但在实际运作中，平台的这种"灵活性"常常被科层组织所影响。

中央也意识到了科层组织体系对平台运作可能造成的牵绊与拉扯，着手实施了前瞻性的顶层设计和适应性的改革选项。为了解决各地政务服务平台建设中的管理分散、数据共享不畅、业务协同不足等问题，印发了《国务院关于加快推进全国一体化在线政务服务平台建设的指导意见》（国发〔2018〕27号），全国各地实施了"加快推进一体化在线政务服务平台建设实施方案"，并成立数据管理部门。例如，山东省2018年成立省大数据局，广东省2018年成立省政务服务和数据管理局。这些部门负责政务服务平台统筹建设和组织推进。其职责包括制定战略、政府数据归集及开发利用、政府数据资源共享与开放等。在这个机构中，关键是借助权威的层次性机构和行政力量实现数据的集中和重新配置，以解除条块之间的孤立运作，以便跨层级、跨部门之间可以以最小阻碍交换有关的信息。

### （三）进一步讨论：科层与平台的互动影响

对于真实场景中的政府平台组织，其实际运作有两套制约性的逻辑：一方面，政府平台要做的是符合国家治理现代化目标的事情，即回应复杂的社会需求。政府平台组织建立在科层组织体系的基础之上，以新的理念、技术和工具赋予了政府组织更多的灵活性和协调性，其自身也逐渐形成了一套特殊的组织逻辑，其弥补的是政府科层组织体系不擅长或弱势的方面，譬如识别并及时响应复杂的公众需求。另一方面，平台在快速建设和发展的同时受到来自科层组织体系的约束。特别是不同部门要求基于平台的数据共享和合作时，如何打破部门之间的壁垒成为重要问题。因此，平台也有可能被强大的科层组织体系所牵绊和拉扯。进一步而言，在实践中，平台与科层之间的相互影响主要体现在两个方面。第一，平台组织并非作为一种独立的组织形式而存在，而是依托于正式的、常态化的政府科层组织，在实践中围绕特定的事件或者公众的需求结合在一起。平台依托于科层组织展开运作的这种构成和组织特征为政府组织回应多元、异质的公众需求以及专业化部门围绕着特定问题的合作创造了可能，以此弱化了政府科层组织与复杂社会制度环境之间的张力。第二，平台组织与科层组织之间并非简单的并行关系，平台组织虽以"改造"科层组织为目的，却被置入科层构成的制度约束和环境当中。政府科层组织不仅仅是平台组织试图"改造"的对象，也是平台所处的制度环境。因此，两者在政府部门的实际运作过程中也会持续产生张力，正如前文所指出的：一方面，平台组织在政府内部的全面铺展和自身的持续扩张会对政府科层部门产生应对压力；另一方面，政府科层制的组织结构、激励机制等因素会对平台组织的运行产生深度影响，其必然对政府平台组织的运行过程产生"扰动"。总而言之，在国家治理实践中，政府科层组织与平台组织之间虽然表现为各种协作，平台通过可重构的模块和多对多的协作等对原有科层组织结构中的核心要素进行不断重塑。但更多的是，科层组织的层次结构也会不断寻求整合平台的组织属性和内在机制，从而逐步将自己转变为一个混合体，以更好地利用分散和协作网络，同时又能保留层级的功能。这也是在经验场景中所观察到的景象。这样，一种层次丰富的中国政府组织运行机制被生成，以此塑造了中国政府组织在回应复杂社会需求时的独特架构。

## 本章小结

本章主要介绍数字政府的架构体系与政府平台的组织逻辑。数字政府的架构体系有效地促进政府内部理顺关系和条块协同，在此基础上推动数字政府新阶段下的精准服务与高效治理，实现政府由电子化、数字化的基础性转型到内部流程整合与一体化，再到主动响应、预测乃至引导公共治理与服务需求的数智化大变革。作为政府组织应对复杂社会制度环境的一种重要举措，"平台"几乎已经渗透到国家治理的各个领域。政府平台的组织逻辑隐含了中国国家治理结构和政府治理形态正在经历的重要转型及潜在方向。

## 主要概念

数字政府的架构体系；政府平台

## 复习思考题

1. 目前我国数字政府的架构体系主要包括哪些方面？
2. 政府平台的组织逻辑是什么？
3. 政府平台组织对传统科层组织产生了哪些影响？

### 参考文献

［1］［3］张建锋.数字政府2.0［M］.北京：中信出版社，2019.

［2］张建锋，肖利华，许诗军.数智化：数字政府、数字经济与数字社会大融合［M］.北京：电子工业出版社，2022.

［4］［5］宋锴业.中国平台组织发展与政府组织转型——基于政务平台运作的分析［J］.管理世界，2020，36（11）：172-193.

# 第六章

# 我国数字政府的绩效评估体系

———— 本章导言 ————

　　数字政府绩效是指政府通过电子化手段在运作及实现政府业务的全部活动和过程中，数字政府一切的投入和产出产生的效果与影响，是服务型政府绩效管理的重要内容。数字政府绩效评估是指以政府经济学、公共管理学、信息技术管理等方面的理论为基础，由政府专业的机构和人员根据数字政府建设和应用的客观事实和数据，按照专业以及科学的规范和方法，遵循统一和标准的评估指标体系，通过定量及定性的对比分析，对数字政府一切的投入产出和效益所做出的客观公正和真实准确的评估。

———— 重点问题 ————

1. 数字政府绩效的基本概念。
2. 数字政府绩效评估的历史演进。
3. 国际上常用的数字政府绩效评估框架。
4. 国内常用的电子政务绩效评估指标体系。
5. 我国数字政府绩效评估存在的问题与对策建议。

　　党的二十大报告指出，要加快建设网络强国、数字中国。2022 年 6 月国务院印发《关于加强数字政府建设的指导意见》，贯彻习近平总书记网络强国、数字中国、智慧社会的思想，把信息管理技术深入应用于政府治理服务，推动数字政府的智能化运行，以信息化推进国家治理体系和治理能力现代化，推进数字政府建设、国民经济和社会发展。[1]

　　当今社会，数字政府已经成为我国服务型政府发展的重要趋势，为建设更好的服务型政府，确保数字政府良好且永续地发展，必须强化现行数字政府的绩效评估。服务型政府旨在服务社会以及服务公众，其建立的基础就是政府的治理模式能让公众满意，而数字政府的绩效评估体系即为数字政府建设的重要指导体系之一。通过完善的数字政府评估体系，可提升政府行政决策能力的提升。透过数字政府绩效评估，政府的决策部门可获得科学性的决策反馈，协助政府改进其服务职能，且减小决策风险，在保护政府投资成本的同时，亦能提高政府决策的合理性和可行性。同时，政府亦能通过绩效评估体系来给予数字政府运作过程中所取得绩效正确且客观的评价，有针对性地纠正数字政府运作过程中的效率、成本、服务、管理等方面存在的问题。此外，政府的各职能部门能通过针对数字政府流程的绩效评估，加深对数字政府的理解，降低主观操作偏差，提升各职能部门执行主体的责任感与专业服务，推进政府各职能部门数字政府的良性发展，使其更好地为公众提供服务。

　　数字政府绩效是指政府通过电子化手段在运作及实现政府业务的全部活动和过程中，数字政府一切的投入和产出产生的效果与影响，是服务型政府绩效管理的重要内容。[2]数字政府绩效评估是指以政府经济学、公共管理学、信息技术管理等方面的理论为基础，由政府专业的机构和人员根据数字政府建设和应用的客观事实和数据，按照专业以及科学的规范和方法，遵循统一和标准的评估指标体系，通过定量及定性的对比分析，对数字政府一切的投入产出和效益所做出的客观公正和真实准确的评估。现今，国内外的数字政府评估体系主要分为政府自身开发的绩效评估系统和第三方机构的数字政府评估系统两大类。

　　我国数字政府绩效评估体系的建立依据源于工业和信息化部在 2009 年 4 月 22 日发布的《政府网站发展评估核心指标体系（试行）》。现行我国的数字政府绩效评估主要是针对政府网站的评估，评估体系会因执行评估的机构而有所差异。例如，中国软件评测中心的评估指标从政府信息公开、在线办公、公众参与和网站设计四个方面来评估数字政府的绩效；而计世资讯则从政务网站的内容服务、服务质量和网站功能三大方面对数字政府绩效进行评估。

　　以下将对我国数字政府绩效评估的历史、数字政府绩效评估理论、国内电子政务绩效评估指标、我国数字政府绩效评估存在的问题，以及改进我国数字政府绩效评估的对策和建议进行分节讨论。

## 第一节
## 我国数字政府绩效评估在实践上的历史演进

我国数字政府建设开始于 20 世纪 80 年代，但数字政府绩效评估的相关研究发展较晚，国内学者王伟玲（2022）分析国内的数字政府绩效评估，将其发展脉络分为初步探索阶段、研究拓展阶段与细化创新阶段。[3]

### 一、初步探索阶段

初步探索阶段始于 1999 年，随着政府网站的建设，学界开始关注数字政府网站的规划、管理与评测，国内第一篇相关研究为施国良于 2000 年 6 月发表的《试论政府网站的规划、管理与评估》，随后国内学者开始针对国内外数字政府绩效评估现状进行分析，并提出我国政府网站评估中存在的问题。在这个时期，国内的许多研究机构开始着手数字政府评估体系的研究，目的是设计一套符合我国数字政府发展需求的数字政府评估体系。许多机构开始对数字政府网站进行评估。例如，广州时代财富科技有限公司与北京时代计世资讯有限公司在 2002 年皆针对政府网站进行绩效评估。广州时代财富科技有限公司针对 196 个政府门户网站进行绩效评估，评估内容包括政府机构基本信息、政府网站信息内容及服务项目、政府线上业务功能和数字政府应用四个方面。而北京时代计世资讯有限公司则针对 36 个省会城市、直辖市和计划单列市的市政府网站进行质量评比。2003 年，中国电子信息产业发展研究院（赛迪研究院）使用基于内容服务的政府网站评价方法，发布《2002—2003 年中国政府门户网站建设现状与发展趋势研究报告》。

### 二、研究拓展阶段

研究拓展阶段始于 2005 年，在此阶段，学界对于数字政府绩效评估的相关研究开始呈现增长趋势，除了对国内外数字政府评估体系进行分析外，还开始对数字政府评估的数据和模型进行研究。2005 年，受原国务院信息化工作办公室委托，中国电子信息产业发展研究院（赛迪研究院）和中国信息化绩效评估中心（北京化工大学）联合分析并发布了我国第一份政府网站评估报告——《2005 年中国政府网站绩效评估报告》，自此，原国务院信息化工作办公室连续四年对全国政府网站进行绩效评测。2006 年，被称为"国网"的中央政府门户网站正式开放，推进政府网站层级体系的快速建设。2007 年 4 月 5 日中华人民共和国国务院令第 492 号公布《中华人民共和国政府信息公开条例》（该条例于 2019 年修订），政府网站开始建立三大定位，分别为信息公开、在线办事和公众参与。2009 年 4 月 22 日，工业和信息化部公布《政府网站发展评估核心指标体系（试行）》，其指标与评估要点如表 6-1 所示，该指标奠定我国评估政务网站的基础。

**表 6-1　2009 年发布的政府网站发展评估核心指标体系**

| 一级指标 | 二级指标 | 评估要点 |
|---|---|---|
| 政府信息公开 | 主动公开信息量 | 政府网站实际主动公开政府信息的总数量 |
| | 依申请公开量 | 全年公众通过政府网站申请公开信息的数量 |
| | 年度新增量 | 全年政府网站实际主动公开政府信息的新增数量 |
| 网上办事 | 网上办事量 | 政府网站实际提供的各类网上办事服务事项的数量 |
| | 网上办事度 | 公众通过政府网站办理相关服务事项中，政府网站提供网上办事服务的办理程度 |
| | 网上办事率 | 全年通过网站办理的服务事项的件数，占该事项全年通过各类办事渠道办理的总件数的比例 |
| 政民互动 | 公众参与量 | 全年公众通过政府网站参与各类互动活动的总事件（人次）数 |
| | 参与答复量 | 全年对公众通过政府网站参与建议的各类互动活动，给予答复的总件（条）数 |
| | 参与便捷度 | 政府网站为公众提供参与互动的渠道种类和数目，互动服务便捷程度满意的人数占使用政民互动服务总人数的比例 |

资料来源：《政府网站发展评估核心指标体系（试行）》。

## 三、细化创新阶段

细化创新阶段的时间为 2014 年至今。自 2014 年开始，国内的数字政府的评估体系开始建立，数字政府评估研究如雨后春笋。其中，最具代表性的是中央党校（国家行政学院）的电子政务研究中心，该中心自 2015 年开始，几乎每年发布各省份的数字政府绩效评估调查报告，历年报告的评估指标亦与时俱进，对中国大多数城市的数字政府情况进行全方位的评测，为各城市的数字政府发展提供有力的参考。2015 年发布《国务院办公厅关于开展第一次全国政府网站普查的通知》（国办发〔2015〕15 号），要求对全国政府网站进行评估调查，调查的三大重点为信息发布、互动交流、便民服务水平。同年，国家发展改革委员会、中央机构编委办公室、财政部联合印发《关于开展国家电子政务工程项目绩效评价工作的意见》（发改高技〔2015〕200 号），该意见制定数字政府项目绩效评估指标和报告，确保数字政府工程项目绩效评估的标准化。2019 年，国务院办公厅秘书局印发《政府网站与政务新媒体检查指标》和《政府网站与政务新媒体监管工作年度考核指标》，着重指出每半年监测一次政府服务和政务新媒体的发展和运作情况。机构辅助提升了多元化互促发展的评估格局。此外，清华大学公共管理学院、复旦大学数字与移动治理实验室、中国电子信息产业发展研究院（中国软件评测中心）、清华大学数据治理研究中心，以及许多学者皆针对国内的数字政府网站、移动政务等进行评估，并将评估方法进行优化，提升了我国评估体系的科学性以及可靠性，如表 6-2 所示。

**表 6-2　我国数字政府绩效评估的标志性事件**

| 阶段 | 年 | 标志性事件 |
|---|---|---|
| 初步探索阶段 | 2000 年 | （1）施国良发表《试论政府网站的规划、管理与评估》，该论文为国内第一篇相关研究；<br>（2）广州时代财富科技有限公司与北京时代计世资讯有限公司在 2002 年皆针对政府网站进行绩效评估 |
| | 2003 年 | 中国电子信息产业发展研究院（赛迪研究院）发布《2002—2003 年中国政府门户网站建设现状与发展趋势研究报告》 |
| 研究拓展阶段 | 2005 年 | 受原国务院信息化工作办公室委托，中国电子信息产业发展研究院（赛迪研究院）和中国信息化绩效评估中心（北京化工大学）联合分析并发布了我国第一份政府网站评估报告——《2005 年中国政府网站绩效评估报告》 |
| | 2006 年 | 被称为"国网"的中央政府门户网站正式开放 |
| | 2007 年 | 中华人民共和国国务院令第 492 号公布《中华人民共和国政府信息公开条例》（该条例于 2019 年修订），政府网站开始建立三大定位，分别为信息公开、在线办事和公众参与 |
| | 2009 年 | 工业和信息化部公布《政府网站发展评估核心指标体系（试行）》，该指标奠定我国评估政务网站的基础 |
| 细化创新阶段 | 2015 年 | （1）发布《国务院办公厅关于开展第一次全国政府网站普查的通知》（国办发〔2015〕15 号），要求对全国政府网站进行评估调查，调查的三大重点为信息发布、互动交流、便民服务水平；<br>（2）国家发展改革委员会、中央机构编委办公室、财政部联合印发《关于开展国家电子政务工程项目绩效评价工作的意见》（发改高技〔2015〕200 号），该意见制定数字政府项目绩效评估指标和报告，确保数字政府工程项目绩效评估的标准化 |
| | 2019 年 | 国务院办公厅秘书局印发《政府网站与政务新媒体检查指标》和《政府网站与政务新媒体监管工作年度考核指标》，着重指出每半年监测一次政府服务和政务新媒体的发展和运作情况 |

## 第二节
## 国际上常用的数字政府绩效评估框架

本节节录三种国际上常用的数字政府绩效评估框架，包括 Heeks（2006）的电子化政府价值链模型（e-government value chain）、联合国采用的电子政务发展指数（EGDI）以及美国顾客满意度指标（American Customer Satisfaction Index，ACSI）。

### 一、 Heeks （2006）的电子化政府价值链模型 [4]

Heeks 提出的电子化政府价值链模型具体地描述了从政策计划、运作、成本到政策产生成果的一系列政策制定以及实施过程，以实施电子化计划的成效评测。Heeks 将该过程分为以下四大阶段，第一阶段为准备（Readiness）阶段、第二阶段为可得性（Availability）阶段、第三阶段为运用（Uptake）阶段以及第四阶段——影响（Impact）阶段，该理论又在以上四阶段的基础上列出政策制定以及实施过程的六个细化阶段，分别为前置作业（Precursors）阶段、投入（Inputs）阶段、媒介/平台（Intermediates）阶段、产出（Outputs）阶段、影响（Impacts）阶段到成果（Outcome）阶段，详见图 6-1。

政策计划的前置作业十分重要，包括政务信息系统的建置以及相关法度的规划等，其评估指标包括信息管理技术的建设指标、人力指标或教育指标。前置阶段的工作完成后，即进入投入阶段，在此阶段中，政府会投入资源来推动政策，包含财力资源、人力资源、政治支持资源等，其评估指标包括支出比例等。在投入阶段之后，政府会根据政策的目标来发展媒介，例如门户网站、政务系统等，此阶段的评估指标包括网站提供的政务功能与服务等其架构内涵。政策平台搭建完并付诸实行之后，就会进入产出阶段，之后则进入了政务政策的影响阶段，政府会开始发展指标来评估政策效益，看该政策是否达成了公共目标，最后是成果阶段。

Heeks 提出的电子化政府价值链模型在数字政府绩效评估方面，评估了整体政策从计划过程到影响过程所有的阶段，纳入不同发展阶段的价值链中，不同要素的指标评估，适合作为发展或各项政策计划与影响的绩效评估方式。

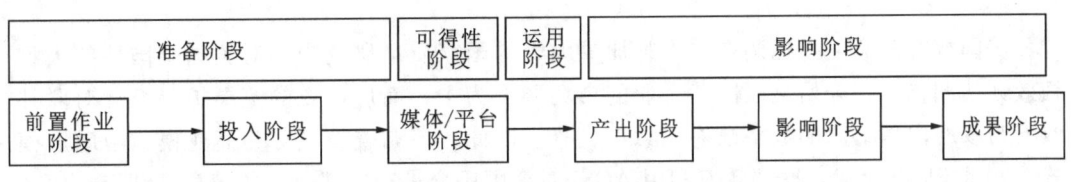

**图 6-1　Heeks （2006）电子化政府价值链模型**

## 二、联合国采用的电子政务发展指数

联合国经济和社会事务部从 2001 年开始连续发布《联合国电子政务调查报告》，近年来，每两年发布一次报告，对全世界 190 多个国家的数字政府进行调查与绩效评估，为各个国家推进信息化战略提供重要参照。该报告采取的评估指标为电子政务发展指数（EGDI），该指标框架于 2001 年提出，是评估各个国家电子政务绩效的综合衡量指标框架，旨在评估各国电子政务的三个方面，分别为 OSI（在线服务指数：评估各国在线服务的范围和质量，该数据是由联合国经济和社会事务部调查研究的结果），TII（通信基础设施指数：评估各国通信基础设施的地区合作，由国际电信联盟（ITU）提供），HCI（人力资本指数：评估各国人力资源的开发，由联合国教科文组织（UNESCO）提供）。[5] 以上指标的权重各占 1/3，EGDI 的计算公式为：

$$EGDI = 1/3(OSI_{normalized} + TII_{normalized} + HCI_{normalized})$$

具体来说，在线服务指数（OSI）数据是由联合国经济和社会事务部组织来自 60 多个国家和地区的百余名研究人员用每个国家的母语进行调研所得出的数据，评估内容包括各国国内的门户网站、各种政务网站、教育网站、社会福利网站、健康网站、金融网站和环境等。其评估重点包括基础的在线服务、民众电子政务的参与关注程度、多渠道政务服务的提供完善程度、政务的应用程度、数据开放程度、整体国家内部与国家间可能存在的数字鸿沟程度等。通信基础设施指数（TII）为以下 5 个指标的平均数：每 100 位居民中互联网用户数量，每 100 位居民中固定电话用户数量，每 100 位居民中移动通信用户数量，每 100 位居民中无线宽带订阅量，每 100 位居民中固定宽带订阅量。人力资本指数（HCI）则包含以下 4 项指标：成人识字率，小学、中学及大学的毛入学率，预计受教育年限，公民的平均受教育年限。

在《2022 年联合国电子政务调查报告》中，中国的数字政府发展水平为世界排名第 43 位，其中，中国的在线服务排名为世界第 13 位，电信设施排名为世界第 47 位，但人力资本指数的排名较低，为世界第 101 位。该报告说明中国在电子供给方面的程度较高，能提供较高水平的在线服务和参与渠道，但在需求侧反映了中国企业和公民还缺乏能力去使用这些政务功能，因此，我国政府除了需要了解人民群众是否具备知识和意愿来使用政府提供的政务服务，还需提高数字政府服务的质量。

## 三、美国顾客满意度指标 [6]

美国顾客满意度指标调查本为芝加哥大学的国家质量研究中心对美国全国性的大型绩效评估调查，一开始是以民营企业的市场调查为主，而后调查的范围扩展至针对联邦政府与政府内部部门的数字政府满意度调查。因此，该调查模式分为商业模式与政府模式。20 世纪 90 年代，联邦政府利用 ACSI 对全国民众进行联邦政府的满意度调查。模式如图 6-2 所示，政府提供的数字政府的执行程序、资讯、公众服务、政务网站服务皆会影响公众满意度，进一步影响民众对政府的抱怨以及信任，该评估结果能直接从公民角度对政府决策者的政务方向产生影响。

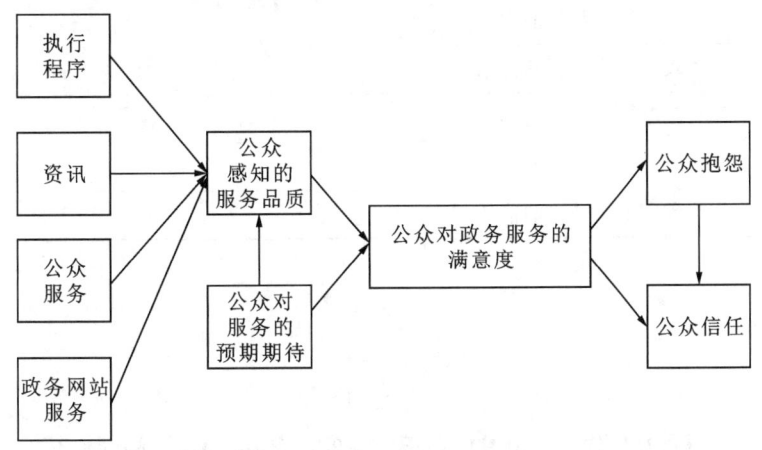

**图 6-2　美国顾客满意度指标调查**

欧洲模型是现今运用最广泛的公众满意度评估模型，许多国家在该模型的基础上建立符合该国国情的模型。例如，欧洲在 1999 年建立欧洲顾客满意度指数（ECSI）测评模型，该模型包含政府形象、公众期望、公众对政务服务的质量感知、公众对政务服务的价值感知、公众满意度以及公众忠诚 6 大指标。而我国亦有学者在 ACSI 测评模型的基础上构建符合我国国情的中国顾客满意度指数（CCSI）测评模型。例如，赵砚（2016）在 ACSI 测评模型的基础上，结合我国数字政府建设的目标，建立中国顾客满意度指数测评模型。[7] 其具体指标如表 6-3 所示。

**表 6-3　中国顾客满意度指数测评模型**

| 一级指标 | 二级指标 |
| --- | --- |
| 公众期望<br>（3.54%） | 对政府服务的总体期望 |
|  | 对政府服务可靠性的期望 |
|  | 对政府服务满足社会需求程度的期望 |
| 公众评价<br>（21.14%） | 对政府服务质量感知 |
|  | 对政府服务满足需求程度的评价 |
|  | 对政府服务质量稳定性的评价 |
|  | 对政府服务获取的简易程度评价 |
|  | 对政府服务的受益程度评价 |
| 公众满意<br>（31.69%） | 期望与感知差距 |
|  | 总体满意度 |

| 一级指标 | 二级指标 |
|---|---|
| 公众抱怨<br>（30.72%） | 对政府行政部门的抱怨 |
| | 对政府工作人员的抱怨 |
| 公众信任<br>（12.91%） | 对政府工作的支持程度 |
| | 对政府工作能力的信任 |
| | 对政府工作动机的信任 |

## 第三节
## 国内常用的电子政务绩效评估指标体系

### 一、清华大学数据治理研究中心

2020 年 10 月，清华大学数据治理研究中心发布《2020 数字政府发展指数报告》，以组织机构、制度体系、治理能力和治理效果四个维度为一级指标，并形成相对应的二级与三级指标体系，对中国 31 个省和 101 个大中城市的发展水平进行了绩效评估，其分析指标如表 6-4 所述。[8]

表 6-4　清华大学数据治理研究中心发布《2020 数字政府发展指数报告》的绩效评估指标

| 一级指标 | 二级指标 | 三级指标 | 指标内涵 |
|---|---|---|---|
| 1. 组织机构<br>（15%） | 1-1　党政机构<br>（10%） | 1-1-1　数字政府办<br>1-1-2　数字政府领导小组<br>1-1-3　"互联网＋"政务办<br>1-1-4　"互联网＋"政务领导小组<br>1-1-5　智慧城市办<br>1-1-6　智慧城市领导小组<br>1-1-7　数字政府办<br>1-1-8　数字政府领导小组<br>1-1-9　大数据管理局<br>1-1-10　大数据管理局政府网站 | |

续表

| 一级指标 | 二级指标 | 三级指标 | 指标内涵 |
|---|---|---|---|
| 1. 组织机构<br>（15%） | 1-2　社会组织<br>（5%） | 1-2-1　互联网协会<br>1-2-2　电子政务协会<br>1-2-3　智慧城市协会<br>1-2-4　大数据行业协会<br>1-2-5　人工智能协会 | 　衡量数字政府发展过程汇总不同类型组织的发展水平与完备程度；<br>　与数字政府发展相关涉的党的领导机构、政府机构、社会组织等 |
| 2. 制度体系<br>（15%） | 2-1　数字政府<br>（7.5%） | 2-1-1　数字政府政策<br>2-1-2　公共数据管理政策<br>2-1-3　数据标准政策<br>2-1-4　数据安全政策<br>2-1-5　互联网监管政策<br>2-1-6　"互联网＋"政务政策 | 　衡量数字政府不同领域政策法规建设的发展水平与完备程度；<br>　与数字政府发展相关涉的政府治理、数据治理、经济治理和民生服务等领域的政策法规 |
| | 2-2　数字生态<br>（7.5%） | 2-2-1　数字经济政策<br>2-2-2　智慧城市政策<br>2-2-3　人工智能政策<br>2-2-4　大数据发展规划<br>2-2-5　"互联网＋"产业政策<br>2-2-6　"互联网＋"民生政策 | |
| 3. 治理能力<br>（40%） | 3-1　平台管理<br>（10%） | 3-1-1　隐私管理<br>3-1-2　搜索管理<br>3-1-3　网站地图<br>3-1-4　语言管理<br>3-1-5　市民个人网页 | |
| | 3-2　数据开放<br>（6%） | 3-2-1　数据开放平台 | |
| | 3-3　政务服务<br>（12%） | 3-3-1　政务 App<br>3-3-2　政务小程序<br>3-3-3　网上政务大厅<br>3-3-4　"最多跑一次" | |

| 一级指标 | 二级指标 | 三级指标 | 指标内涵 |
|---|---|---|---|
| 3. 治理能力<br>（40%） | 3-4 政民互动<br>（12%） | 3-4-1 政务微博<br>3-4-2 政务微信公众号<br>3-4-3 政务抖音<br>3-4-4 网络问政平台<br>3-4-5 网上投诉举报渠道<br>3-4-6 网上信访大厅<br>3-4-7 12345 政务热线<br>3-4-8 市长信箱板块<br>3-4-9 政策制定民意征集板块<br>3-4-10 政策解读板块<br>3-4-11 在线访谈板块 | 衡量政府数字化转型驱动治理能力全方位提升的状况；<br>政府数字化转型对信息汲取、数据治理、平台治理、政民互动、政务服务、政治传播等能力提升的情况 |
| 4. 治理效果<br>（30%） | 4-1 覆盖度<br>（10%） | 4-1-1 政务 App 数量<br>4-1-2 政务 App 安装次数<br>4-1-3 政务微博粉丝数<br>4-1-4 政务微博发布数量<br>4-1-5 政务微信公众号数量<br>4-1-6 政务微信公众发布篇数<br>4-1-7 政务抖音粉丝数 | 衡量数字政府促进治理现代化的成效；<br>数字政府促进治理现代化、提升政务服务质量和效果的情况，以及相应的公众评价 |
| | 4-2 渗透度<br>（7%） | 4-2-1 人均百度搜索热度<br>4-2-2 支付宝人均渗透度 | |
| | 4-3 回应度<br>（7%） | 4-3-1 人民网省委书记回帖比<br>4-3-2 人民网省长回帖比<br>4-3-3 人民网历史回帖比<br>4-3-4 民意征集次数<br>4-3-5 政策解读次数<br>4-3-6 在线访谈次数 | |
| | 4-4 满意度<br>（6%） | 4-4-1 政务抖音点赞个数<br>4-4-2 政务 App 使用者打分 | |

## 二、中央党校（国家行政学院）电子政务研究中心

中央党校（国家行政学院）电子政务研究中心自2015年开始，为了进一步促进网上政务服务能力的提升，使用联合国采用的电子政务发展指数（EGDI）的评估框架，每年开展一体化政务服务能力绩效调查评估工作。电子政务研究中心仅对32个省级政府进行年度能力评估，每年的评估工作会随着政府的数字政府政策变化而有所差异。自2019年开始，其评估的对象增加了15个副省级城市，2020年突出政务服务"好差评"实施情况，而2021年则强调一体化政务服务能力。

以下以《省级政府和重点城市一体化政务服务能力评估报告（2022）》为主，探讨中央党校（国家行政学院）电子政务研究中心的数字政府指标评估体系。该年度评估报告的重点乃基于2021年《政府工作报告》的要求，"加强数字政府建设，建立健全政务数据共享协调机制，推动电子证照扩大应用领域和全国互通互认，实现更多政务服务事项网上办、掌上办、一次办"。参照EGDI指标体系，评估各省的服务成效度（"好差评"制度建设）、办理成熟度、方式完备度、事项覆盖度、指南准确度5项一级指标，并在此基础上设立21项二级指标（比2020年度减少1项），以及55项三级指标（比2020年度减少11项）。各省评估的具体指标体系如表6-5所示。

表6-5　省级政府调查评估指标体系

| 一级指标 | 内容 |
|---|---|
| 服务成效度 | 重点从"效能线上可评"的角度，衡量政务服务平台的用户使用、网办效率、服务质量等方面的实施效果 |
| 办理成熟度 | 重点从"服务一网通办"的角度，衡量政务服务在线一体化办理程度 |
| 方式完备度 | 重点从"渠道一网通达"的角度，衡量公众和企业是否可以方便、快捷和准确地找到所需服务 |
| 事项覆盖度 | 重点从"事项应上尽上"的角度，衡量行政权力事项和公共服务事项通过一体化政务服务平台对外提供服务的情况 |
| 指南准确度 | 重点从"指南精准实用"的角度，衡量办事指南公布的相关要素信息的准确性、翔实性和易用性 |

（资料来源：中央党校（国家行政学院）电子政务研究中心。）

一级指标中，第一，服务成效度的评估要点为"效能线上可评"，意即评估政务服务平台的用户使用、网办效率、服务质量等成效。第二，办理成熟度的评估要点为"服务一网通办"，意即评估政务服务在线一体化的办理程度。第三，方式完备度的评估要点为"渠道一网通达"，意即评估公众和企业是否可以快速且准确地找到所需服务。第四，事项覆盖度的评估要点为"事项应上尽上"，意即评估行政权力事项和公共服务事项通过一体化政务服务平台对外提供服务的情况。第五，指南准确度的评估要点为"指南精准实用"，意即评估办事指南公布的信息的准确性以及易用性。

该报告的绩效评估数据对象包括 32 个省级政府的一体化政务服务平台（政务服务网、网上审批大厅、网上办事大厅等）以及 32 个重点城市的省级一体化政务服务平台（政务服务网站、网上审批大厅、网上办事大厅、数字政府大厅等）。

## 第四节
## 我国数字政府绩效评估存在的问题与对策建议

我国数字政府绩效评估运行至今，虽已有很大突破，但亦有一些问题需要改进，以下讨论我国数字政府绩效评估体系现行问题。

### 一、我国数字政府绩效评估体系缺少相关法规作为保障

目前，我国各个省市关于数字政府绩效评估体系的法规多半已经过时，甚至有些地方没有相应的法规作为规范数字政府绩效评估体系的标准，使得我国数字政府绩效评估工作无法可依，当产生无序或无效的评估行为时，无法对各部门数字政府评估工作进行进一步规范，常造成了政府资源的浪费。

### 二、我国数字政府绩效评估内容不全面

目前我国数字政府绩效评估内容多半针对政府的政务网站，但政务网站的绩效评估只是绩效评估的一个层面，不是数字政府绩效评估的全部。此外，我国现行的数字政府绩效评估多是评估上年度的数字政府工作，而未系统性地检视我国在数字政府发展以来的绩效以及未来潜能，无法体现我国数字政府真实水平以及需要改进之处。最后，社会公众参与度应是数字政府绩效评估的重要测评指标，但现在的数字政府绩效评估并未将公众的意见全面地纳入评测当中，可能导致民意被忽视，亦无法了解我国现行数字政府建设是否真的实现以人为本的重要目标。

### 三、我国并未建立一套统一且符合我国国情的数字政府绩效评估体系

目前我国并未有一套统一且符合我国国情的数字政府绩效评估体系，现行的数字政府评估多半是各自为政，每个评估机构采取的绩效指标选择、绩效指标确定、权重设计皆有所不同，所采取的评估框架亦不一致，导致评估结果有所差异，使得政务机构难以根据评估结果来改进自身的政务服务。[9]

根据上述提出的我国数字政府绩效评估存在的问题，我们来探讨未来的对策，并提出实质有效的建议。

## （一）强化我国数字政府绩效评估体系的制度建设[10]

为了提升我国数字政府绩效评估体系的规范性，建立健全的法规制度为一大要件。故此，我国应以中央颁布的数字政府发展重点为基础，中央亦要强化对数字政府绩效评估的立法，使得各级地方政府或第三方机构在开展数字政府绩效评估时有法可循。而地方政府综合各省的实际情况和各省数字政府技术需求，遵循中央数字政府绩效评估相关法规，制定具有各省特色的数字政府绩效评估法规。此外，结合理论界和实务界的合作，定期组织数字政府绩效评估专家和提供政务服务的公务员对已有的法规制度进行修改，全方位促进我国数字政府绩效评估体系的制度建设。

## （二）丰富我国数字政府评估主体

为了提升我国数字政府绩效评估体系的全面性以及科学性，丰富我国数字政府评估主体为一大要件。数字政府服务乃是为民服务，故此积极引导公众与企业参与数字政府的绩效评估十分重要，公众与企业客观评价政府服务，是数字政府绩效评估的关键，唯有将公众意见纳入考量，我国数字政府绩效评估才能达成为民、便民和惠民的目标。此外，未来应系统性地评估我国数字政府发展以来的绩效以及未来潜能，以体现我国数字政府真实水平以及需要改进之处，可用 Heeks（2006）的电子化政府价值链模型来进行我国政府数字政府服务的评估。

## （三）建立一套统一且符合我国国情的数字政府绩效评估体系

为了建立一套统一且符合我国国情的数字政府绩效评估体系，一味借鉴西方发达国家的经验和做法是不足的，我国需要从以下几个方面来完善符合我国国情的数字政府绩效评估体系。第一，我国政府需要通过与科研院所、高校、社会咨询机构等评估机构加强合作，提升理论化研究，依托科研院所、高校、社会咨询机构强大的信息管理技术以及专业能力，提高数字政府绩效评估的专业性和权威性。第二，政府需定期召集提供政务服务的公务员与科研院所、高校、社会咨询机构和接受政务服务的公众代表成立数字政府绩效评估小组，收集公众对数字政府评估体系的建议，除了解公众对政务服务的实际需求之外，需设计具有科学性且能反映公众需求的绩效评估指标，建立一套统一且符合我国国情的数字政府绩效评估体系。该评估体系需有常态化修正机制，确保评估体系的整改能够落实，保持评估体系的先进性，提高政府的公共服务和社会治理效能。

## 本章小结

我国数字政府绩效评估的发展脉络分为：初步探索阶段、研究拓展阶段与细化创新阶段。而目前我国数字政府绩效评估存在的问题包括我国数字政府绩效评估体系缺少相关法规作为保障，以及目前我国数字政府绩效评估内容不全面等。因此，政府需要强化我国数字政府绩效评估体系的制度建设，丰富我国数字政府评估主体，以及建立一套统一且符合我国国情的数字政府绩效评估体系。

## 主要概念

数字政府；绩效评估

## 复习思考题

1. 若让你改善 2022 年省级政府和重点城市一体化政务服务能力调查评估报告中的评估体系，你会提出什么建议。

2. 请指出我国数字政府绩效评估存在的问题以及对应的建议。

## 参考文献

[1] 国务院关于加强数字政府建设的指导意见 [EB/OL]. https：//www. gov. cn/zhengce/zhengceku/2022-06/23/content_5697299. htm.

[2] 杨道玲，于施洋. 论电子政务绩效本质及其评估导向 [J]. 中国管理信息化，2009（6）：93-95.

[3] 王伟玲. 中国数字政府绩效评估：理论与实践 [J]. 电子政务 2022（4）：51-63.

[4] Heeks R. Benchmarking eGovernment：Improving the National and International Measurement，Evaluation and Comparison of eGovernment [J]. SSRN Electronic Journal，2006（1）.

[5] 王益民. 全球电子政务发展现状与趋势——《2018 年联合国电子政务调查报告》解读之一 [J]. 行政管理改革，2019（1）：44-50.

[6] Fornell C，Johnson M D，Anderson E W，et al. The American Customer Satisfaction Index：Nature，Purpose，and Findings [J]. Journal of Marketing，1996，60（4）：7-18.

[7] 赵砚. 基于改进 ACSI 模型的政府绩效公众满意度测评研究 [J]. 经济与社会发展，2016，14（1）：47-50.

[8] 清华大学数据治理研究中心.2020 数字政府发展指数报告 [EB/OL]. ht-tps：//weibo. com/ttarticle/p/show? id＝2309404562073450315831.

[9] 岳佳慧.我国电子政务绩效评估存在的问题及优化路径 [J]. 经济研究导刊，2020（5）：183-184.

[10] 戴圣良.福建省电子政务绩效评估现状与对策建议 [J]. 发展研究，2020（6）：80-85.

# 第七章

# 数字政府的公共服务供给

本章导言

当今世界，新一轮科技革命和产业变革方兴未艾，互联网、云计算、大数据、人工智能等信息技术不断更新迭代，数字技术的渗透与普及，推动公共服务数字化水平的提升，成为"十四五"时期推进数字经济发展的重要内容。国务院发布的《"十四五"数字经济发展规划》中，提出要持续提升公共服务数字化水平，促进公共服务更加普惠、均衡与可及。

重点问题

1. 数字化公共服务的基本概念。
2. 公共服务数字化发展难点。
3. 公共服务数字化发展的提升路径。

# 第一节
# 数字政府的公共服务

　　近年来，大数据、区块链、人工智能等数字技术为推动公共服务高质量发展提供了重要技术支撑。党的十九届五中全会明确提出，加强数字社会、数字政府建设，提升公共服务、社会治理等数字化智能化水平。2021年12月，《"十四五"数字经济发展规划》提出，数字化公共服务要更加普惠均等，通过提供数字化转型公共服务，持续提升公共服务数字化水平，提高"互联网＋政务服务"效能。党的二十大报告提出，加快发展数字经济，促进数字经济和实体经济深度融合。数字技术赋能智慧城市建设，能不断提升城市公共服务效率，使数字化公共服务更加普惠、均衡与可及。

## 一、政府数字化公共服务的基本内涵

　　数字化是以互联网为连接载体、以大数据为运算要素、以云计算和人工智能为运算方法，实现信息感知、分析、反馈、共享的全过程变革。[1] 网络化、智能化、移动化的数字技术赋能公共服务，架构"数字空间"形态，驱动着公共服务领域的创新，成为公共服务高质量发展的核心动力之一。

　　目前学术界对"数字化公共服务"尚无统一和明确的界定。其侧重集中在公共服务数字化转型、变革以及内涵界定等方面。公共服务的数字变革体现在其服务理念的强化、服务型"数字政府"的建设、政府公共服务流程再造，从而助推政府均等化和普惠化[2]，同时兼顾了多元主体供给协同化、供给内容清单化、供给方式智能化及供给监管精准化[3]。关于政府数字化公共服务的内涵界定：以政府部门作为公共服务的供给主体，通过充分运用大数据技术，将政府部门内部资源及社会资源进行重组整合，并加强企业、社会组织、公众等的参与，以更精准高效的方式向公众提供无缝隙服务的过程。[4] 因此，数字化公共服务的核心在于公众导向，通过集成、共享和整合运用数字技术，满足公众多样化的需求，提高公共服务的质量和效率，提升公共服务体系的能力和水平。

　　公共服务中深度融入了数字技术，数字技术的优势主要体现在以下方面：第一，数字技术能更加精准地聚焦公共服务需求，使公共服务的需求主体更加具象，将"不确定的多数"变成"确定的多数"，提高公共服务市场化的可能。第二，公共服务的提供需要集体行动，社会生活的网络化创造出易于沟通的社会环境，有助于公众对公共服务的供给；网络化的生活形式、更加易于沟通的社会环境，有助于促进公共服务群体性发生。第三，公共服务智能化发展，能够及时感知、高效回应公众需求，降低公共服务成本。

　　公共服务数字化的优势主要是提高服务的效率，主要表现在以下两个方面：其一，凭借数字化进一步降低了生产成本，承担了可能发生的风险，数字化提高了公共服务的经济效益。其二，数字化具有潜在的社会效益，它不仅能够促进新技术开发，鼓励企业在创新中相互竞争，还有助于减轻政府财政的负担，甚至有利于促进环境保护和可持续发展。

## 二、政府数字化公共服务的服务内容

迈入数字时代，政府数字化公共服务建设更加突出数字化、智能化和融合化，数字技术嵌入为数字化公共服务提供了全新的驱动力。数字化公共服务可分为一般性公共服务和公共信息服务两大类[5]。一般性公共服务具体分为基本公共服务、普惠性非基本公共服务和多层次多样化生活服务三种。基本公共服务的内容覆盖幼有所育、学有所教、劳有所得、病有所医、老有所养、住有所居、弱有所扶、优军服务保障和文体服务保障九个方面，贯穿人民群众的全生命周期。普惠性非基本公共服务主要包括普惠托育、普惠学前教育、县域普通高中、普惠养老、均衡化优质医疗、住房等六大内容。多层次多样化生活服务主要包括精准医疗、智慧养老、文旅、家政等服务内容。公共信息是指与公共利益、公共政策制定、公共管理制度安排与执行以及公共事务管理活动相关的信息。公共信息服务是指政府依据使用主体对服务的需求，受使用主体委托提供，主要集中在交通、通信、卫生、公共安全、民政、旅游等行业领域，涵盖信息搜集和分析、信息咨询、信息监控和反馈等内容。

基于公共服务需求的多样性、复杂性和动态变化性，以下主要依据公共服务获取的需求迫切性及其应用场景，聚焦于政务服务、社会服务及数字生活的数字化公共服务内容，实现数字时代的全民共享。

### （一）政务服务领域

"互联网＋政务服务"的飞速发展，让百姓少跑腿、数据多跑路，不断提升公共服务均等化、普惠化、便捷化水平。数字政府建设是将互联网、大数据、云计算、人工智能、区块链等新一代信息技术赋能于政务服务，推动政务服务的供给侧改革。

1. 我国"互联网＋政务服务"进入高质量发展阶段

（1）中央密集部署和指导"互联网＋政务服务"工作

2018 年，国务院发布了一系列指导文件，部署"互联网＋政务服务"工作，各省市深入推进"互联网＋政务服务"的创新工作，我国的政务服务进入了一个高质量发展的新阶段。"互联网＋政务服务"工作的具体要求包括，加快构建全国一体化政务服务体系，让企业和群众到政府办事就像网购一样方便，推动企业和群众办事现场"最多跑一次"，线下"只进一扇门"，线上"一网通办"。

（2）政务服务数字化的初步成效

截止到 2018 年底，中央政府已初步完成了国家级政务服务平台（http://gjzw-fw. www. gov. cn/index. html）"七个统一"的主体功能建设，建成了统一的身份认证功能、证照服务功能、事项服务功能、功能投诉建议功能、好差评功能、用户服务功能、搜索服务功能。上海、浙江和广东多地作为首批试点完成对接，为全国一体化在线政务服务平台正式上线打下了扎实的基础。全国各省各部门的"互联网＋政务服务"工作呈现出如火如荼的创新形式，广西、江西、云南、浙江、广东、西安等地均发布了 2019 年度的"一网通办"和"一体化服务平台"工作计划，并且以政务服务带动政府数字化转型的趋势已经显现，加快数字政府建设蔚然成风。

## 2. 政务服务推动政府数字化转型

围绕"从政府供给导向转为群众需求导向"，从"精准性"满足群众需求的角度，构建网络效应和协同效应的"互联网＋政务服务"的政务服务平台，创新政务服务模式，打造"数字政府"精准化公共服务供给。

政府数字化转型是依托大数据、云计算、人工智能等新一代信息技术，在数字化、网络化环境下对政府治理理念、行政管理方式、治理信息空间重塑而形成的一种新的政府形态。[6]

（1）加速平台要素融合，夯实政府数字化转型基础

"数字政府即平台"，平台是政府数字化转型的基础[7]。平台融合是指将数字政府的业务办理平台、数据共享平台、数据分析平台、数据安全平台等有机地集成。从"一网通办"迈向"一网好办"，要进一步融合应用服务、场景化服务、基础资源体系等平台，加快推广组件共享，搭建上述功能性集成平台，改革现行的层级、部门分割的数据传递，提升平台可重复应用方面的业务能力；进一步拓宽在线服务、电话服务和线下服务等多种公共服务渠道，提升在线服务的敏捷性。推进线上线下融合，挖掘网上办理深度，从根本上改善政府数字服务的用户体验。通过建立共享组件和平台，扩展正在使用平台的功能，提供更多的政府数字服务。

（2）政府数字化转型是构建公共服务型政府的战略支点[8]

"十四五"时期，我国致力于实现基本公共服务均等化。近年来，我国各地方纷纷启动政府数字化转型实践，并形成具有地方特色的创新经验。具体来看，2018 年广东省发布《广东省"数字政府"建设总体规划（2018—2020 年）实施方案》，开发数据政务服务平台并专门设置数字管理部门；同年浙江省印发《浙江省医疗卫生服务领域深化"最多跑一次"改革实施方案》，尝试通过"最多跑一次"政务改革项目助推政府数字化转型，提出建设横向融通、纵向联通、连接各省、覆盖全国的数字政府系统；贵州省以数据融合驱动政府数字化转型，建立国家级数据中心。

政府数字化转型不仅是我国公共服务型政府建设的重要内容，更是公共服务型政府建设的重点手段。首先，政府借助业务流程创新、组织结构优化进一步明晰部门职能，畅通信息流动实现数字化转型，使行政服务提质增效，政府治理能力得以加强。

其次，政府数字化转型通过建设线上政务服务，开通直接为人民群众提供便利服务的线上渠道。如，利用网上服务大厅与线下大厅相结合、手机公众号及电子政务人工在线服务平台等渠道，实现实体服务与线上电子政务深度融合，尽可能缩小政府与人民群众间的服务鸿沟。最后，政府数字化转型通过深化"放管服"改革，增强公务人员以人民群众为中心的服务意识，转变服务态度，改善服务水平，进而加快公共服务型政府建设。

 **案例1**

### 福建省：全力推进"马上就办"掌上便民服务

为进一步提高政务部门掌上便民服务能力，福建省全力推进"马上就办"掌上便民服务。已上线的"*i*厦门""*e*福州""*e*龙岩"和"闽税通"等掌上便民服务系统，通过对接数字福建公共平台，实现互联互通、资源共享，构建以闽政通 App 为基础架构的全省一体化掌上便民服务大平台。"马上就办"是习近平总书记在 20 世纪 90 年代初主政福州时提出的施政理念，展现出时不我待的紧迫感、狠抓落实的责任感、勤政为民的使命感。如今，通过数字政府建设，"马上就办"的理念通过新一代信息技术能够更好落地生根。

至 2018 年 11 月，数字福建公共平台建设进展良好。一是建成数字福建无线政务专网，成为全国首张覆盖全省范围的无线政务专网，已在交警执法等领域取得了显著成效。二是加快推进超算中心。目前已完成一期 800 万亿次和 3PB 数据处理能力建设，在省环保监测、健康医疗、内涝整治等方面发挥了重要支撑作用。三是建设社会用户统一实名认证和省级政府网站统一技术平台。依托闽政通 App，推动建立统一的社会用户实名认证和授权平台，为向社会公众和企业提供多样化、个性化政务服务提供技术基础。建设省级政府网站统一技术平台，实现省级政府各部门网站资源整合、查询、导航和服务。

截至 2018 年 12 月 31 日，闽政通 App 接入全省行政审批、公共服务事项超过 16 万项，整合各级、各部门及第三方可信便民服务事项 489 项，服务覆盖省市县三级；通过"一号通认"项目，打通了公安公众服务网、福建省网上办事大厅以及掌上住建 App 的用户体系；推进"一码通行"项目接入福建省电子证照共享服务平台；下载用户超过 550 万，实名注册用户超过 183 万，日活跃用户超过 9 万，初步建成全省一体化掌上便民服务大平台，实现群众办事"马上就办"。

资料来源：张建峰. 数字政府 2.0——数据智能助力治理现代化［M］. 北京：中信出版社，2021.

 **案例2**

## 浙江省：将"最多跑一次"改革持续深入

浙江省在 2016 年 12 月启动了"最多跑一次"改革，目标是群众和企业到政府办事，从受理申请到完成办理只需跑一次或不用跑。2018 年 4 月 17 日，《省级政府网上政务服务能力调查评估报告（2018）》发布，浙江省位居榜首。截至 2018 年 11 月，浙江省共梳理公布了省市县三级群众和企业到行政机关办理的"最多跑一次"权力事项和公共服务事项，其中主项 1411 项、子项 3443 项。除例外事项清单，省市县三级已实现"最多跑一次"事项 100% 覆盖。第三方调查显示，全省"最多跑一次"改革满意率达 94.7%。

在优化营商环境方面，浙江省全面推广实施"证照分离"。2018 年前三季度，全省新注册企业 33.9 万户，同比增长 19.3%，激发出市场主体巨大活力。2018 年 12 月 28 日印发的《浙江省深化"最多跑一次"改革 推进政府数字化转型工作总体方案》提出，到 2020 年底，80% 以上非涉密政务服务事项实现掌上办，到 2022 年，"掌上办事"和"掌上办公"实现政府核心业务全覆盖。

资料来源：张建锋. 数字政府 2.0——数据智能助力治理现代化［M］. 北京：中信出版社，2021.

## （二）社会服务领域

### 1. "数字化"医疗

#### （1）数字化医疗的建设

2016 年 8 月，习近平总书记在全国卫生与健康大会上强调，树立大卫生、大健康的观念，把以治病为中心转变为以人民健康为中心，建立健全健康教育体系。2022 年，《"十四五"全民健康信息化规划》提出，统筹推动全民健康信息化建设，进一步推进新一代信息技术与卫生健康行业深度融合，将数字技术与系统思维贯穿到健康中国、数字中国建设的全过程，充分发挥信息化在卫生健康工作中的支撑引领作用。这将是未来中国卫生与健康事业发展的方向。以大数据、云计算、人工智能为代表的新一代信息技术为大健康赋能，催生了数字化医疗，给人们带来更加优质的健康服务。

目前，数字技术对医疗设备与医疗服务系统的全方位重塑，其目的在于简化就诊流程、提升诊断准确率、拓展医疗服务渠道、优化医疗资源配置。如数据数字化识别人类疾病，并做出高度准确的诊断。数字化医疗不单是数字化医疗设备的融合，而是把现代信息技术、互联网思维与整个医疗过程进行融合的一种新型现代化医疗方式。比如，为服务疫情防控，数字化医疗实现远程会议、远程培训、远程影像诊断、远程会诊及手术、网上查询及求助，以及网上挂号、预约。因此，数字化医疗平台凭借高效的数据收集、储存、传输和处理，为公共卫生健康服务的供需提供了精准匹配。

此外，建设数字化医疗，还需加强顶层设计，完善法律法规。在推进医改的过程中，要建立健全制度规范，明确医疗机构的权利义务，进一步规范数字化医疗行为。数字化医疗的实施不仅大大提高了公共卫生的质量、提高了服务效益，而且会对提高公共卫生健康事业未来竞争力产生极大的影响。

（2）数字化医疗建设初见成效

基于"互联网＋医疗健康"，全国各地迅速行动、创新落实，形成了部门协同、上下联动的良好态势，数字化医疗建设发展取得了明显成效，尤其是在疫情防控期间，各地创新线上医疗服务模式，为支撑疫情精准防控、避免聚集交叉感染等发挥了重要作用。目前，在数字化医疗的浪潮下，进一步聚焦人民群众看病就医的"急难愁盼"问题，持续推动"互联网＋医疗健康"便民惠民服务向纵深发展。具体内容如下：

第一，推进"一体化"共享服务，提升便捷化、智能化、人性化服务水平。

第二，推进"一码通"融合服务，破除多码并存互不通用信息壁垒。

第三，推进"一站式"结算服务，完善"互联网＋"医疗在线支付工作。

第四，推进"一网办"政务服务，化解办事难、办事慢、办事繁问题。

第五，推进"一盘棋"抗疫服务，加强常态化疫情防控信息技术支撑。

 **案例3**

## 城市大脑　智慧医疗

经过阿里云参与的两期城市大脑建设，连接了全澳门所有中大型医疗机构（包括公立和私营）以及超过70%的私家诊所，建设了全澳门60万居民的健康档案，并在此基础之上为公共卫生疾病管理、传染病趋势及预警提供数据化支撑和完善的医疗公共服务。

建设基于海口全市范围内的市属医疗机构、基层医疗机构、公共卫生数据，实现全市服务的统一监管。医疗服务质检在2019年初上线后，将市属医疗机构的病历合格率从50%提升到80%，用药合格率从80%提升至90%。智慧医疗成为海口城市大脑的核心亮点应用。

资料来源：张建峰.数字政府2.0——数据智能助力治理现代化［M］.北京：中信出版社，2021.

2."数字化"公积金

住房公积金，其本意在于为购房者提供利率较低的贷款，发挥一定的社会保障功能，促进实现"居者有其屋"的民生目标。但长期以来，公积金提取条件过紧，程序过于复杂，也成为群众的民生痛点。碎片化的公积金制度造成大量资金沉睡，与广大民众的购房渴望形成了鲜明反差，即资源配置低效。

如今，公积金数字化管理服务已然代替了传统的公积金业务的"窗口办理"，数字化让公积金业务办理变得更加方便、快捷。打开手机，扫描"住房公积金"小程序上的二维码，按步骤规范填写，公积金转移接续手续快速完成，数据实现互通，办理异地提取公积金不必"多地跑""折返跑"。

2023年1月，住房和城乡建设部发布《关于加快住房公积金数字化发展的指导意见》，旨在加快推进全系统数字化发展，数字化发展成果将更多更公平惠及住房公积金缴存人和缴存单位。住房公积金数字化发展即将迈入新阶段。数字技术广泛应用于住房公积金管理服务，坚持问题需求导向，重新设计公积金贷款业务流程，聚焦全流程用户体验，通过信息互联互通，加强数据整合，激活数据价值，以数据"多跑路"实现群众"少跑腿"。

（1）"数字化"让住房公积金业务更便捷

通过构建数字化的公积金服务新模式，建立标准统一、动态管理的全国住房公积金政务数据目录，实行"一数一源一标准"，实现数据资源清单化管理，推进服务标准化、规范化、便利化。加强数据汇聚、共享和利用，推动实现各地信息系统的互联互通、协同联动，形成"纵向贯通、横向联通"的数据共享"立交桥、高速路"，支撑跨层级、跨地域、跨系统、跨部门、跨业务的协同管理和服务，提升公积金缴存效率。

（2）"数字化"让住房公积金数据服务更精准

建立服务体验反馈机制，持续优化和创新服务模式，可以让服务更加精准智能。推广"7×24"小时线上办事服务，并根据群众的办事需求和使用习惯，实现"一看就能懂、一点就能办"。发挥数据的基础资源作用和创新引擎作用，丰富数字化应用场景，促进政府服务与群众需求精准匹配，变"人找服务"为"服务找人"，及时回应群众关切，提高住房公积金决策科学化水平和管理服务效率。

## 案例4

### 零材料、零跑腿的浙江省直住房公积金管理中心

浙江省直住房支付宝公积金在全国率先上线办理提取等业务，已实现全程"零材料""零跑腿"。随后，全国452个城市的公积金中心陆续跟进。

浙江省直住房公积金管理中心管理着全省41万个账户的数百亿资金，要把提取、还款、转账等业务放到线上办理，还是有一定的风险的。公积金管理中心做了5套方案，最稳妥的方案是客户到现场来，实名认证。但这样一来，客户还是要跑一趟。2018年3月，公积金提取等业务在支付宝正式上线。上线半个月，提取业务办理量突破2万笔，占所有渠道业务办理量的90%。查询量半个月突破100万次，同样占同期所有渠道查询量的90%。从3月26日到5月4日，40天时间，仅杭州凤起路办事大厅，就节省10万张A4纸。

资料来源：张建峰. 数字政府 2.0——数据智能助力治理现代化 ［M］. 北京：中信出版社，2021.

### 公积金数字化，健全共享利用体系，实现数据高效共享、有序利用

2021 年，陕西省住房公积金系统便已全部实现"跨省通办"业务办理，共开设 145 个"跨省通办"线下服务窗口，44 个线上专区；8 项高频服务事项全部实现"跨省通办"；"全程网办"的事项所有管理中心均已实现；以"代收代办"形式办理的"出具贷款职工住房公积金缴存使用证明"事项已有 6 个管理中心实现"全程网办"，其他中心均实现"代收代办"；通过"代收代办"方式"开具住房公积金个人住房贷款全部还清证明"事项已有 7 个管理中心实现"全程网办"，其他中心均实现"代收代办"。

同年，兰州住房公积金中心与太原、呼和浩特、济南、郑州、西安、西宁、银川的住房公积金中心共同签署了黄河流域城市住房公积金高质量发展战略合作协议。8 个城市住房公积金中心将建立长效工作机制，协同发展。依托全国公积金数据共享平台，贷款、提取、异地转移接续等业务实现深度共享应用。建立健全信息查询协同机制，实现跨区域信用、房产交易、不动产登记、婚姻、户籍等信息协助核对。建立互认互贷机制，实现城市间全国住房公积金数据信息互认，推动申请异地贷款的职工与所在地贷款职工享有同等权益，实现合作区内"一网通办"。

数据来源：王丹妮. 让数据多跑路，让群众少跑腿 住房公积金插上"数字翅膀"［J］. 中华建设，2023（2）：3-4.

## （三）数字生活领域——智慧社区

### 1. 智慧社区的数字化建设（数据价值成就智慧社区）

智慧社区的数字化建设目标是为居民、服务企业和管理监督部门带来全流程的数字化体验和能力。用数据和算法来改善居民的居住和出行体验，提供便捷的公共服务；升级社区商、贸、公共服务综合承载能力和运营效率，构建市场化的商业运营生态；加强城市基层单元的智能化管理和监督能力，有效提升社区运行管理领域的智能化和精细化水平，推进智慧社区全面可持续发展，从而支撑城市发展决策（见图 7-1）。

构建智慧社区的数据智能运用能力，需要统一的顶层设计并建设职能基础设施。智

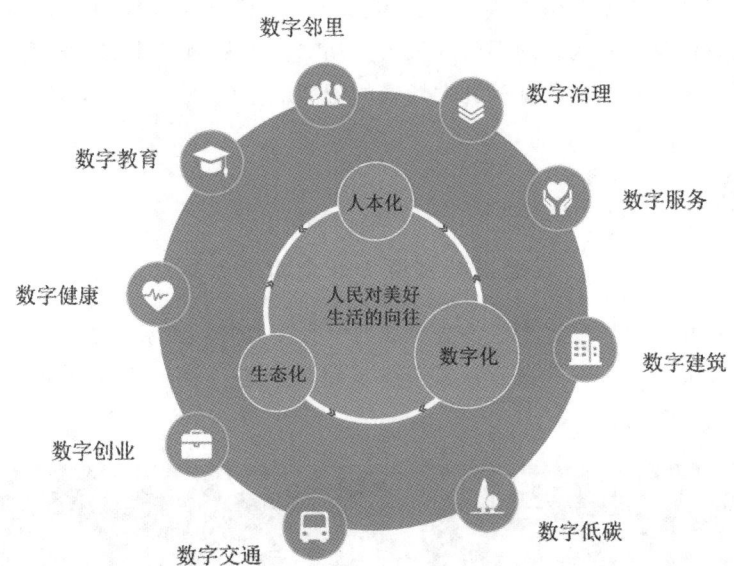

**图 7-1 数据智能驱动的智慧社区数字化创新（源自《数字政府 2.0——数据智能助力治理现代化》）**

慧社区的建设是一项时间跨度长并会持续演进的过程，需要"一盘棋做谋划，一张图干到底"。在简约、共享、互联互通的建设前提下，为了灵活支撑不同社区、不同需求方的业务应用需求，提出智慧社区的总体技术架构，构建能够支撑未来持续演进的统一的智能基础设施，成为建设数字政府的重要组成部分。

### 2. 智慧社区数字化总体架构

智慧社区数字化总体架构秉持标准化、组件化和模块化的开放兼容理念，依靠广泛的合作伙伴生态，为不同的社区和场景开发丰富多彩的个性化业务应用，为智慧社区创新持续贡献技术和产品方案，如图 7-2 所示。

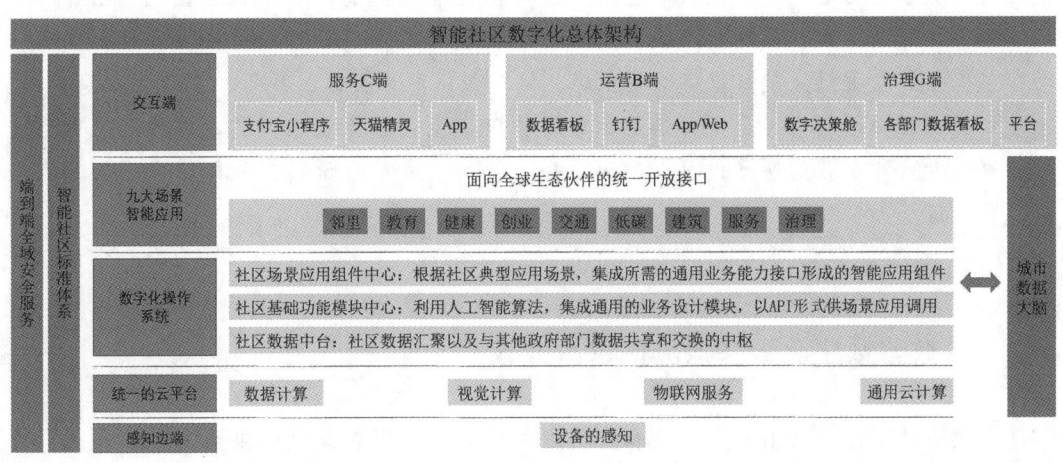

**图 7-2 智慧（智能）社区数字化总体架构（源自《数字政府 2.0——数据智能助力治理现代化》）**

智慧社区数字化总体架构的核心部分包括：一个智慧社区数字化操作系统，面向居民、运营和服务企业、社区管理部门的三大交互端，以及涵盖邻里、教育、健康、创业、交通、低碳、建筑、服务和治理等九大场景的智能应用生态。

 **案例6**

### 成都兴城打造 100 个智能社区

兴城人基于数据平台智能人居物联网平台，打造"智慧人居平台"，构建智慧社区、未来酒店、智慧康养等新兴智能城市生态，将理想的智能家居生活搬进现实（见图 7-3）。

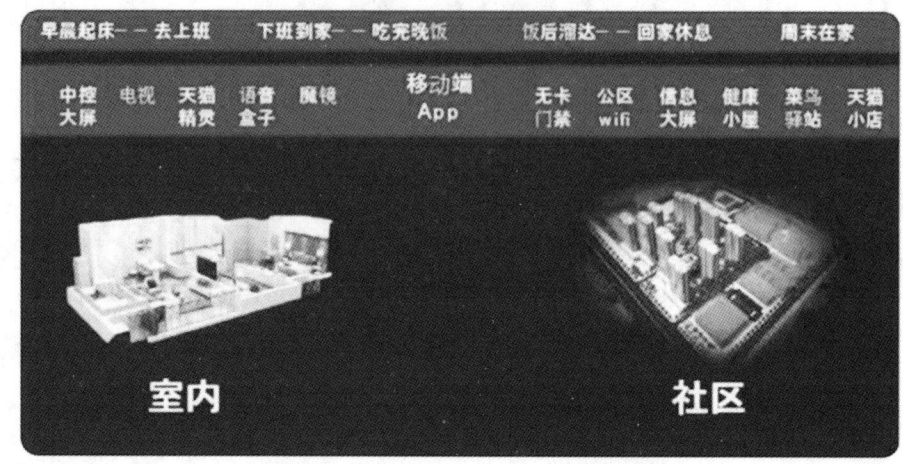

**图 7-3　成都兴城打造 100 个智能社区**

首先，在家中用声音就可以控制电视、灯光、空调等，伴随使用时间的增长，房子还会智能学习主人的生活习惯，变得能听会看，可以认识主人、陪伴主人、照顾主人。其次，小区将成为一个认识你的朋友，自动为居民开门，保护安全，在手机上就可以缴纳物业费、停车费，发布报修、投诉、家政等信息；食材会自动送到家甚至不再需要冰箱，健康小屋让医生就在身边，白天上班时家中老人和小孩的情况也可以实时掌握。最后，房产由于科技赋能将会产生额外升值。

## 三、政府数字化公共服务的供给方式

在政府数字化公共服务中，政府公共服务供给方式以多元合作供给为主。多元合作供给可以有效提高数据资源的利用效率，促进跨区域公共服务的合作与共享。当前，政府数字化公共服务供给方式主要分为政府供给、市场供给、合作供给三大类。

## （一）政府供给

在新一代信息技术的应用中，通过搭建互联互通的公共服务信息化平台等方式，可以进一步明确政府在公共服务供给中的主体责任。因此，以政府为主导、多元主体参与的供给方式成为必然选择，促使优化政府供给模式和提高公共服务质量。

政府供给体现了政府"资源统一配置"的公共服务供给方式，主要体现在政府直接生产和购买公共服务两个方面。一是政府直接生产公共服务。在数字化公共服务中，数字技术有助于政府精准把握和预测社会需求，能更好地在国防、外交、安全、司法、立法、公共政策等纯公共服务供给上发挥主导作用，并且借助信息共享平台让社会组织和个人更加快捷便利地获取相应的公共服务产品。二是政府购买公共服务。在推进数字化政府建设的背景下，强调通过技术手段加强政府对市场组织和公益性社会机构在公共服务生产方面的资助、补助、财政支持等，可以更好地满足群众多层次、多样化需求，优化政府对公共服务资源的统一管理、配置与供给，进一步明确政府在基本公共服务保障方面的主体责任，发挥政府对市场和社会组织的引导作用。

## （二）市场供给

数字时代，公众需求趋于多样化，而公共服务供需矛盾亦突显，市场主体和公益性社会机构等主体能够以自身资源优势，主动承担公共服务供给责任，向广大人民群众提供价格可负担、质量有保障的公共服务。基本公共服务要求实现目标人群全覆盖、服务全达标、投入有保障，以及均等化享有和便利可及。政府是基本公共服务保障的责任主体，同时承担引导市场主体和公益性社会机构补充供给的责任。而普惠性非基本公共服务是为满足公民更高层次的需求，以可承受的价格付费享有，可以满足大多数公民需要的公共服务。尤其是在普惠性非基本公共服务领域中，市场主体和公益性社会机构是主要的供给主体。此外，为满足公民多层次、多样化生活服务需求，政府应支持社会力量增加非基本公共服务供给，使市场主体和公益性社会机构在数字化公共服务供给中发挥更广泛的作用。

## （三）合作供给

在数字政府建设中，政府数字化公共服务多元化供给与区域合作多元化成为可能。公共服务合作供给更有助于及时响应公共服务需求，提高公共服务水平。从合作供给主体来看，政府、市场和社会三大供给主体之间既相互独立，又相互交叉、相互依存和相互促进。数字化公共服务的合作供给方式能够充分发挥政府部门与各类企业、社会组织在数字化公共服务基础设施建设、服务供给等方面的积极作用，全面提升数字化公共服务的可及性与可负担性。同时，激活以政府为主导、市场和社会协同参与公共服务供给的多元合作机制，能够进一步深化区域间的协同合作，满足公共服务的配置需求，平衡公共服务在城乡间、区域间的供需数量与质量差距，营造多元主体共同参与的良好生态。

总体而言，政府数字化公共服务在高效便捷、智慧精准的服务理念下，不断优化公共服务流程，发挥公共服务多元化工具的综合效应，不断拓展公共服务的服务领域和应用场景，在数字技术赋能下，形成政府主导、市场参与、社会支持的公共服务供给方式，充分发挥多元供给主体的资源优势和服务能力，共同构成结构上互动、功能上互补、机制上互联的数字化公共服务体系。

# 第二节
# 公共服务数字化发展难点

互联网、大数据等数字技术的高速发展，使公共服务供给模式、提供方式和服务效率更具体、更具个性化，然而，目前还存在信息传递单向化、需求感知不精准、反馈不及时等问题。因此，要推动数字技术与公共服务的深度融合，通过搭建公共服务云平台、公共服务数据共享平台等，提升公共服务供给效能，全方位服务和满足人民群众日益增长的美好生活需要。

## 一、跨部门联动协同需求提升

我国公共服务数字化建设正进入深化探索、稳步推进的快速发展时期，而数据融合、数据共享、数据管理以及数据服务等方面仍存在交互性低、融合度弱等问题，由此产生的"数据烟囱""数据孤岛"现象，导致数据重复采集、一致性差、开发利用程度低，阻滞数据共享，严重影响了公共服务水平和使用效率。

公共服务涉及不同部门分工管理，不同公共服务部门地域上相互分散，在管理上相互分立，在工作流程上相互分离，形成功能相互独立、责任界限明显的"烟囱式"组织体系，不同组织因部门利益、信息不对称、技术标准不统一、路径依赖等因素各自为政，致使公共服务机构之间难以实现有效协同，服务转换成本极高。在实践过程中，跨层级联动、跨部门协同可充分发挥公共服务科学精准供给，即跨部门无缝隙合作，实现公共服务供给精细化，提高服务效率，提高服务质量。

## 二、"数字鸿沟"带来数字困境

数字技术的创新与发展促进了全球经济水平的快速提高，会导致数字落差现象，产生数字鸿沟（digital divide，也称为 digital division 或 digital gap）。数据鸿沟是指不同地区和不用群体之间由于对信息、网络技术的拥有程度、应用程度存在差别而造成信息落差，从而导致数字政府在推动公共服务建设中的成果没有被相关主体平等均衡地获得或享用，出现数字公共服务非均等化现象。因受教育程度影响，缺少计算机相关的基础知识、互联网技术应用不熟练的非均等化群体在获取数字公共服务时明显处于劣势，这体现出了数字技术应用发展的局限性。如，网约车服务的普及，非均等化群体无法获得必要的交通服务；医院的网上预约挂号，非均等化群体存在医院挂号困难；日常生活中的手机转账、在线支付等给非均等化群体带来不便，也造成了精神负担和心理压力，增加了他们的"触网"负担。因此，现有公共服务数字化模式需要从整体角度思考，兼顾不同群体间的差异，争取消除现有服务痛点、难点，进而提高公众对公共服务供给的满意度。

 **案例7**

## 用人性化举措破解"数据鸿沟"

2023年2月，有媒体报道，82岁的上海市民陆老伯想看春节档电影。他连续几天辗转多家影院，但发现都无法线下使用现金购买电影票，最终只会使用"老年机"的他只能悻悻而归。

和年轻人一样，老年人也有观影的需求。不论是影院没有现场售票，还是线上线下差价过大，抑或现场服务缺乏温度，都在无形之中建构了一道人为的藩篱，让老年人的观影之旅障碍重重。这道"数字鸿沟"，让老年人被排斥在电影院外，成为某种意义上电影文化的边缘人。

陆老伯的观影之旅，不仅仅是"数字鸿沟"带来的困境，这种现象更反映了在现实生活中，老年人没有得到足够的"温柔相待"。安排服务人员为老年人"代买票"也好，开辟专门服务老人的售票窗口也罢，缺的不是办法，而是意愿。当电影院缺乏这样的精细化服务理念，或者认为这样做得不偿失、投入大于收益时，"线下购票难"就成为一种见怪不怪的常态。

社会的快速发展，让许多老年人在生活方式上"慢了半拍"。线上购票难只是一个缩影，"数字鸿沟"其实出现在老年人日常生活的方方面面。消除"数字鸿沟"，不仅要依靠技术手段，更需组合发力。应加强技术创新，提供更多智能化适老产品和服务，并保障老年人在使用智能技术过程中的合法权益。与此同时，还要尽可能地保留老年人熟悉的传统服务方式，多管齐下、共同营造无障碍环境。如此，老年人才能在数字化时代生活得安心、舒心和便捷。

资料来源：http：//www.ncsjw.gov.cn/newsshizhengyaowen/2023-02-24/16053.html.

## ● 三、线上线下融合有待深化

当前，全国全面推行政务服务事项"网上办"，多地政府部门均已建立了线上一体化的政务服务管理平台，推动公共服务数字化创新。线上平台将信息以数据的形式存储，积极整合各部门力争实现"一网通办"，而线下实体服务大厅深化"最多跑一次"改革，线上平台的便捷性和服务的易扩展性与线下平台的专业性和服务的低门槛互补。线上线下有机融合对推动公共服务发展具有重要的意义。但是在实践中，线上政务服务平台与线下业务融合度还远远不够，存在一些结构性的障碍。

一是线上线下建设各自分割，建设主体认识存在分歧。① 线上线下平台管理机构不统一。线下平台认为"面对面"服务和处理事务是主流方式，他们缺乏线上服务的能力与动力。而线上的公共服务平台则认为线上处理事务是时代走向，实体办事大厅可以被取代。② 线上线下服务平台的创办思想和侧重点有所不同。目前，线上公共服务平台建设强调大而全，对服务的精度、深度、效度等侧重点要求较低，而实体大厅着重服务效果和监管力度。

二是线上线下服务平台各自为政，二者监督管理方式及考核标准相对差异较大。线下公共服务大厅将现场监督与规则制定有机结合；线上平台以电子监察为主，可是数据传输需要时间，不能及时同步更新，所以导致线上电子监管效率有待提升。在考核方面，实体大厅侧重考核办事的准确度和效率，线上则侧重平台功能和事项内容，很难形成二者合力监管的工作方式。

三是线上线下平台服务资源与范围各不相同，服务侧重点和标准不统一，实体大厅与线上平台服务资源的更新与服务时效不同。

---

**第三节**
# 数字政府的公共服务供给能力的提升路径

2021 年 12 月，《"十四五"数字经济发展规划》提出，要持续提升公共服务数字化水平，提高"互联网＋政务服务"效能，加快推进文化教育、医疗健康、体育健身等领域公共服务资源数字化供给和网络化服务，促进数字化公共服务更加普惠均等。数字技术为公共服务供给带来新的方式和体验，以数字技术创新驱动公共服务效能，协同优化公共服务供给，推动公共服务资源整合。

## 一、坚持理念创新，推动政府角色优化调整

要利用数字化、网络化、智能化再造业务流程，创新公共服务供给模式与运行机制，实现公共服务供给全面数字化升级。数字化创新不仅是一种技术创新，而且是一种理念和思维的创新。数字化思维正在引发新的社会变革，推动公共服务理念创新。公共服务数字化创新理念的关键在于以人为本，让技术更好地服务人民。政府的数字化思维强调民生价值导向，以公众需求为出发点，以满足人民美好生活需要为目标，推动城市的公共服务整体规划、功能设计、项目安排等；同时，政府的数字化思维也强调民生服务，推进关系到人民切身利益、生命财产安全的项目建设，强调人民最需要什么、群众最期盼什么，就谋划推出什么，为人民提供更加便捷的生活和安全的环境、更加便利的服务。

公共服务机构应坚持技术为人民服务的理念，让数字技术真正为人所用、为民服务、造福于民，是公共服务数字化变革的核心。公共服务数字化理念创新要体现人文关怀，考虑人民需求、感受，以实现人的全面发展和全体人民的共同富裕为最终目标，满足人民群众对美好生活的殷切期望。

## 二、坚持数据驱动，建立协同联动发展机制

要坚持以数字化改革为牵引，推动多行业、多领域、多部门业务与流程的精准高效协同。首先，要加大政务服务、市场服务和志愿服务的整合力度，破除跨部门、跨区域、跨业务的"数据壁垒"，推进不同公共服务供给部门数据共享和业务协同。其次，要树立"全生命周期管理"理念，以"微改造""微治理"为突破口，解决群众关心的问题，实现群众办事"最多跑一地"、矛盾纠纷"全链条"解决。最后，要推进各级政府信息系统互联互通，实现跨区域、跨部门、跨领域数据互联互通和共融共享。例如，社区居民有需求，通过手机终端在相关平台下单，由党员包联到户，网格员接单上门服务，解决群众的"急难愁盼"问题。"大数据赋能网格化，好机制落实铁脚板"，从下单、接单到评价的全过程，做到办实事、解民困、听民意，推动公共服务向农村延伸、社会事业向农村覆盖，健全普惠均等、全民共享的公共服务体系。注重城乡发展均衡，构建城乡一体的基本公共服务体系。继续加快城乡统筹、均衡协调、融合发展，持续支持医养结合的养老服务体系建设。通过医共体、医联体建设，吸收优质医疗资源，改善就诊环境，有效打通就诊渠道，不断推动公共服务协同联动，加强公共服务设施标准化建设与均衡化布局，加快构建适应城市发展、令人民满意、满足乡村需求的一体化公共服务体系。

## 三、坚持技术赋能，构筑公共服务的生态圈

平台是公共服务"价值共创"的有效载体，可以有效聚合不同场景的服务需求，动

态适应公共服务的边界变化、内容调整、方式升级，推动数字技术惠及更多群体，特别是特殊困难群体，让弱势群体、边缘人群也能够享受到数字红利，营造既有效率又有"温度"的公共服务供给新格局。从技术创新视角出发，应建设公共服务供给平台，实现公共服务大数据的全生命周期管理和控制，不断完善在线公共服务事项，充分发挥数字技术对公共服务的赋能作用，同时坚持高端人才培养和引进。随着公共服务数字化发展的不断深入，相关技术人才的稀缺问题变得越来越突出。因此，我国应加强公共服务数字化相关人才的培养，完善培养机制，创新教育模式，倡导校企联合培养等方式，以解决人才培养数量不足和质量不高的问题。

## 本章小结

数字技术赋能公共服务，公共服务数字化不断加快发展。要以数字化手段打通公共服务供需两端，实现公共服务价值共创，推动公共服务的提升。对此，本章在深刻理解数字化公共服务的内涵的基础上，理性研判公共服务数字化发展难点，深入探索公共服务数字化水平的提升路径，以期为公共服务数字化发展贡献力量。

## 主要概念

数字化、数字化公共服务、政府供给、市场供给、合作供给、数字鸿沟

## 复习思考题

1. 公共服务数字化发展难点是什么？
2. 公共服务数字化发展的提升路径有哪些？

## 参考文献

[1] 陈堂，陈光，陈鹏羽．中国数字化转型：发展历程、运行机制与展望［J］．中国科技论坛，2022（1）：139-149．

[2] 梁波．加快推进基本公共服务均等化的改革举措［J］．理论探讨，2018（4）：34-40．

[3] 刘晓洋．大数据驱动公共服务供给的变革向度［J］．北京行政学院学报，2017（4）：73-79．

[4] 马志敏．大数据驱动下政府公共服务：创新机制及发展路径［J］．经济问题，2020（12）：37-42．

[5] 雷晓康，付熙雯．数字政府概论［M］．北京：北京大学出版社，2024．

［6］耿亚东.数字中国建设背景下政府数字化转型路径探析［J］.治理现代化研究，2023，39（1）：56-63.

［7］张晓，鲍静.数字政府即平台：英国政府数字化转型战略研究及其启示［J］.中国行政管理，2018（3）：27-32.

［8］陈睿，刘大椿."双循环"新发展格局下政府数字化转型的创新路径研究［J］.经济体制改革，2022（1）：28-34.

# 数字政府的社会治理

社会治理是一个被中国化了的概念。我国的社会建设经历了从社会管理到社会治理的转变过程。现代化转型增添了社会变化的复杂性，进而极大地提升了政府管理的难度。如何在政府行政导向之外寻求有效应对社会转型而释放出来的需求，更具有现实的紧迫性。在不断探索中，我国创新性发展出了基于大数据、智能化的社会治理能力提升与社会治理模式，并实际应用于城市管理、智慧安监、应急救灾等诸多领域。

1. 社会治理的基本内涵。
2. 社会治理智能化的体系框架与实现路径。
3. 基于大数据的社会治理模式创新。
4. 数字化社会治理在城市管理、智慧安监、应急救灾等领域的应用。

# 第一节
# 社会治理概说

## 一、社会治理的概念和特征

### （一）社会治理的概念

社会治理是一个被中国化了的概念。[1] 在我国的政策和学术环境中，社会治理通常在以下语境中得到使用：① 相对于政府管理的社会治理；② 相对于国家治理的社会治理；③ 相对于公司治理、市场治理、环境治理的社会治理。第一种强调治理主体的非政府属性（社会自治）；第二种强调治理层级的基层属性（社会层面）；第三种强调治理事务的社会属性（社会生活和社会事务）。

从运行意义上讲，"社会治理"实际上是指"治理社会"，即指特定的治理主体对于社会实施的管理。

社会治理理论是西方治理理论的重要组成部分。西方国家治理理论奉行社会中心主义和公民个人本位主义，因此，理性经济人的社会自我治理，在理论逻辑上构成了西方国家治理理论的核心理论内容。在特定意义上可以认为，西方国家的治理理论，本质上是以理性经济人为基础的社会自我治理理论。

在我国，社会治理是指在中国共产党领导下，由政府组织主导，吸纳社会组织等多方面治理主体参与，对社会公共事务进行的治理活动，是以实现和维护群众权利为核心，发挥多元治理主体的作用，针对国家治理中的社会问题，完善社会福利、保障改善民生，化解社会矛盾，促进社会公平，推动社会有序和谐发展的过程。党的二十大报告提出，要完善社会治理体系，健全共建共治共享的社会治理制度，提升社会治理效能，畅通和规范群众诉求表达、利益协调、权益保障通道，建设人人有责、人人尽责、人人享有的社会治理共同体。

### （二）社会建设：从社会管理到社会治理

自改革开放以来，我国在市场经济及其驱动的社会转型进程中，"以经济建设为中心"的发展主义逐步占据主流并得到巩固，造就了经济领域的发展奇迹。与此同时，发展主义也引发了诸多社会问题，社会矛盾与社会冲突不断增加。此外，不断成长的社会力量日益对国家治理与政府治理提出了新的挑战。进入 21 世纪以来，党和政府密集出台了一系列有助于解决社会问题、缓解社会矛盾、促进社会公平、推动社会发展的政策措施,社会建设成为当代中国的重要政策议题。党的十八届三中全会提出"推进国家治理体系和治理能力现代化",以及"推进社会领域制度创新,加快形成科学有效的社会治理体制"的治理目标,这一表述既是对已有国家与社会互动实践的合法性确认,也将进一步推动国家与社会关系的变迁。

## 二、社会治理的总体要求与重点任务

### (一)社会治理的总体要求

完善社会治理体系,加快推进社会治理现代化,是再创"中国之治"新辉煌的必然要求。社会治理要紧紧围绕完成"十四五"规划和 2035 年远景目标、全面建成社会主义现代化强国等重大节点,到 2035 年基本实现社会治理现代化,到 21 世纪中叶全面实现社会治理现代化,确保政治安全、社会安定、人民安宁,为实现第二个百年奋斗目标和中华民族伟大复兴的中国梦创造良好社会环境。[①] 社会治理的总体要求包含以下三个方面。

#### 1. 确保政治安全

政治安全是民族复兴的根基。要有力防范境外敌对势力渗透、破坏、颠覆、分裂活动,对敌对势力和有关组织的非法活动和动向,能及时发现、快速处置。要有效清除境内影响政治安全的土壤,推动"去极端化"工作取得明显成效,保持境内严重暴恐活动"零发生"。

#### 2. 确保社会安定

社会稳定是国家强盛的前提。要解决涉稳"存量"问题,人民群众初信初访基本办结,涉众等重大突出矛盾风险有效化解。控制涉稳"增量"问题,社会稳定风险评估更加规范化制度化,"三调联动"体系有效运转,诉讼案件基本案结事了,群体性事件持续下降。防控涉稳"变量"问题,有效防止社会风险演变为政治风险、区域风险演变为全局风险、境外风险演变为境内风险。

#### 3. 确保人民安宁

人民平安是最大的民生。要实现刑事案件持续下降,八类严重暴力案件逐年下降,新型网络犯罪高发态势得到有效遏制。巩固扫黑除恶成效,实现扫黑除恶常态化机制化,黑恶势力滋生的土壤基本铲除。要实现公共安全事故逐年下降,生产安全事故死亡人数、重特大生产安全事故起数、亿元国内生产总值生产安全事故死亡率逐年下降。

---

① https://www.forestry.gov.cn/c/www/szxx/45067.jhtml。

### （二）社会治理的重点任务

完善社会治理体系，最重要的就是防控化解各类矛盾风险，确保矛盾风险不外溢不扩散、不升级不变异。我们要坚持底线思维，增强忧患意识，提高风险洞察、防控、化解、治本、转化能力，重点防控化解好五类风险。

#### 1. 防控化解政治安全风险

加强维护政治安全力量、能力建设，建立健全政治安全风险的研判、防控协同、防范化解机制，严密防范和严厉打击敌对势力渗透、破坏、颠覆、分裂活动。坚持严打暴恐常态化，深化"去极端化"工作，严防发生暴恐袭击事件。

#### 2. 防控化解社会治安风险

强化社会治安整体防控，始终保持严打高压态势，推进扫黑除恶常态化，依法严惩群众反映强烈的黄赌毒、食药环、盗抢骗等突出违法犯罪，有力保护人民群众生命财产安全。深入研究新形势下犯罪活动规律特点，完善打击犯罪新机制。健全社会心理服务体系和疏导机制、危机干预机制，严防发生个人极端暴力案事件。

#### 3. 防控化解重大矛盾纠纷

完善正确处理新形势下人民内部矛盾机制，畅通和规范群众诉求表达、利益协调、权益保障通道，推行领导干部特别是市县领导干部每月下基层大接访。加强和改进人民信访工作，贯彻落实《信访工作条例》，认真解决信访积案和群众合理合法诉求。完善基层治理平台，发挥好调解、仲裁、行政复议、诉讼等方式化解矛盾的作用，排查化解重点领域矛盾纠纷。

#### 4. 防控化解公共安全风险

从最突出的问题防起，加强重点行业、领域安全监管，推进安全生产风险专项整治。从最基础的环节做起，推动城乡公共安全监管执法和综合治理一体化。从最明显的短板补起，推动公共安全治理模式向事前预防转型。从最关键的责任抓起，严格实行"党政同责、一岗双责、失职追责"。

#### 5. 防控化解网络安全风险

健全网络综合治理体系，加强网络领域法律制度建设，全面清理网上政治谣言等有害信息，依法打击网络黄赌毒骗、涉枪涉爆等违法犯罪，整治网络黑灰产业。加强关键信息基础设施安全防护，依法打击侵犯公民隐私、窃取数据秘密等违法犯罪活动。落实"三同步"机制，牢牢掌握网络舆论主动权。

## ● 三、社会治理的体制保障

完善社会治理体系，必须强化体制保障。通过健全共建共治共享的社会治理制度，增强完善社会治理体系的向心力和执行力，建设人人有责、人人尽责、人人享有的社会治理共同体。

### 1. 健全党委领导体制

坚持党的全面领导，落实请示、报告、决策、执行制度，做强组织指挥体系，完善统筹实施等机制。履行好党委政法委牵头协调、组织推动、督办落实职责，调动各部门各单位参与社会治理积极性。发挥基层党组织战斗堡垒作用，构建区域统筹、条块协同、共建共享的工作新格局。

### 2. 健全政府负责体制

突出防控化解政治安全、社会治安、矛盾纠纷、公共安全、网络安全五类风险隐患，将该负责的事务管好管到位。突出行业领域乱象常态化整治，坚持"打防管控建"并举，推动行业领域健康发展。突出社会治理服务保障，丰富和创新公共服务供给。

### 3. 健全群团组织助推体制

建立群团助推责任机制，把适合群团组织承担的社会管理服务职能按法定程序转由群团组织行使。探索群团助推组织形式，健全以基层党组织为圆心、群团组织为纽带、社会组织为依托的工作体系。找准群团助推着力点，聚焦群众所急、党政所需、群团所能领域，创新活动载体，确保取得实效。

### 4. 健全社会组织协同体制

健全社会组织培育扶持机制，重点扶持发展治保维稳类、专业调处类、公益慈善类、居民互助类等社会组织。扩大社会组织有序参与，坚持党建引领，确保社会组织按照党的路线方针政策和决策部署开展业务活动。加强社会组织规范管理，强化自律诚信和守法意识，不断提升服务质效和社会公信力。

### 5. 构建人民群众参与体制

畅通群众参与社会治理的制度渠道，保障群众知情权、参与权、表达权和监督权。健全群众参与社会治理的引导机制，落实专群结合、群防群治，弘扬见义勇为、见义众为。创新完善群众工作机制，推动听民声察民情常态化，让人民群众有更多看得见、摸得着、享受得到的实惠，使社会治理扎根于人民群众之中。

## 第二节
## 数字化社会治理的困境与策略

### 一、困境：现代化转型与社会治理

现代化作为社会变化的代名词，确实为政府管理改革（制度变迁）提供了一个解释的大背景。到目前为止，人们对社会形态做了不同的类型学解释。其中，前工业社会（游牧社会/部落社会和农耕社会）—工业社会—后工业社会（信息社会或网络社会）是基本的分类。一般而言，现代化被认定为前工业社会（自发型社会）向工业社会（生产型社会）转变的过程，而后现代化被定义为工业社会向后工业社会（消费型社会）转变的过程。

现代化给世界带来了什么社会变化？现代化通常被认定为一种特殊的社会变革，这种变革与个性化、都市化、大众教育、代议制政府、增加国民生产总值、增加各阶层收入、向伤残贫困者提供福利相联系。回顾 17 世纪以来世界的新变化，可以把这些变化归纳如下：世俗化和理性化（与市场化相伴随的是契约精神、行为的世俗化和理性化）；流动性（资本、人口、物资、信息突破地域局限，在更大范围内流通，以至于全球化成为一种趋势）；统一性（随着流动性的发展，管理、标准、规则日趋统一和一致，要求各国的管理规则尽可能对接）；均等化（流动性带来了资源、服务分布的均等化，差异性在减少，与此相应，全球呈现拉平效应，以至有人说"世界是平的"）；专业化（社会分工越来越细，生产专业化程度普遍提高，管理精细化要求日益强烈）。[2]

现代化的发展变化挑战了既有的以国家为单位的治理秩序，至少有三个方面的特性需要认真对待：第一，流动性挑战传统的属地化管理，需要建立跨地区、跨部门、全国统一的管理体系；第二，复杂性挑战传统的科层制管理，需要构建扁平化的管理结构；第三，民主化（公民权利意识增强，不仅要做自己的主人，而且还要做国家的主人）挑战传统的家长式统治型管理，需要打造开放的、协商的、包容的政治体系和社会治理体系。

后现代化的发展变化至少为传统政府管理带来如下几方面的挑战：首先，税务财政系统受到了挑战。税收财政是现代国家运行的基本保障，现代国家普遍采用的是以企业为征税对象的管理体制，而后工业社会基于网络的私人定制化生产方式在很大程度上挑战了传统的以企业为生产单位的国家财政税收体系。典型的例子是，当政府税务官继续前往大商店、大卖场征集税款时，以往的大商店和大卖场却因为网店和网购的兴起而纷纷倒闭关门。其次，现代金融系统受到了挑战。银行业的发展与现代市场的兴起相伴随，成为政府管理的重要手段。然而，基于网络的支付宝一类的新型交易系统和交易方式直接挑战了传统的以银行为中介的货币和信用卡结算的金融系统，使政府的金融监管和政策杠杆面临难题。最后，日常的社会管理模式受到了挑战。由于信息不对称，供需双方难以直接交易，因而中介和代理成为必需，而政府管理部门也经常以不可缺少的中介和代理自居。后工业社会基于网络平台的供需双方直接交易，使政府或第三方中介机构变得多余，从而挑战了传统的以政府或委托代理机构为基础的社会管理模式。世界各大城市出租车管理遭遇各种网络约车模式的挑战就是典型例子。

对于当下的中国而言，现代化与后现代化两个目标和过程的"叠加"，更加增添了社会变化的复杂性，进而极大地提升了政府管理的难度，因而，如何在政府行政导向之外寻求有效应对社会转型而释放出来的需求，更具有现实的紧迫性。

## 二、社会治理智能化体系框架的构建

社会治理智能化以智能技术实现治理要素的重新组合和优化配置，建立起权责清晰、横向到边、纵向到底的治理体制，推动社会治理界面智能化；同时，智能化推进社会治理工作布局的智能化再造，加快社会治理工作布局现代化；此外，智能技术的输入可以促进政治、自治、法治和德治等治理方式的高度结合，推进社会治理方式智能化。由此，为了应对现代化转型所带来的社会治理困境，可以从社会治理智能化界面重构、智能化治理应用和智能化技术支撑三个维度构建社会治理智能化体系。

### （一）智能化界面重构

社会治理智能化通过建立数据汇集整合、开放共享的信息平台，对治理主体和资源进行有效整合以建构新的治理界面。这种新的治理界面以大数据的生成、存储和传递为基础，凭借人工智能在图像识别、语音识别和自然语言处理方面的机器学习与深度学习算法，形成对社会治理问题的智能化预警、应对和处理。[3] 智能化的治理界面重构了社会治理的管理体制和运行机制，改变了治理主体之间的交互方式，使治理主体之间有效协调、共同开展公共事务治理，推动社会治理从"以部门为中心"的分散化管理向"以平台为中心"的整体性治理转变，最大限度地克服由于政府部门横向的专业分工与纵向的权力配置导致的社会治理"碎片化"问题。

在纵向层级上，智能化的社会治理充分发挥市、县（区）、乡镇（街道）、村（社区）各层级的重要作用，努力打造权责明晰、高效联动、上下贯通、运转灵活的社会治理链条。在横向体制上，智能化的社会治理发挥党委总揽全局、协调各方面的领导核心作用，推动各方面在社会治理工作中协调行动，增强社会治理的合力。同时，建立健全政府在社会治理工作布局中的主体责任，理顺承担国家安全维护、公共安全保障、社会风险防范、社会治安防控和社会矛盾化解、公共服务和民生供给等职能的部门之间的关系，建立起"块块合作""条条协同""条块衔接"的问题解决机制。

## （二）智能化治理应用

### 1. 社会治理工作布局智能化

社会治理工作布局智能化，应着力推动智能技术与维护国家政治安全、公共安全保障、社会治安防控、社会矛盾化解四个方面工作的深度融合。第一，在市域层面建立统一的国家政治安全风险智能监测预警平台，在技术上实现可发现、可追踪、可防治的管网功能，提高对各类政治安全风险的识别、预警、化解和处置能力。第二，市域公共安全防控以县（区）党委政府为责任主体，压实县（区）的属地管理责任，推进公共安全全覆盖、全链条、全要素管理。第三，社会治理防控以增强社会治安防控的整体性、协同性、精准性为目标，依托"雪亮工程"等基础建设，构建县（区）、乡、村三级社会治安防控平台，构建信息及时传达、资源高效配置、防控有序协同的智能化防控体系，实现对违法犯罪问题的预警预测、态势感知、动态管控和精准打击。第四，依托社会治理智能化平台，根据社会矛盾的类型、特点和风险等级，建立社会矛盾化解的分级管理机制，并建立多元调解的衔接制度。[4]

### 2. 社会治理方式智能化

智能技术的输入可以促进政治、法治、德治、自治等治理方式的高度结合，提高社会治理效率和治理现代化水平。在政治引领方面，以智慧党建为核心，为党员打造线上宣传平台、虚拟活动阵地，加强党建引领作用。在法治保障方面，市、县（区）具有完善的司法体系，应着重建设市域法治实施、监督和保障体系，构建执法、司法高效联动协同平台，建立智能执法办案辅助系统。在德治教化方面，在广泛收集互联网数据的基础上，对海量数据进行分析处理，实时感知民众的行为习惯、思维方式、价值取向等，对社会道德进行"画像"，从而揭示社会道德全貌。在自治协商共建方面，城乡社区及其他基层组织应依托智能化社会治理平台，充分发挥"随手拍"、微信等数字化工具在参与、沟通、协商、决策、监督等方面的作用，引导城乡居民共同参与社会建设和社会治理，推进城乡居民自治。

## （三）智能化技术支撑

### 1. 市域智能基础设施

市域范围内智能基础设施的构成与布局是推进社会治理智能化的重要内容。一方面，依托GPS、传感器、物联网和5G技术，加强万物互联网建设，推动智能门禁系统、车辆自动识别系统、人像识别系统、智慧消防系统、智能烟感、智能充电桩、智慧出租房管理等建设，动态掌握人、地、事、物、组织等基础数据；另一方面，推进视频监控系统建设联网应用，联合综治、公安、交通、城管等部门，通过实地勘察的方式对视频监控系统进行总体规划，科学确定监控点位、线路布局、传输设备、汇聚节点，确保点位实用，布局合理。

### 2. 市域大数据平台

在智能基础设施的基础上，社会治理智能化需要汇聚反映市域社会全貌的各类基本状态数据和动态行为数据，对市域社会进行数字化重建，实现对市域社会运行状态的全面感知。为此需构建覆盖全域、统筹利用、统一接入的社会治理大数据平台，其核心是处理好数据治理中统与分的关系，通过界定市、县（区）、乡镇（街道）、村（社区）的数据治理权责，构建多级互联体系，各层级之间通过数据平台（分中心、汇聚节点）实现数据交换、数据汇聚、数据计算。

## 三、基于大数据的社会治理能力提升

随着信息技术的发展，借助大数据与人工智能（AI）等技术手段，政府通过整合政务热线、微信公众号、官方微博等多渠道的社会治理公众诉求，可以大力提升社会治理的感知能力、决策辅助能力、精准施策能力以及诊断评估能力，从而实现大数据对社会治理的赋能。[5]

### （一）基于大数据的社会治理感知能力提升

大数据经过挖掘可以转化成直观的民情民意，形成咨政图表以辅助政府感知城市区域和各部门治理情况。在具体实践中，基于对政务热线等大数据进行"数据穿透""时空穿梭"和"颗粒缩放"的分析处理，有效地将社会治理公众诉求转化为政府部门所能理解的民情民意，同时也可以直观呈现城市内部跨时间、跨部门、跨地域的社会治理表现。

数据穿透是指透过政务热线以实现政府直达基层的民情理解与把握。热线数据的分析报告隔天完成，对于政府实时了解民意和调整政策方向提供了重要的决策辅助。相比于过去政府部门的定期自我汇报和传统绩效考核，如今政府高层能够更加及时地把握真实情况。

时空穿越是指纵向时间节点和横向空间地域的比较。传统的数据往往滞后并且范围较宽，根据这些数据难以对未来进行及时、有效、精准的预测，并要让政府相关部门提前做好准备。而热线数据则让决策部门得以对从街道到区的任意区域进行横向比较，协助政府明晰问题的发展态势和空间分布，以便尽早启动政策方案来预防风险。

颗粒缩放是指对特定区域单元进行缩放以深入剖析问题。基于热线电话数据，通过对特定区域单元进行拉伸"放大"，以及超越区域单元进行概略"缩微"的方式，更加精细和精准地研究社会治理问题的集聚和分散状态。在现有技术条件下，可以实现从社区到街道，从区再到全市范围内的重点问题分析处理。通过透视治理问题的集聚和分散状态，政府得以重新调配资源和协调部门关系，推动重点区域的重点问题予以妥善解决。

## （二）基于大数据的社会治理决策辅助能力提升

数据治理辅助政府对海量诉求背后的用户画像、诉求内容以及问题根源进行认知。在热线数据感知透视的基础上，数据治理可以对原始数据的价值、关联和反映问题进行深度揭示。在具体实践中，可以对海量社会治理政务热线数据采取三个层次的递进分析：第一个层次是对诉求者类型进行画像描述，分析诉求者诉求动因和诉求表达的基本情况；第二个层次是对诉求内容本身的"哨型"分类，将诉求问题按照紧急程度和重要程度进行划分和讨论；第三个层次是对存在问题的深入分析，借助政治学和公共管理的理论分析框架，对于问题产生根源、责任归属和问题解决进行深入探究。基于三个层次的分析，有助于增进政府部门对于民情诉求特征规律的理解和认知。

## （三）基于大数据的社会治理精准施策能力提升

在社会治理感知和决策辅助研判的基础上，政府可以掌握城市运行概况、社会问题分布和条块部门绩效，从而实施有针对性的政策来提升社会治理能力。具体而言，通过现代化的数据驾驶舱（落地大屏幕）实现城市的智慧治理，将反映问题的数据定位到地图，分别以诉求量分析、类别分析、地域分析、考核排名等维度对问题进行分类，深入分析问题产生的原因和机制，之后将社会治理热线受理数据汇总并统一进行分析。通过改进机制准确把握民众反映的热点和难点问题，反映重点区域、辖区和部门履职的真实情况。在政策制定过程中，决策部门可以梳理全市面临的问题，借助专业知识对民众诉求采取深度访谈或田野调查的方法，探究问题产生的社会根源、具体分布和不同类型。同时，吸纳社会大众的广泛建议和国内外城市的治理经验，从而形成具有针对性和有效性的政策方案。

## （四）基于大数据的社会治理诊断评估能力提升

政策出台和专项行动并不意味着社会治理环节的结束，政府仍需政策评估以优化政策执行和激励基层干部。在地方社会治理实践中，政府领导经常将诉求率、解决率和满意率（简称"三率"）作为考核内容，对于问题突出和表现优秀的进行点评，从而推动政策的持续优化和敦促基层治理的格局调整。基于"三率"排名的考核方式，政府不仅能重点对区域和政策进行敦促，也可以整体提升政府的社会治理水平。一方面，政府领导根据"三率"排名对基层政府和专项政策点评，有效督促被点名地区解决公众普遍反映的问题。此外，基于跨时间的"三率"比较，上级政府可以对政策实施效果或地区改正情况进行回顾，有利于夯实社会治理的成果。另一方面，上级政府以"三率"排名作为下级政府的考核依据，会推动基层政府尽早、尽快和尽好地将民生问题予以解决，从而大幅提升社会治理水平和民众的政府满意度。

# 第三节
# 数字化社会治理的实际应用

## 一、城市管理：杭州城市大脑

### （一）案例简介

杭州城市大脑是一个由中枢、系统与平台、数字驾驶舱和应用场景等要素组成，以数据、算力、算法等为基础和支撑，运用大数据、云计算、区块链等新技术，推动全面、全程、全域实现城市治理体系和治理能力现代化的数字系统和现代城市基础设施。[6] 自2016 年创建以来，杭州城市大脑建设经历了从数据治堵到综合治城多个发展阶段。截至2021 年1 月，杭州城市大脑已建成涵盖交通、城管、卫健、警务、基层治理等11 个重点领域的48 个应用场景、390 个数字驾驶舱，形成中枢系统数据服务接口1.2 万个，数据累计调用量达35.6 亿次。①

创新的技术架构和组织结构是杭州城市大脑赋能政府整体智治和多元主体协同治理的基础。[7] 在实践中，杭州城市大脑逐步探索形成了"党委领导、政府负责、社会协同、公众参与"的治理结构，推动社会治理主体从一元转向多元、业务从分散转向集成、部门从分割转向一体、职能从破碎转向整合，成为实现社会治理数字化转型的重要支撑。在基层社会治理直达场景中，杭州城市大脑已建成十余个区县平台，通过平台数据协同和业务协同，探索形成了上城区商圈智能化治理、下城区"最多录一次"改革、"民呼我为"西湖一体化智治平台、拱墅区"城市眼·云共治"平台、余杭区欠薪一体化预警系统等典型实践案例，为街区治理、基层减负、公民参与、事件预警等传统治理难题提供了技术支撑和解决方案。

### （二）案例分析

以杭州城市大脑赋能社会治理的机制为主要脉络，对数字技术如何赋能政府治理能力提升和促进多元主体协同治理展开进一步分析，并对技术治理存在的限度进行讨论。

---

① https://jxt.zj.gov.cn/art/2021/5/18/art_1229246513_58926598.html.

## 1. 杭州城市大脑赋能政府整体智治

政府数字化转型的基础在于治理要素数据化和治理过程数字化。杭州城市大脑通过构建数字化基础底座和管理服务端应用，以获取、共享和分析数据为基础，为政府数字化转型提供了技术底层支撑。城市大脑通过物理感知设备、基础网络层和云平台将人口、事件、地址、法人等治理要素数字化，并对数据进行存储、清洗、分析、挖掘和计算，使社会治理要素可视化、可分析化，弥合了治理主体与治理需求间的信息不对称。在治理过程中，城市大脑通过中枢数据协同，根据实际场景需求提取数据要素，辅助管理决策和服务提供，这种从经验判断到数据赋能的治理模式转变，不仅可以提高社会治理资源的配置效率，还能辅助管理者多领域动态分析、研判、预警和处理公共事件，进而提高管理效率。

技术赋能、组织重塑与流程再造是政府实现整体性治理的三个核心要素。2019 年 9 月，杭州市政府各部门和单位共建有 760 个信息化系统项目，但部门间数据没有实现共享，甚至部门内部不同业务线数据也不相通。杭州城市大脑的赋能方式是通过中枢系统汇聚所有部门动态数据，将市、县（区）、乡镇（街道）、村（社区）四级和各个部门的信息化系统的数据互联互通，已累计归集 800 多亿条数据，推动公共数据资源协调互通。[①] 整体性治理的实现有赖于一种整合型组织。有学者认为整体性运作有三个层面的整合，包括不同层级或同一层级的治理整合、功能内部协调整合、政府部门与志愿组织或企业整合。杭州城市大脑的组织重塑主要体现在：一是杭州城市大脑自身的构成突破了传统以官僚为中心的组织结构和功能设计，以更为灵活的"专班制"开展运作；二是杭州城市大脑驱动政府组织形态发生变革。在部分数字治理先发地区，区县基层社会治理体系的平台化特征已显雏形，同时，平台政府去结构化的形态推动着镇街层面条块关系的重塑和社会治理需求责任归属的进一步明确。

在社会治理情境中，治理需求是复杂、多样、动态的，而政府部门职能是单一、静态的，政府职责的"点"与社会事务的"面"往往不完全对应，这就导致管理运作不畅、治理效能低下。城市大脑基层治理平台提供了一个综合、集成、共享的运作体系。在平台前端，公众只需一部手机即可"一键报送"治理需求；在平台后端，业务流转以"事件"为起点，形成智能识别、分流交办、执行处置、日常督办、评价反馈、督查考核在线化闭环管理。在这种模式下，组织结构和业务流程都围绕"客户（需求）"来设计，政府治理逻辑从"职能"起点转为"需求"导向，部门间围绕"一件事"达成协作，业务流程整体化、扁平化、高效化，推动实现了整体主义改革的中心目标——需求回应。

当前，社会治理的一个重要挑战是治理需求难以识别，甚至需求者本身也难以明确描述真实的治理需要，模糊化、碎片化、复杂多变的社会形态又使治理需求很难实现集中，城市大脑的解决方案是通过大数据分析、机器视觉、大规模拓扑网络计算等跨学科领域的顶尖技术精准识别潜在的治理需求，甚至实现"自动式"的敏捷回应。通过数据

---

① http：//theory. people. com. cn/n1/2019/0908/c40531-31342597. html.

驱动的模式深度挖掘出了那些民众不愿意花费额外成本表达、不方便直接表达或难以表达清楚的治理需求，更全面地搜集当下社情民意并预测未来趋势，使基层社会治理从粗放式治理走向精细式治理，从被动式治理走向主动式治理。

### 2. 杭州城市大脑赋能多元主体协同治理

协同治理是社会治理体系和治理能力现代化的一个重要维度，治理主体多元化以及共识经由参与、协商达成是其主要特征，其中，多元主体有能力且有意愿参与治理是协同治理实现的关键。当前，政务网站、政务微博微信等在线媒体为社会公众参与治理提供了高效、便捷的渠道，公民可以跨地区、多领域实时反映诉求和需求，这为多元共治格局的形成提供了更多可能性。但在参与过程中，公民多数只有在涉及个人利益诉求时才愿意付出成本参与治理或反映民意，其行为更多的是信息咨询、反映个人诉求、等待回应，这是一种被动回应式参与。因此，技术赋能还需体现在激发公民参与治理的积极性和主动性上。杭州市西湖区"西湖码"的运作就是一个有效例证：公众进入城市大脑App"民呼我为"区县频道便可以传送图像、语音或文字等信息向"民呼我为"西湖一体化智治平台报送治理需求，还可以在手机端实时查看事件流转过程、溯源追踪并可在需求被完全回应后开展具有影响考核结果的评价，形成对政府的有效约束，这是一种实质性参与。该平台自上线以来，大量受理市民手机端上报的事件，这种可溯源、可评价、有激励的参与机制让人民有了更多的获得感和更高的满意度，在一定程度上推动了社会治理共同体的形成。

## 二、智慧安监：余杭区智慧安监

### （一）案例简介

#### 1. 余杭区智慧安监，实现全天候作业

杭州市余杭区建设了智能安监系统。据报道，系统试运行后，截至 2021 年 3 月 31 日，基础平台汇聚了 5800 余家的企业信息，监管方式从以往的检查人员上门抽查转变为 24 小时在线监测。试用阶段，通过工伤事故大数据预警分析机制，对 1801 起工伤事故涉及企业开展检查 1765 次，纳入重点执法检查库的企业 24 家，处罚企业 3 家；已经发现传感报警 8 起，危险场所人数超限 9 起。[①]

智慧安监系统通过海量视频数据样本的积累，基于人工智能先进的"深度学习"算法，实现对视频中关键区域内车辆、行人等重点关注目标的精准捕获，完成危险区域内人数控制、人员识别等，减少监管盲点，改变过去无法动态及时监管的业务痛点，在危化企业管理工作模式中注入数字技术基因，实现基于人工智能的精准、动态监管。

---

① https：//developer.aliyun.com/article/783267。

### 2. 自动化控制系统筑牢安保"防火墙"

余杭区共有多家重大危险源单位，其中涉及危险化工工艺、危险化学品企业以及重点监管危险化学品的生产、储存设施，全部按照相关规范要求安装自动化安全控制系统。

危险化学品通过槽罐车运送到企业后，要抽到危险化学品储罐内，如果工作人员疏忽，不时刻关注储罐内危险化学品的液位，极有可能出现危险化学品从储罐顶部溢出的安全生产事故。安装自动化紧急切断系统和高低液位报警仪开启联动后，当储罐内的危险化学品超过安全液位时，系统将自动停止工作，储罐的电磁阀门或者气动阀门自动关闭，槽罐车内的危险化学品就不会再被抽到储罐内，有效避免了危险化学品高液位溢出的安全生产事故。

经过几年的实践，余杭区"智慧安监"效果显著。企业通过智慧手段的运用，对隐患和重要的部门实施了监控，及时发现隐患并消除隐患，达到企业本职安全的目的。政府监管部门通过运用智慧手段，能及时掌握各个生产经营单位的安全生产经营状况，能及时判断安全生产的风险，也能消除隐患，提高有关领域单位安全生产的管理水平，最终实现提高监管能力和监管水平的目的。

### 3. 抓早抓小，促进预见性治理

通过大量数据的关联计算，对可能发生的事件事故及时预警，推送给相关部门，通过事前预防、监管，把问题消灭在萌芽之中。项目在试用过程中已能有效预警欠薪风险、危化品作业场景风险、火警风险等。欠薪预警系统得益于预警系统的及时预警和跟进处置，欠薪案件案发率大幅度下降。

企业监管方面，系统采集汇聚企业信息，建立安全生产"一企一档"，利用城市大脑人工智能技术实现数字化动态监管，节省了大量的人力，落实了主体责任。工伤事故大数据预警分析有力防控了亡人事故发生。各镇街对工伤事故涉及企业开展检查，并进行相应的处罚，工伤事故通过系统形成整改治理闭环。

## （二）案例分析

### 1. 智慧安监的概念

正所谓"发展绝不能以牺牲人的生命为代价"，安全生产是一项重大工程。那么，如何做到未雨绸缪，又如何在第一时间快速反应？近年来，杭州市余杭区坚持科技兴安的战略，实施"智慧安监"的手段，从企业主体责任和政府监管责任两个角度，运用智慧化的手段，提高监管水平和企业本职安全水平。

"智能＋安监"，即在生产制造密集型的区域和产业园区，针对一线安全生产管理范围内危化企业，在装卸、仓库和车间三个环节，分别安装生产态势监测系统、建设人车核查系统、危险作业监控系统和仓库规范智能化管理系统。让机器巡查代替人工巡查，通过机器智能辅助人力监管，优化监管人力的分配，实现精准高效监管工作。

### 2. 安监为何需要智慧

随着信息技术的发展，很多产品生产过程变得越来越复杂。在这种情况下，某些关键点的故障如果不及时处理，会造成难以预计的后果。同时，煤矿开采等高危工作作业的时候，需要极为准确和细致的安全监测才能够保障工程的安全实施。

在数据智能时代，"智能＋安监"成为很多人的选择，高端的信息技术能够实现更加透彻的安全感知、更加快捷的信息互联、更加深入的数据分析和问题挖掘、更广泛的信息开放与公众参与。通过智能与安监的结合，能实现安全第一、综合监管、主动预防。

### 3. 智慧安监实践方案

通过监管系统互联互通和监管数据共享共用，借助监管风险控制体系和开放的监管应用体系的建设，实现规范监管、精准监管、联合监管以及监管的全覆盖，推动城市职能部门例如食品安全监管、公共安全监管等监管行为更加精准、高效和智能，通过新技术，帮助创新城市监管的新模式。

（1）安全生产基础平台。安全生产基础平台的建设，需以企业为核心，建立"一企一档"的全面画像，将行为人、车辆、企业的信息做全面融合，从企业的维度进行执法流程的全链路覆盖。实现隐患排查、处置有序的综合管理平台。

（2）智能动态感知。即通过视觉智能 AI 和传感监测技术，在动火作业、人车核录、人数管控、可燃有毒气体监测、储量超标等场景上进行实时分析和预警，从感知端快速发现事件并形成证据。

（3）风险和隐患警示。基于感知预警事件，通过智能分析系统实现自动化分类和等级评估，并遵循"企业优先自查处理"原则，根据事件等级制定差异化的智能调配规则，使各管理部门和企业按角色分工进行协同处置。

（4）数据碰撞实践。即对已发生的安全历史事故进行分析，解决在高发事故环节易再发生新事故的问题，将工伤维度数据与工人的社保、就医数据做数据碰撞，减少隐瞒不报的情况。

## 三、应急救灾：余杭区智慧消防

### （一）案例简介

余杭区的智慧消防保护人民安全。杭州市余杭区消防中队、临平街道、金桥街道、南苑街道的微型消防站开始使用。截至 2021 年 3 月 31 日，已接入智能烟感设备

14669 个，智能消火栓 39 个，电瓶车充电桩 913 个，119 警情录入 145 条，微型消防站安装用户 68 人。[①] 通过智能化监测分析多渠道、多平台数据，主动发现警情及隐患，实现全局感知警情；通过实时整合资源与警情，形成全方位的情报，通过模型预案分析实现即时联动响应，快速准确地传达命令，即时联动响应；通过交通信号智能管控为救援车辆提供信号灯弹性绿波保障，救援到达时间大大缩短，保障应急车辆优先通行。在系统实战中，累计发现警情 5000 余起，避免 4 起重大财产损失。在救护的途中，通过交通信号智能管控，平均单次节省时间达到 18%，有效提升了应急时效性。[②]

实时联动响应，以最高效率实现城市应急资源调控；准确传达命令，减少无效沟通，缩短救援到达时间；通过模型预案分析，实现全局感知，主动发现警情隐患。

## （二）案例分析

### 1. 智慧消防为何优于传统消防

传统消防主要依赖"人防＋技防"的手段进行消防应急处理。传统消防由于各建筑物地理隔绝，导致消防管理分散低效，很多情况下还是依赖群众发现火情并及时报警。同时消防人员核实信息和实施救援的时间成本较高，还会遇到情况紧急沟通不畅的情形，致使火情蔓延，耽误了宝贵的救援时间，往往造成重大损失。

智慧消防以先进的物联网手段，实时监测消防系统的运行状态，及时发现火情信息并上传至云平台，智能分析火情并将报警信息推送至联网单位及消防主管部门，实现快速判断、决策，节省宝贵的救援时间，运用科技手段减少并避免火灾损失。

在建设成本上，建设一个智慧消防系统相比于传统消防系统可节省约大量的建设费用与维护费用。在消防效果上，智慧消防系统的效果完全能达到甚至优于传统消防系统效果。

### 2. "智能＋消防"如何发挥智慧

"智能＋消防"应充分运用城市消防物联网等先进城市安全运行与管理理念及技术手段，综合利用物联网、大数据、云计算、移动互联网、数据挖掘、数据可视化等新技术，合理规划布局全区各类消防站（包括微型消防站），通过收集涉及消防安全的各类数据、信息，依托"城市大脑"平台，实现对全区消防安全重点区域、重点场所的实时监测、快速处置、预警预判。

（1）在线监测。即通过统一平台即时整合各类智慧消防平台、智慧安监感知数据，实现隐患在线监测。

---

① https：//developer. aliyun. com/article/783268.

② https：//developer. aliyun. com/article/783268.

（2）安全预警、联动响应。在警情发生时，整合的各方数据为救援提供全方位的情报与联动响应支撑，使得情报命令能够更快速、更准确、更清晰地传达给所有应急协同部门。

（3）消防档案。建立消防档案，需通过历史数据分析，建立区域、热点的警情研判分析，对造成事故、事件的原因及造成原因的关联实体进行数据档案画像，最终通过事故处理形成预警、预案库。

（4）在线指挥。即通过态势感知、对象研判、可视化事件流程，实现在线实时指挥。打通特种车辆优先调度，为救援车辆提供信号灯弹性绿波保障，大幅缩短救援到达时间。

## 本章小结

现代化转型给社会治理带来了诸多困境，基于智能化与大数据的社会治理实现了治理能力提升与治理模式创新。实践中，数字化社会治理广泛应用于城市管理、智慧安监、应急救灾等诸多领域。

## 主要概念

社会治理、数字化社会治理、城市大脑、智慧社区、智慧安监、智慧消防

## 复习思考题

1. 什么是社会治理？现代化转型给社会治理带来了哪些困境？
2. 社会治理智能化的体系框架与实现路径分别是什么？
3. 基于大数据的社会治理如何提升治理能力？
4. 基于大数据的社会治理模式创新之处在于什么地方？
5. 如何在城市管理领域进行数字化社会治理？
6. 如何在智慧安监领域进行数字化社会治理？
7. 如何在应急救灾领域进行数字化社会治理？

## 参考文献

［1］冯仕政．社会治理与公共生活：从连结到团结［J］．社会学研究，2021，36（1）：1-22，226.

［2］燕继荣．社会变迁与社会治理——社会治理的理论解释［J］．北京大学学报（哲学社会科学版），2017，54（5）：69-77，2.

［3］李文钊. 理解中国城市治理：一个界面治理理论的视角［J］. 中国行政管理，2019（9）：73-81.

［4］许晓东，芮跃峰. 市域社会治理智能化的体系构建与实现路径［J］. 江西财经大学学报，2021（6）：29-36.

［5］高奇琦. 智能革命与国家治理现代化初探［J］. 中国社会科学，2020（7）：81-102，205-206.

［6］李文钊. 数字界面视角下超大城市治理数字化转型原理——以城市大脑为例［J］. 电子政务，2021（3）：2-16.

［7］韩兆柱，单婷婷. 网络化治理、整体性治理和数字治理理论的比较研究［J］. 学习论坛，2015，31（7）：44-49.

第九章

# 数字政府的公民参与

本章导言

　　数字政府的公民参与是指利用数字技术与平台，让公民能够以更便捷的方式参与到政府的决策、管理公共事务以及监督政府行为的过程。公民参与网络问政的积极作用在于，进一步推动民主决策，提高政策质量，增加政府透明度，改进政府问责制度，以及增强社会凝聚力等方面。除此之外，在公民网络问政的这个过程中，政府也更进一步地贴近了民众，响应民意，令政府与公民之间的关系更加紧密与和谐。

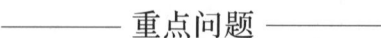

重点问题

1. 公民网络问政参与。
2. 公民网络反腐参与。
3. 公民网络问政参与的政府回应。

# 第一节
# 公民网络问政参与

数字政府是以人民中心的政府形态，数字化公共服务是以提高人民福祉为宗旨，不断优化公共服务供给方式，提高公共服务的精细化、智能化。党的二十大报告指出，加强人们当家作主制度保障，拓展民主渠道，丰富民主形式，确保人们依法通过各种途径和形式管理国家事务，管理经济和文化事业，管理社会事业。数字技术的进步，数字政府的发展不断向公民技术赋能，推动公民运用数字技术参政问政，创新了民主参与的渠道和形式。

## 一、公民网络问政参与的概念

网络问政，就是政府通过互联网做宣传、做决策，了解民情、汇聚民智，以达到取之于民，用之于民。从而实现科学决策、民主决策，真正做到全心全意为人民服务。从狭义上讲，网络问政是政府主动邀请公众就经济社会发展问题通过媒介进行相互协商，政府从中树立起阳光政府、执政为民的积极形象，公众也很好地行使公民的权利和义务，是一种集思广益、实现双赢的措施。广义的网络问政不仅是政府主动邀请公众对社会问题进行协商，还有公众通过网络载体给政府的建议、质询、应答、评议以及投诉。公民网络问政正在成为数字时代民主社会的重要特征，网络问政成为中国公民行使知情权、参与权、表达权和监督权的重要渠道。中国互联网络信息中心发布第50次《中国互联网络发展状况统计报告》显示，截至2022年6月，我国网民规模为10.51亿，较2021年12月新增网民1919万，互联网普及率达74.4％，网民平均每周上网时长为29.5个小时，使用手机上网的比例达99.6％。[1] 新数字时代民主社会的公民正在形成。当我们以键盘和鼠标来表达我们的交流的时候，我们就已经在形式上和现实空间脱离，进入以数字方式作为思想传播的新境界。我们不得不承认：网民所建构的数字空间已经密切影响了现实世界的发展方向。

## 二、公民网络问政参与的发展历程

### （一）孕育阶段（1999—2001年）

20世纪90年代，互联网技术开始发展，并逐渐运用在商业领域和公共管理领域。1999年1月22日在北京举行了"政府上网工程启动大会"。多家部委共同发起"政府上网工程",加速了政府网站的普及和发展。政府开始建立门户网站,开启数字政府时代。政务通过信息公开,网民通过互联网传播政务信息、单向传播信息。

## (二)萌芽阶段(2002—2006 年)

进入 2002 年,互联网进入社会化阶段,具有社交特性。2002 年两会期间,网络平台开展"您最关注的两会热点问题"调查。2005 年中纪委、监察部公布网络反腐网址。2006 年 1 月 1 日中央人民政府门户网站正式开通,人民网开办"地方领导留言板"。网民通过评论与留言参与公共政策,开始了舆论问政。地方政府进行了制度创新,建立了网络新闻发布机制。

## (三)创设阶段(2007—2009 年)

2007 年政府信息公开条例颁布实施。2008 年网络问政元年,胡锦涛同志通过人民网强国论坛与网友在线交流;"睢宁县网络发言人"设立,在西祠胡同网站正式注册;2009 年广东省工商局以"网络发言人"身份回复举报帖子。平台问政成为网络问政的新方式,网络问政开始了常态化,且形式多样,例如,信息公开制度、回复"地方领导留言板"工作机制、网络发言人制度、网友良性互动机制等。

## (四)发展阶段(2010—2014 年)

2010 年开始,互联网开始进入即时化阶段,具有即时属性。2010 年省级政府工作报告首次出现"支持鼓励网络问政",人民网·中国共产党新闻网推出"直通中南海——中央领导人和中央机构留言板"。2013 年中国政府网微博、微信上线。2014 年中央政府开通"我向总理说句话"常设栏目。问政方式主要是即时受理平台,具有制度化问政特点。地方政府进行了多样化的制度创新,例如,将网民留言纳入党委和政府常态工作机制、网民留言回复制度、限时办结制度等网络问政回应制度、网络问政认领制度。

## (五)深化阶段(2015 年至今)

2015 年起,随着互联网技术快速发展,公民网络问政也进入了深化阶段。2016 年国务院客户端正式上线,提供互动版块。2016 年习近平提出让互联网成为发扬民主、接受监督新渠道的网络群众路线。2017 年国家要求将政府网站打造成更加及时的回应关切和便民服务平台;《政府网站发展指引》发布。2019 年人民网"地方领导留言板"更名为"领导留言板",部委领导入驻;全国一体化在线政务服务平台上线试运行。公民通过即时互动一体化平台参与问政,具有集约化问政特点。

公民网络问政的发展历程与互联网技术阶段特征和突出属性存在时间线上的关联性，这说明网络问政的发展与互联网技术发展交融相伴，网络问政的发展具备技术赋能的特征。从发展脉络看，网络问政经历了从非常态转向常态，从非制度性转向制度性参与，从信息公开、社会监督逐渐转化为信息搜集与分析，治理方式逐渐显现为"以民众需求为导向、以知识挖掘为支撑、以政策匹配为目标的政府治理范式"。总的来说，网络问政的发展是网络技术推进问政方式普及化与制度促进问政常态化的过程，遵循技术驱动下社会网络参与制度化以及制度驱动下的政社互动常态化的发展规律。

值得一提的是，从网络问政的相关制度来看，网络问政的制度建设集中在回应性机制建设，多注重业务办理机制与回访制度。从信息利用来看，随着网络理政的实践深化，政府在网络问政数据采集、分析、挖掘、应用等方面虽有所涉足，但网络问政数据挖掘分析尚未得到全面重视与落实，相关数据分析依旧处于较为初级的阶段，有关网络问政数据分析与治理创新的机制建设依旧不足。

## 三、公民网络问政参与的特征

### （一）信息技术赋能公民问政[2]

信息技术赋予网络问政与生俱来地拥有互联网带来的整合与开放的特性，这决定了网络问政势必会成为政府与社会关系调和的媒介。从信息资源视角看，网络问政平台呈现的是以诉求为核心的民意信息运转系统，管理网络问政数据资源可以连接以诉求为核心的民意信息与公共政策过程。因为先进的信息技术所拥有的各种分析方法与工具可将网络问政数据资源转变为可被"计算"的、现实的民意。通过信息技术的挖掘分析可提炼有价值的决策信息，通过仿真等技术可探索可能的最优方案，生成决策知识与证据，促进更多的诉求纳入决策与治理的视野，促进公共政策完善与治理模式创新。这正是网络问政政策价值的根本所在。反观大数据时代，"大数据的影响贯穿于公共政策运行全过程"，"数据分析、行为试验、模拟仿真和循证检验构成公共决策链条的重要环节"，数据挖掘与分析有着监测政策过程的天然优势，俨然已成为公共政策分析的研究范式。就此而言，网络问政信息资源对公共政策过程而言具备构建问题情境、监督政策执行、评价政策效果、预测政策结果以及推荐政策调整方案的作用。

### （二）公民网络问政对象的偏好选择[3]

网络问政平台是党政部门顺应时代发展，以新媒体为依托，为畅通公民咨询、求助、建议而建立的官方渠道，具有开放性、包容性和平等性等特点，其核心在于回应和解决民众的意见、诉求和问题。通过网络问政平台，公民可以表达自己的意见和诉求，并期望得到相关政府部门的回应和解决方案。因此，为了更好地服务公众，解决民生问题，提升政府的形象和效能，在进行网络问政时，政府应该充分尊重和关注民意，建设性地回应和处理公民的提问和诉求。公民网络问政的对象主要是平台的领导和职能部门，问政对象呈现多样化和差异化，公民会根据既有的认知或对事件的分类，而对问政对象进行选择，公民对问政对象的选择受到职能识辨、政治信任和权威感知的影响。

## 四、公民网络问政参与的模式

### （一）平台问政[4]

平台问政是指公民通过网络平台向政府官员或政府机构提出问题、反映意见、咨询政策等的一种形式。其特点是公开透明和互动性强，公民能够在网络平台上获取更加丰富的信息内容。同时，新技术如大数据、人工智能和云计算的出现为公民在网络上参与政治提供了新的可能性，因此，"云参与"现象变得越来越普遍。公民可以通过"云参与"进行热议，多元思想观点碰撞，通过平等的讨论来汇聚社会民众的力量，对现实生活的政治产生影响。

### （二）官网问政[5]

留言板型网络问政模式是我国公民参与网络问政的模式之一，如"市长信箱"就是典型的留言板型网络问政平台。公民可以通过在"留言板"上面留下评论、意见或建议，以一种方便快捷的方式就公共政策发表意见，向政府提出诉求和求助，而且不受时间和地域的限制。

## 五、公民网络问政参与的政策价值[6]

### （一）网络问政的政策价值要素

#### 1. 民众诉求：政策议程设置的核心要素

网络问政平台中主要涉及民众的诉求信息，这些诉求往往与个人利益相关，包括客观问题、个人需求以及对相关问题的意见。这些内容与社会治理和公共政策密切相关，是构建政策问题的重要信息，也是政府设置议程和制定政策的重要前提和证据来源。同时，网络问政信息是不断更新的，能够即时反映社会发展中的各种热点和难点问题，以及公共政策制定中涉及的多方利益权衡问题等。

### 2. 民众态度：政策效果计算与监测的重要指标

网络问政平台汇集了民众在政策过程中的态度、意见等信息，可以通过利用这些信息来了解社会态势和需求，追踪、分析政策执行过程中的各种情况，并进行政策的监测和评估。通过应用深度学习方法，例如递归自编码器（RAE）、深度信念网络（DBN）等，在网络问政信息文本中进行特征抽取和判别，可以挖掘出民众不同的观点，分析情感的强烈程度和态度的倾向性。

### 3. 治理回应：基于数据逻辑的共识形成

在大数据时代，网络问政构建了基于数据逻辑的回应治理框架，将决策过程和知识分析过程相融合。通过网络问政平台，公共政策相关问题可以实时反映出来，并通过数据清洗、数据挖掘、情报分析等方式进行政策监测与深度分析，形成监测报告、评估报告等决策知识，即基于民众意见与诉求数据的共识形成。

## （二）网络问政政策价值的实现条件

### 1. 问政资源管理：问政数据挖掘与决策知识应用的基础

广义的问政资源不仅限于问政平台数据，还包括政务微博、评论数据，贴吧、论坛等公共话题数据，网上办事数据，物联网数据，交通与环境监测数据以及其他相关数据等。这些数据具有异质、半结构或非结构的大数据特征，为问政数据挖掘和分析提供了更全面的基础。

### 2. 公共理性培育：问政数据转化为有效知识的前提

网络问政的信息核心是民众对个人利益和客观问题的主观阐述，它建立在个体理性的基础上。然而，当个体理性不足时，会影响公共理性，导致共识性认知减少，从而限制了民意的采纳度，也增加了网络问政数据挖掘应用的局限性。因此，将个人提出的诉求吸纳外部信息以重构个人理性并形成共识性的公共理性显得至关重要。当公共理性不足时，网络问政的数据质量会受到影响，这必然会导致问政数据分析结果的偏见，进而限制了网络问政的政策价值发挥。

### 3. 治理知识更新：网络问政数据转化为决策知识的原动力

政府行政人员在实现网络问政政策价值方面起着重要的作用，他们是连接技术分析内容与治理知识应用的核心力量。为了实现这一目标，政府行政人员需要具备认知与转化问政信息的能力。

### （三）网络问政政策价值的实现路径

#### 1. 网络问政资源管理流程设计

在信息层面上，基本操作和循环流程是以网络问政数据为起点，通过数据采集、数据预处理、数据格式转换等步骤对原始数据进行清洗，形成包含问政信息资源管理目录、决策证据目录、解决方案库等内容的问政信息资源汇总。而网络问政资源管理则是对数据资源进行优化管理，必须在管理流程中确立与数据相关的链式管理方式。首先，在技术层面上，可以通过设置数据缓冲区来确保跨部门数据采集与共享，建立专题数据库，为信息系统的协调联动提供数据资源基础，为数据分析提供高质量的数据基础。其次，在制度流程层面上，首先设立问政资源管理目录、问政数据采集、分析和应用流程等制度，为数据分析提供必要的制度保障；最后，通过建立评估机制，为数据分析结果提供切实可行的应用机制基础。

#### 2. 网络问政信息系统协调联动机制设计

公共政策系统运行在一个高度复杂和不确定的环境中，单独依靠网络问政数据无法支撑公共政策系统的良好运转。为了实现协调联动，我们需要建立网络问政信息系统，并通过该系统促进物联网数据、网格化管理数据、政府公共服务数据、公共政策库等相关数据的交互共享，并确保具备权限特征的交互共享。借助云计算、区块链等技术，生成关系可视化的信息系统，构建一个能够支持公共政策系统良好运作的循证信息系统。

#### 3. 基于网络问政数据挖掘的政策决策机制设计

政策决策机制设计的重点在于将网络问政信息作为核心，确保有效知识能够及时融入政策决策流程。与行政逻辑的决策议程不同，政策决策机制以知识层链接信息和决策数据为核心进行议程启动，建立了以社会关注为出发点的政策议程设置。通过管理和利用网络问政信息资源，可以降低社会关注成本，从而实现更快速、便捷和精准的政策决策创新治理。

## 六、网络问政的民主价值 [7]

首先，网络问政的开放性和透明度可以促进政策制定的公正性和合法性。公民可以直接向政府官员或政府机构提出问题、反映意见、咨询政策等，政府也可以通过网络平台及时回应公民，使政策制定变得更加客观和符合公众需求。

其次，网络问政可以增强政府与公民之间的互动，建立起一种新型的政民关系。公民可以随时随地表达自己的诉求，政府也可以通过网络平台及时了解公众声音。

最后，网络问政对维护社会稳定起到积极的作用。网络问政可以疏导公众情绪，解决社会矛盾，增强社会凝聚力和稳定性。在面对一些突发的事件时，可以帮助政府更快、更准确地了解公众诉求，避免社会危机的发生。

## 第二节
## 公民网络反腐参与

### 一、公民网络反腐的概念

学术界对于网络反腐的定义有三种观点具有代表性[8]：

观点一：强调政府主体，认为网络反腐主要是官方的回应行为，是指国家反腐专责机关利用网络听取网民对反腐工作的意见，接受、处理和反馈网民的举报及投诉，进而查处腐败案件的一种反腐新模式。[9] 该观点强调政府在回应性上的自主选择权，将网络反腐看作政府采取的反腐手段之一。

观点二：侧重于网民的舆论监督，认为网络反腐是公民参政权在数字化时代的表现，是一种自下而上的社会监督和群众监督。[10] 该观点更符合社会认知，即狭义上的网络反腐。网络反腐在狭义上指公众借助网络平台曝光腐败信息，引发社会舆论进而倒逼政府回应和行动。

观点三：网络反腐包含政府和网民双重主体，借助网络平台，通过信息技术的运用引起社会舆论效应对执政行为的监督和权力约束。[11] 该观点强调政府和网民的良性互动，广义上网络反腐不仅包括公众曝光腐败信息，还包括公众在官方反腐平台上进行揭发和政府主动搜集网络线索。随着新时期网络反腐主导权从民间转向官方，广义上的网络反腐更受认可。

综上所述，第三种观点所述定义更加符合新时期网络反腐的发展脉络，即网络反腐是指政府和网民借助网络信息技术实现良性互动的新型政治参与和公共监督方式，通过网络曝光腐败个体或腐败行为制造公共舆论压力，进而监督和约束公共职权。

### 二、公民网络反腐的类型与特征

#### （一）参与网络反腐的四个类型

自媒体发布型：微信、微博、抖音、论坛等网络公共平台的信息发布者在社会中关注到可能存在腐败或不正之风问题的状况从而在平台上发布信息，这种传播方式是偶发性的。

新闻曝光型：爆料型记者和独立调查人，他们拥有成熟的媒体经验，将一些国家机关或国家机关工作人员的负面新闻等信息发布在网络上，以推动问题的解决。

网络维权型：腐败行为的受害人由于难以利用其他传统手段解决问题，而选择利用网络平台，通过求助群众形成社会舆论力量进行维权。

信访举报型：随着电子政务的兴起，越来越多的单位开通了网上信访举报接待系统，把网络问政、民情直通车纳入日常工作之中，畅通官民互动机制，消弭官民沟通鸿沟，并把网络接访的效率、处置的质量等纳入考核之中，提高工作质量。[12]

## （二）公民网络反腐的特征

### 1. 网络用户的广泛性

由于网络用户关注点覆盖面广，当社会中任何领域产生状况时，网友能够迅速聚焦信息。在网络技术的辅助之下，社会热点能够打破时间与空间的限制，吸引广大网络用户的关注，并造成相当程度的舆论影响力。

### 2. 网络环境的匿名性和经济性

网络环境这一匿名性特征使得网络反腐机制与传统的反腐机制相比拥有显著的优势，在一定程度上降低了公民对举报行为的安全性的顾虑，同时反腐举报的成本大大降低，公民在网络平台上发布举报信息后，无需大量时间或消费即可实现信息的高速传播，在短时间内形成一定的讨论热度，并形成舆论影响力。

### 3. 网络的便捷性与效率性

互联网作为一个综合体，可以利用其交互的便利性倾听民意，受理侵害人民群众利益的不正之风和腐败问题的线索，充分发挥人民群众对国家机关及工作人员的监督作用，同时又可以充分运用大数据、云计算等先进的科学分析手段对公权力的运行、国有资金的划拨使用等方面进行全过程监督，起到关口前置、堵塞漏洞、提前预防，以及及时修正的作用。

### 4. 网民自发性与信息公开性

公民通过互联网普法所获得的法律法规方面的知识越加丰富，对权利行使的流程、边界、时效等更加明晰，对依法主张个人权益的需求也越来越强烈。同时国家不断畅通公民维护个人权益的渠道，健全信访控告的受理机制，完善线索查办、公示公开各环节

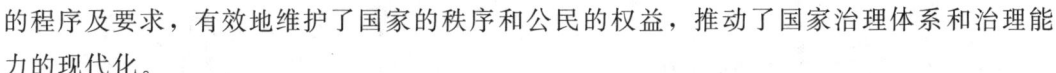

的程序及要求，有效地维护了国家的秩序和公民的权益，推动了国家治理体系和治理能力的现代化。

### 5. 网民的互动性

互联网的交流功能为网络监督提供了有利的条件，既能够让大量公民了解重点讯息的内容，也能够让政府部门高效、全面获悉群众的舆论。网络由此形成了政府与公民高效而便捷的互动平台，通过这种互动机制，公民能够更好地执行自身的监督权，协同政府共同促进廉政建设的发展。

## 三、公民网络反腐的权利冲突与权利调适 [13]

### （一）网络反腐的权利冲突

网络反腐权利冲突的根源在于权利边界的模糊。由于与互联网相伴生的网络公共领域与私人领域的界限十分模糊，借助强大的网络搜索能力，能让过去普遍存在于日常生活中原生性、自然性的私人话语由隐性状态进入公共空间，而法律也未对行为主体之间的关系、权利边界和范围有清晰的界定，因此权利边界具有了模糊性和不确定性的特性。这种特性导致网络反腐权利冲突时常发生，使公民的知情权、监督权、参与权、言论自由权与官员的隐私权、名誉权之间常发生碰撞。

### （二）网络反腐的权利调适

网络反腐的权利调适具体可以从法律、政治两条路径开展。

### 1. 法律路径

网络反腐的法律路径是指依法进行网络监管、调查、打击和惩治腐败行为的过程和手段。在法律框架下，利用法律手段来解决网络反腐的问题，确保反腐斗争的合法性、公正性和有效性。因此，健全法律框架以及了解权利冲突行为主体享有的法定权利的界限是调适权利冲突以及保障双方利益的前提。

### 2. 政治路径

网络反腐的政治路径是指通过政治手段和措施来推动和实施网络反腐工作的过程和方式。强调政治力量的引导和作用，侧重于政治体制、文化的改革，以实现反腐斗争的可持续性和全面发展。

## 四、公民网络反腐制度化 [14]

### （一）公民网络反腐制度化的功能作用

#### 1. 网络反腐权利冲突的社会调节功能

政府作为社会管理与调节的主体，面对冲突时应进行及时有效的回应，可采取调解纠纷、维护社会秩序等措施，引导网络反腐引发的社会冲突转变为化解社会矛盾的契机，进一步维护社会秩序。

#### 2. 网络反腐的社会安全阀功能

网络反腐一方面能够对社会进行预警，暴露公众对腐败问题的不满程度，帮助政府了解和谐社会中的民意情绪，也能够在一定程度上缓解公众的对立情绪；另一方面能够令传媒配合政府对社会群体进行整合，以推动新组织、新理念、新规范的建立。

也就是说，网络反腐可以通过法律和制度，成为可控程度下公众纾解反腐情绪的渠道，官方可使其充当调整国家与社会间关系的社会安全阀，令限度内的网络反腐冲突对社会产生积极作用。

#### 3. 网络反腐是传统反腐体系的有效补充

网络反腐相较于传统反腐的单一体系，利用网络平台和社交媒体等新兴渠道实现"线上＋线下"的反腐活动，延伸了反腐领域的触角，同时其快速的发展加快了国家推动互联网立法的进程，为互联网时代的公众参与和网络监督提供了法律依据，而网络也赋予了公众随时随地监督的权利，群众可以通过拍照、录像等方式及时进行举报，无形中增加了干部的腐败风险和腐败成本，从而有效遏制群众身边的"微腐败"。

### （二）公民网络反腐制度化的方式

#### 1. 完善正式规则，强化网络反腐特色定位

法律为网络反腐提供了行动框架和权利保障，是其长远发展的根本保障。网络反腐的立法侧重于保护个人信息和整顿网络秩序，而对公职人员的监管立法相对缓慢，缺乏权利界限和执行力度的规范。为实现网络反腐的平衡发展，要强化立法的体系化和专门化，确立政府监管和公众监督的权利界限，保障法律的实施，规范网络反腐的司法行为，进一步推进网络反腐的法制化进程。

### 2. 培育非正式规则，激发网络反腐活力

网络反腐的落实除了需要构建正式规则，还需要塑造价值观念、文化传统和道德伦理，培养公民的反腐意识会为网络反腐提供持久性的激励作用。首先，需要树立公职人员的正确网络反腐观。其次，需加强传媒的自律意识和柔性监管。最后，培育公民意识和网络素质，以确保网络反腐能够有序发展。

### 3. 健全实施机制，发挥社会整合功能

首先，应改善信息公开机制，信息公开机制是数字政府构建的基本要求，能够减少政府与公众之间的信息不对称。其次，应完善网络举报机制。举报制度是纪检监察机关和社会力量的沟通桥梁，进一步改善网络举报机制，能够保护和激励公众参与反腐，起到激发网络反腐活力的作用。此外，政府的舆情引导存在权责范围不明、执行中产生冲突、舆情数据价值有待挖掘等问题，因此需要进一步健全完善舆情引导机制。最后，为提高反腐工作的效率和效果，加强预防和监督，需进一步完善反腐对接机制。

## 第三节
## 公民网络问政参与的政府回应

### 一、公民网络问政参与的政府回应 [15]

网络问政是互联网与政务相结合的产物，是互联网发展和大数据时代背景下的产物。将大数据技术应用于政府工作，并利用大数据的优势来完善网络问政的回应机制，这是实现高效服务型政府的必然选择。

"回应"这一概念最早在西方国家出现，并被运用到政治生活中。法学家认为法律必须保持高度敏锐性与回应性。从行为出发的动机来讲，回应需要双方的互动，包括发出回应的主体和接收回应的客体。双方之间的互动是动态的。在《公共部门管理》一书中，作者斯塔林对政府的回应进行了详细说明：政府首先需要充分了解公民的诉求，其次要付诸行动以解决公民的诉求，并采取有效的措施。政府应将回应视为一种责任，并尽可能做到事前预警，具备敏锐的洞察力，能够看得远，能够在公民提出问政之前就洞察先机，以便在公民提出问政时能够及时了解需求并提出有针对性的措施。[16]

## 二、公民网络问政参与的政府回应的理论基础

### （一）回应型政府理论

回应型政府理论与服务型政府理论存在明显差异。回应型政府强调政府对民众的态度和回应，而服务型政府则侧重于满足民众需求而采取的措施和方法。在社会管理模式上，服务型政府是单一的管理主体，而回应型政府强调共同治理。尽管两者之间存在差异，但两者关联紧密，价值归属和最终目的一致。回应型政府理论作为一种较新的治理理论，有一定的价值引导作用，而构建服务型政府需要这样的理论作为基础硬件设施；建立回应型政府需要政府行政人员时刻履行为人民服务的宗旨，并不忘服务职能，以实现政府的回应性特征。

### （二）公民权利理论

公民权利理论与政府的问政结果研究是相契合的。政府的回应是指根据群众意见、需求和问题采取的措施和方法。政府回应必须采取实际行动，不能仅停留在口头反馈，否则将严重影响政府的权威性和公信力。政府回应强调双向沟通和良性互动，只有在保证畅通的沟通渠道的前提下，才能实现有效的沟通。这是公民的权利，公民权利理论强调公民拥有相应的政治权利，并受法律保护。政府的答政结果是公民享有的知情权与监督权，公民可以了解问题最终的解决方案，并监督政府依法进行相关处理。

## 三、公民网络问政参与的政府回应机制[17]

目前在网络问政的实践中，我国很多地方政府都积极探索建立和完善一套网络问政回应机制，以确保网络问政的回应有效性。

（1）网络发言人制度是指定专门的发言人负责对公众的网络问政问题进行回应和沟通。通过设立网络发言人，政府能够及时、准确地回应公众关切，增强信息传递的透明度和权威性。

（2）问责主管制度强调对网络问政工作的负责人进行监督和追究，确保他们认真履行职责。这一制度能够促使相关部门和个人更加重视网络问政工作，提高回应问题的积极性和效率。

（3）时限约束制度是指设定明确的时间要求，要求政府在规定时间内对网络问政问题做出回应或解决。它对政府回应工作起到督促和促进作用，以确保问题能够及时得到解决，提高公众对政府的满意度和信任度。

（4）答政评分制度是对政府回应网络问政的质量和效果进行评价和打分的制度。通过对政府回应的质量、及时性和解决程度进行评估，可以及时发现问题并加以改进，

提升政府服务水平和公众满意度。

相比传统媒介，在当前互联网技术下，信息的传播速度快，而在网络问政回应的实践中，出现的问题常常涉及多个部门，导致部门之间相互推诿、耗时较长等情况。这严重影响了公众对问题解决的期望，并损害了政府形象，降低了政府的公信力。因此，时限约束制度是确保网络问政回应有效的关键制度，可以有效地对网络问政回应的时间进行限制。如广东省惠州市设置了网络问政回应"红绿灯制度"。根据不同的问题性质，规定了具体的时间限制要求：一般问题应在五个工作日内解决，而稍微复杂的问题则需在十五个工作日内得到落实。为评判政府回应速度，可采用"绿""黄""红"三种颜色的灯光，其中"绿"表示在规定时间内完成回复，"黄"表示尚未得到回复，"红"则表示警告。

政府不仅应注重回应速度，也需要对回应的内容做出相应的规范，以确保回应的质量。这也意味着政府除回应时限有要求外，还应致力于提供准确、全面、专业的回复，并积极解决问题，使公众获得满意的解决方案。

## 四、公民网络问政参与的政府回应存在问题

政府回应性陷阱表征是指政府在回应公众问政问题时，出现一系列不利于问题解决和公众满意的情况或行为。而造成这种现象的原因主要集中在以下四个方面[18]：

### 1. 回应主体：工作人员回应意识薄弱

政府部门工作人员回应意识薄弱是导致回应性陷阱的主要原因之一。首先，一些工作人员年龄较大，对新兴网络问政平台适应能力较差，缺少与媒体合作意识，易在相应事件发生后，错过最佳处理时机。其次，由于网络问政专项部门人员少、工作量大，当一些问题涉及多个区域或职能交叉时，易出现推诿责任的现象，导致答复效果和质量不佳。此外，工作人员缺少定期对回应理论方面的学习、培训及相应的考核，也使得他们在回应问题时缺乏规范和准确性。

### 2. 回应过程：回应速度及跟办进度慢

网络问政的回应过程中存在着回应速度慢、质量低以及问题不落实等问题，这需要建立专业化的网络问政工作队伍进行有效回应。缺乏专业化的团队易导致在信息处理过程中出现延迟和回应质量下降的情况。此外，缺乏相应的信息库也导致无法快速回答一些重复性问题，同时管理过程中可能存有漏洞，一些问题得不到答复，回复率无法达到100%。

### 3. 回应效果：不重视问政结果反馈

网络问政的重点一直是对结果的应用，而不是问政的过程本身。网络问政进行后，

民众需要的是反映的问题能得到解决，这就是回应的效果。然而当前普遍存在一个问题：政府进行文字回复后，相应的问题并没有得到实际解决。在某个地区政府网站上反映的问题可能在其他地区也会发生，但在问题首次出现时，其他地区可能没有引起重视，从而错过了解决问题的最佳时机。这种情况容易导致同一个问题多次发生，且每次都没有得到妥善解决。

### 4. 回应保障：相关联动机制及法律法规不完善

政府为了监督网络问政过程设立了专门的监督机制和督查机构，对于问政过程进行随机抽查，以促进各部门对网络问政信息的关注，实现公众与政府之间的有效良性互动。然而，由于现有的监督机制不够完善，在对问政过程的监督方面只是采取了抽查模式，对结果的监督存有一定随机性。在网络问政的初始时期，政府投入了大量的资金以及人力、物力，随着网络问政平台的发展，相应的投入并没有随之增加，致后勤支持跟不上平台发展速度，一些工作人员也逐渐变得不重视，答复效率有所降低，致使网络问政在回应的效果上比起初期有了明显下降，令民众满意度降低。当多个部门的工作交叉涉及问政问题时，缺乏有效的监督机制进行责任划分和管理，易出现多部门逃避责任的现象。

## 五、公民网络问政参与的政府回应优化策略[19]

### （一）技术优化

#### 1. 落实数字技术更新与信息迭代

技术更新的落实保障硬件、软件与环境的匹配，降低发生风险的概率。同时，技术更新将为数字政府回应带来更高的效率与效益。新技术逐步破除回应的时间、地点限制等硬性因素，持续降低回应成本，提升数字政府的回应能力，进一步扩大技术效力的优点，提高技术的潜力，完善数字政府在回应＋政务服务方面的构建。信息迭代与技术更新相互促进，信息作为资源发挥再生性和时效性的作用，为技术注入发展动力。通过与技术结合，突破回应限度，摒弃机械式回应，能进一步激发信息的价值与信息红利。

#### 2. 完善数字技术绩效评价

数字技术绩效评价借鉴绩效评估的思维方式，主要对数字技术进行评价，反馈信息通信技术在公共部门中的效率、效益和效力，为未来信息通信技术的调整与发展提供参考。数字技术绩效评价可以从成本绩效、利用率绩效、运营绩效、用户反馈绩效、行政绩效和满意度绩效等六大维度出发，围绕数字技术这一核心对象进行评价。通过德尔菲法（专家调查法）确定次级指标与操作化指标，并采用李克特量表形式完成评价，对涉及的各要素进行评估，生成技术绩效总评报告。政府可以委托高校进行技术绩效评价，外包型的评价结果更具有客观性和专业性，有助于政策决策和制定。

## （二）制度与流程优化[20]

### 1. 政府回应制度构建

政府回应制度构建是优化数字政府回应的重要举措，数字政府回应的制度构建需要从构建原则和构建方式两方面出发。一方面，构建原则涉及政府回应的经典理论，包括新公共管理运动主义、新公共服务理论及治理理论，以及信息大数据新时代下的数字政府及数字政府治理观点，这些都是政府回应制度构建原则的来源。经典理论中的"顾客导向型政府""服务与对话、民主与平等"以及"多元主体参与、平等协商合作"等理念都展示了政府回应的核心特征，即责任与义务。因此，在构建回应制度时亦需要反映出这种责任与义务。此外，经典理论还指出了政府回应从行为到属性再到模式的转变过程，因此在构建回应制度时也应与政府回应发展阶段相匹配。另一方面，借鉴国内外 e-Gov 的发展思路，构建数字政府的方式应采取宏观计划、中观落实、微观执行的推进路径，以中央战略和部委规划为根本指导，省级机关根据地方情况进行修正与监督，市县乡实现精细化、灵活化的执行来推进政府回应制度。

### 2. 政府回应流程规范

首先，责权规范指出每个环节的责任和权限。在回应流程中，各级政府部门和相关人员需要清楚自己的职责和权限，并在执行过程中严格按照规定履行职责，确保回应的准确性和及时性。

其次，时效规范是指在回应流程中规定合理的时间要求。不同类型的回应需要在一定的时间范围内完成，例如，紧急事件的回应可能需要更快的响应速度。通过明确时效规范，可以提高回应的效率和及时性。

最后，流程服务规范强调回应流程中对公民和企业的服务质量，包括友好、高效和专业的服务态度，以及提供便捷、可靠的回应途径和渠道。流程服务规范能够增强公众对数字政府的信任感，并提升公民和企业的满意度。

## （三）观念塑造

### 1. 公务员大数据服务观念塑造

首先，公务员应具备技术认识的能力，除了对最基本的数字技术有一定认识，还应对技术价值以及大数据技术的基本原理和应用有所认识。公务员需要先了解数字化工具和平台，掌握基本的数据管理和分析技能后将技术价值认识融入大数据的特征中，公务员要认识到"技术＋大数据"对公共管理和公共服务的转变起到的积极作用，同时也需明白技术在政府回应中可能带来的利弊，以辩证的态度看待技术的应用，通过制度规范来引导技术工具的应用。[21]

其次，公务员需要具备科学合理的数据判断能力，包括数据甄别力、数据理解力与分析力。随着大数据的快速发展，数据中蕴含着重要的公共价值和社会舆论风向，因此公务员需要提高对数据的敏感性。数据甄别力是判断数据的基础，公务员需对数据信息的真伪性、规模及结构等特征进行初步确定后，通过对数据的挖掘和分析发现其中的价值。同时，公务员还应该具备及时反馈数据发现的能力，以增强内外部政府回应的能力。

最后，人本服务在大数据时代中依然重要，以人为本的理念可以预防和遏制数字技术带来的负面影响，也是数字政府回应行动中政府责任的重要体现。使人本主义理念深入公务员内心，可以成为解决技术与制度的割裂机制以及化解观念与组织的双阻机制的方法之一。这种软性的观念在多个方面可以降低改革成本，促进数字政府回应的发展。

### 2. 数字政府回应观念重塑

数字政府回应观念的要点包括数字和回应两个方面。公务员对数字的认识源自数字政府的建设，而回应则是在数字政府建设基础上需要强调的另一个重要方面。回应是数字政府的必备条件，而数字政府回应观念的重塑关键在于将数字与回应结合起来。

培养和倡导数字政府观念是至关重要的。对于公务员而言，数字政府是一种全新的政府形态，因此他们需要对数字政府的概念、发展模式和预期表现有基本的了解。在培养数字政府观念的过程中，应向其强调数字化转型的利弊，提前预防潜在问题。正确、及时与合理地培养数字政府观念，可以使公务员逐渐熟悉 e-Gov 的真实面貌，为今后继续推进数字化奠定基础。另外，公务员熟悉数字政府的优势，能够更好地向公众介绍数字政府，并提供详细的自述，这也是政府回应的一种表现。

📖 **主要概念** ///////////////////////

网络问政参与；政府回应；网络反腐

📑 **复习思考题** ///////////////////////

1. 公民网络问政参与有哪些特征？
2. 如何看待公民网络反腐的权利冲突与权利调适？

3. 公民网络反腐制度化的功能作用有哪些？

4. 公民网络问政参与的政府回应机制有哪些？

## 参考文献

[1] 中国互联网络信息中心发布第 50 次《中国互联网络发展状况统计报告》[J]. 国家图书馆学刊，2022，31（5）.

[2][6] 顾丹丹，傅广宛. 网络问政的价值增量与实现条件：基于数据资源挖掘的视角 [J]. 中国行政管理，2021（4）：76-82.

[3] 王丛虎，刘巧兰. 公民网络问政对象的选择偏好及其形成逻辑——基于 4 个地级市的调研 [J]. 北京行政学院学报，2021（4）：38-44.

[4] 尹燕宏. 融媒体时代公民网络政治参与研究 [D]. 哈尔滨：中共黑龙江省委党校，2021.

[5] 于君博，李慧龙，于书鳗. "网络问政"中的回应性——对 K 市领导信箱的一个探索性研究 [J]. 长白学刊，2018（02）：65-74.

[7] 陈纯柱，樊锐. "网络问政"的价值及制度化研究 [J]. 社会科学研究，2013（1）：54-59.

[8][14] 周超逸. 网络反腐发展演变与制度化的反思 [D]. 杭州：浙江工业大学，2020.

[9] 李永洪. 新时期增强我国网络反腐实效的对策探析 [J]. 兰州学刊，2010（1）：33-38.

[10] 谢尚果. 网络社会反腐的法律困境与出路 [J]. 中国行政管理，2014（2）：91-94.

[11] 杨金卫. 网络：一种新的反腐利器 [M]. 济南：山东人民出版社，2012.

[12] 肖扬伟. 中国网络反腐发展历程及趋势探析 [J]. 北京社会科学，2017（11）：94-102.

[13] 祁雪春. 网络反腐的权利演绎、冲突及调适：基于权利政治的视角 [J]. 电子政务，2019（3）：88-96.

[15][18] 黄美盈. 地方政府网络问政回应机制研究——以 G 省 Z 市为例 [D]. 衡阳：南华大学，2021.

[16] 赵晗. 中国地方政府回应机制建构研究 [D]. 长春：吉林大学，2011.

[17] 于书鳗. 网络问政平台的"回应性陷阱" [D]. 长春：吉林大学，2019.

[19][20] 杜扬. 基于政务互动大数据的数字政府回应限度及其优化策略研究 [D]. 贵阳：贵州大学，2021.

[21] 张雷雷. "互联网＋"下我国回应型政府建设的思考——基于对 M 省县级政府网站政民互动专栏的调研 [J]. 三门峡职业技术学院学报，2018，17（1）.

# 第十章

# 北京市接诉即办改革的政社协同模式

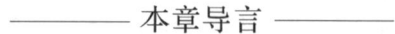

## 本章导言

为应对超大城市治理环境的不确定性、公民利益诉求的多样性，探索构建超大城市治理体系和提升超大城市治理能力，2019年底，北京市委市政府在总结"吹哨报到"工作经验的基础上，以整合12345政务热线（又称"12345市民服务热线"）为起点，实施接诉即办改革，建立起快速响应群众诉求的超大城市治理新机制。习近平总书记在二十大报告中强调，坚持人民城市人民建、人民城市为人民，提高城市规划、建设、治理水平，加快转变超大特大城市发展方式。这是党中央在全面建设社会主义现代化国家开局起步的关键时期做出的重大战略部署，是今后一个时期推进超大特大城市发展的根本遵循和行动指南。本章从接诉即办改革的背景、具体做法和内在机理等方面展开介绍。

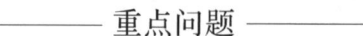

## 重点问题

1. 北京市接诉即办改革的背景。
2. 北京市接诉即办改革的运行过程。
3. 北京市接诉即办改革驱动超大城市敏捷治理的内在机理。

## 第一节
## 北京市接诉即办改革的背景和总体情况

### 一、我国社区治理的现状

社会治理是国家治理的重要组成部分，城乡社区是我国社会治理的基本单元。我国在 2004 年党的十六届四中全会提出"加强社会建设和管理，推进社会管理体制创新"，社区治理逐渐成为连接行政管理与市民生活的关键环节。党的十八届三中全会以来，社会管理开始向社会治理转型，中央着力推动国家治理体系与治理能力现代化，城乡社区治理更是被提升至执政战略的高度。党的十九届四中全会进一步指出，必须加强和创新社会治理，完善党委领导、政府负责、民主协商、社会协同、公众参与、法治保障、科技支撑的社会治理体系，构建基层社会治理新格局。在新时代背景下，深化社区治理体制改革、加强社区服务能力建设，已经成为我国各地区推进社会治理现代化的主要着力点。

党的二十大报告指出，要完善网格化管理、精细化服务、信息化支撑的基层治理平台，健全城乡社区治理体系。在我国的社会治理体系中，社区是国家与社会之间的接合点。社区居委会虽然规定为居民自治组织，但是归街道党工委和办事处领导，处于行政系统的末端，兼具"自治性"和"行政性"的双重属性。伴随着经济发展与城市化，基层治理事务日趋复杂，城市居民对于各类社会管理和公共服务的要求增加，社区所承接的职能涵盖了卫生健康、社会保障、志愿服务、环境保护、城市管理等多方面的公共事务管理。此外，社区层面的组织形式与管理模式也在调整，例如设立"社区工作站"或"社区服务中心"，负责承接区县、街道政府下派的任务；实行网格化管理，将"人、地、事、物、组织"全部纳入网格范畴，做到资源、职能下移和责任到人等。

无论是社区层级行政职责的扩大还是管理模式的变革，所体现的逻辑都是将国家力量经由社区这一"中间层"下沉到基层社会，实现资源输送、权威统合和社会建设的功能。这种社区治理模式的优势在于强化政策执行、实现精细化社会管理。特别是在新冠肺炎疫情防控中，组织化的社区委员会、工作站与基层政府协同配合，承担了重要的抗疫任务，显示了当前社区治理体系在应急管理时期显著的优势。但也有学者指出，社区治理的重心下沉催生了一系列问题，例如，基层政府、社区存在权责不一致现象，一些下沉至社区的事项超出了基层的承担能力；繁重的事务性工作造成基层工作人员工作重心偏移，强化了对上负责的逻辑，挤占了与社区居民的沟通与联络的空间；行政力量对社区事务大包大揽，诱发了居民的"看客心态"等。简而言之，在对上的承接职能、执行任务强化的同时，对下的组织居民自治、回应民众诉求的能力与意愿却被削弱了。

社区层级的治理状况展现了国家—社会间的合作与张力，国家代表了统合性力量，社会代表了自治性力量。当国家尝试以单元化、标准化的方式改造和控制社会时，却往往会忽视社会秩序的复杂性和需求的多样性，致使政策遭遇社会力量的反弹和陷于失败。与之相似的，治理重心下移至社区是为了应对城市化和现代化所带来的社会管理、公共服务需求激增，政府希望将行政资源与职权下沉，结合"两级政府、三级机构、四级网络"的管理体制，将政府职能一插到底，但其结果反而导致社区治理体系中基层部门愈发僵化和对上负责，削弱了基层工作人员与居民间的关系纽带，难以对居民的诉求做出有效响应，造成了社会治理效能的降低。[1]

北京市接诉即办改革给出了一个以诉求为驱动，实现城市社区治理体系创新的解决路径。

## 二、超大城市治理中政务热线的兴起

伴随着现代化和信息通信技术的飞速进步，城市居民通过媒体、电话和网络等途径日益广泛地参与到城市治理之中；全球范围内各国政府对于公众诉求越加重视，逐步依托新技术条件建立新机构或创立新机制进行回应，譬如建立政府网站推进政务透明，利用网站及社交媒体发布公共讯息，设立政务热线为民众提供非紧急服务等方式。其中，政务热线因其政民互动的便捷性、诉求响应的及时性和问题解决的有效性，越来越受到政府和民众的青睐。

超大城市治理面临场景复杂、服务低效和沟通不畅等问题，政务热线系统突破了传统治理难以满足现代化城市规划和发展的瓶颈，极大地提升了城市的社会治理能力。由于超大城市中的政府规模相对较小，政府获取民情民意和回应民众诉求存在障碍，导致传统的治理模式在现代治理场景中存在信息不对称以及服务低效率等现实阻碍。政务热线具有互动便捷、覆盖群体广泛、时效性强等特点，因而逐渐成为超大城市治理的重要工具。我国的政务热线最早可以追溯到 1983 年，彼时沈阳市开通第一条市长热线，随后中国各主要城市也相继开通政务热线，并将各类特色服务热线（如环保、税务等）也整合进来。目前，全国已有 300 多个城市开通了 12345 政务热线。随着地方政府的重视和实际需求的增长，以及现代通信技术的进步，政务热线不仅仅局限在单一城市的市域，而是逐步建成区域性服务热线。在 12345 政务热线的建设过程中，不少超大城市和大城市取得了更显著的成绩，如北京、上海、广州、济南等城市。尽管许多城市都设有政务热线，但大多数城市仅仅将其作为倾听民众声音、派员处理居民难事的渠道，而很少挖掘政务热线系统数据背后的价值以强化政府现代化治理能力。[2]

北京市政务热线系统在数据治理方面具有代表性和先进性，北京市政府在政务热线系统建设过程中深入挖掘数据资源，通过下沉行政资源和赋予基层权力的治理变革，以电话热线的响应率、解决率和满意率作为激励机制，有效地利用政务热线增强了政府的社会治理能力。这就是北京市的接诉即办改革。

## 三、北京市接诉即办改革的总体情况

接诉即办改革是北京市自 2019 年以来主推的基层社会治理创新举措，接诉即办改革目的在于整合北京市已有热线资源，将民生需求作为着力点推动地方基层治理水平的提升。北京市依托 12345 政务热线，建立了一整套针对民生诉求的受理、响应、派单、办理、反馈的工作体系。具体而言，北京市的 12345 政务热线系统将街道（乡镇）权属清晰的群众诉求，直接派给诉求归属管辖的街乡镇，同时由区政府负责督促街乡镇在规定时限内办结。在此之前，由于政府部门协调不畅以及数据治理能力有限，北京市多达 100 多条属地专号热线和部门专号热线处于多头管理之下，使得这些数据没有得到有效整合和充分利用。也就是说，在社区治理层面，北京市改自上而下的"任务驱动"为自下而上的"诉求驱动"——以诉求为中心调整社区工作流程，以诉求为基础落实各级政府、社区的职权与责任分配，以诉求为标准设置绩效考评体系。在这样一套以诉求为导向的社区治理制度安排下，得以建立起政府与市民间的责任纽带，强化社区与居民间的协作关系，并充分赋能居民自治，起到了重塑城市社区治理体系的作用。

2021 年 1 月 8 日，北京市首次发布《2020 年北京市"接诉即办"改革工作年度报告》（以下简称《年度报告》），数据显示 2020 年 1 月 1 日 0 时至 2020 年 12 月 31 日 24 时，12345 市民服务热线共受理群众来电（包括电话反映和网络反映）1103.94 万件，比 2019 年上升 55.24%。[①]《年度报告》显示，2020 年，群众来电前十类问题分别是疫情防控、市场管理、公共服务、住房、医疗卫生、城乡建设、交通管理、社会秩序、劳动和社会保障、教育。2019 年，群众来电前十类问题分别是市场管理、公共服务、城乡建设、住房、交通管理、环境保护、医疗卫生、农村管理、劳动和社会保障、市容环卫。显然，这些被反映的问题都是根据概念分类系统而形成的，在每一个大的概念之下，还有子分类概念。以市场管理为例，《年度报告》显示，市场管理类问题共来电 98 万件，环比上升 23.17%，其中 1 万件以上的主要是网络交易（54.1 万件）、市场环境秩序（17.6 万件）、商品质量（10.2 万件）、预付式消费（10.2 万件）、合同违法行为（1.6 万件）等方面，具体涉及网上购物、店面无照经营、虚假广告等问题。其中，网络交易占比最大，为 55.25%。[②]

《年度报告》指出，在 2020 年受理的 1103.94 万件群众来电中，市民热线服务中心话务人员直接解答 655.23 万件、占比 59.35%；市民热线服务中心通过派单方式，交由各区、市属机构、国有企业、街道（乡镇）办理 448.71 万件、占比 40.65%，其中重复来电或多人反映的 59.89 万件、占比 13.35%，涉访涉诉而转送其他法定渠道的 22.04 万件、占比 4.91%。由此可见，接诉即办除去重复来电或多人反映、涉访涉诉而转送其他法定渠道的 81.93 万件，重点对群众诉求的 366.78 万件进行直接办理。同样，对于诉求办理情况，也

---

① 数据来源于《2020 年北京市"接诉即办"改革工作年度报告》，2021 年 1 月 8 日。

② 数据来源于《2020 年北京市"接诉即办"改革工作年度报告》，2021 年 1 月 8 日。

可以依据区县、市级部门等进行重新分类。对此，《年度报告》中的第三部分进一步指出，在 2020 年通过派单方式办理的 448.71 万件群众诉求中，区级部门办理 168.9 万件、占比 37.64%，街道（乡镇）办理 165.3 万件、占比 36.84%，市属机构办理 53.8 万件、占比 11.99%，国有企业办理 60.71 万件、占比 13.53%。[1]

2021 年 2 月，接诉即办改革专项小组印发了《2021 年"接诉即办""每月一题"推动解决重点民生诉求工作计划》（以下简称《工作计划》），建立了"每月一题"机制。《工作计划》构成了"每月一题"的顶层设计，也是"每月一题"的多层次嵌套治理界面形成的制度保障。北京市 2021 年确定的"每月一题"的 12 类主题分别是：无证"房""车"、劳务和消费纠纷、城市环境、小区管理、教育、交通管理、市政、医疗服务、停车管理、养老、农村管理、房地产市场管理。北京市"每月一题"聚焦的 27 类问题包括房产证办证难、无牌照电动三轮车和四轮车、拖欠工资、预付式消费退费难、网络消费纠纷、垃圾清运不及时、街头游商占道经营、房屋使用、老旧小区改造、小区充电桩安装难、普惠幼儿园入园、教育培训机构规范管理、交通噪声扰民、大货车交通安全、路灯问题、地下通道和市政涵洞设施维护治理、社区医院资源不足、医院医疗服务、小区周边道路停车资源不足和违章停车、共享单车乱停乱放、养老机构收费和服务、居家养老保障、农村宅基地、农村村民待遇、农村基础设施建设、房地产中介经营不规范、群租房问题。《工作计划》要求 12 个主责单位和 54 个配合单位对 27 个具体问题逐一提出解决方案，制定任务清单、责任清单和政策清单。从当前披露的数据看，2021 年 7 月 1 日前，12 个主责单位办成实事清单 84 项，19 个问题超额完成原计划工作。

2021 年 9 月 24 日，北京市第十五届人大常委会第三十三次会议审议通过《北京市接诉即办工作条例》，该条例自公布之日起实施。在进行立法解读中，显示 12345 政务热线整合了 54 条热线，累计受理群众反映 2958 余万件，日均 2.99 万件，其中网络端受理量突破 240 万件。[2]

## 第二节
## 北京市接诉即办改革的具体做法

2021 年 1 月 8 日，北京市发布《2020 年北京市"接诉即办"改革工作年度报告》，这是接诉即办开展两年来首次进行集中展示。从这个报告可以看出，诉求、办理和评价是北京接诉即办改革的重点内容。

北京市接诉即办改革实践是党建引领"街乡吹哨、部门报到"的深化延伸，是以 12345 市民服务热线为主渠道的快速响应机制，它通过回应市民需求和推动问题解决撬动超大城市治理的系统性、根本性和全局性变革，这便是接诉即办不同于传统市民热线

---

[1]　数据来源于《2020 年北京市"接诉即办"改革工作年度报告》，2021 年 1 月 8 日。

[2]　数据来源于《〈北京市接诉即办工作条例〉解读》，《北京日报》，2021 年 9 月 26 日。

电话的关键点。从图 10-1 可以看出，北京市接诉即办包括 8 个要素：① 城市运行及其状态；② 市民感知、偏好和评价；③ 市民诉求；④ 诉求受理；⑤ 诉求派单；⑥ 诉求办理；⑦ 评价与考核；⑧ 领导指挥体系。

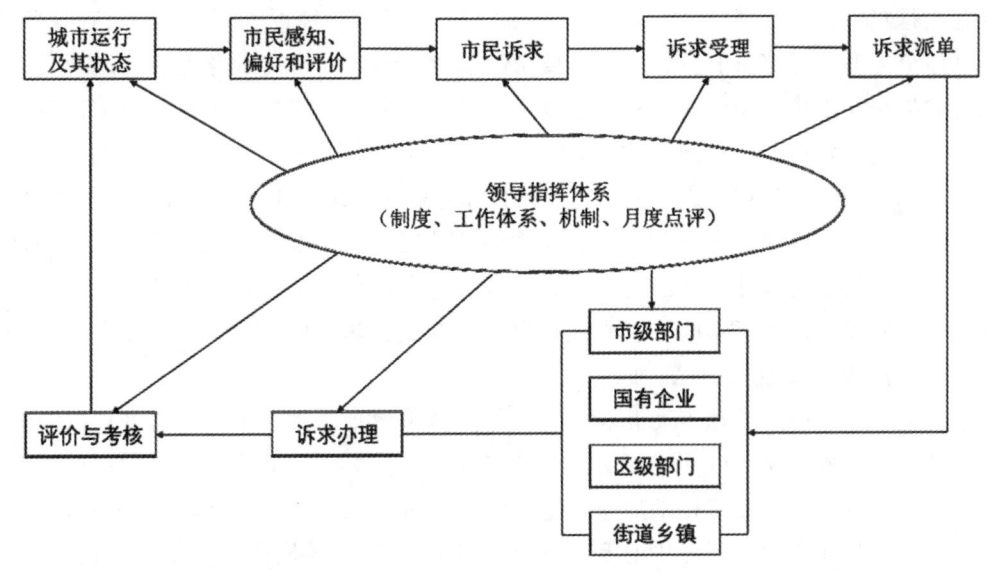

**图 10-1　北京市接诉即办改革的运行过程**

要素①至③解释市民诉求的产生过程。要素④至⑥呈现办理过程：12345 市民服务热线承担了诉求受理的核心功能，针对市民诉求，有一些属于咨询建议类的，市民热线中心直接给予解答和受理；对于一些涉法涉诉事项，引导市民向其他渠道反映；剩下需要各级政府和部门办理的事项则进入派单机制，将市民诉求向市级部门、国有企业、区级部门、街道乡镇派单，从而进入诉求办理。之后，北京市委市政府结合接诉即办评价结果对各政府和部门进行考核，形成"赛马机制""表彰机制""学习机制"和"监督机制"，推动各级政府、委办局、国有企业和街道乡镇到基层一线解决问题，提升民众的获得感、幸福感、安全感。[3]

作为一项治理实验，接诉即办最核心的设计原理是面向人民探询问题解决方法，接诉即办是问题解决驱动城市治理的代表和典型。

## 一、诉求受理

集中统一受理市民诉求是接诉即办的典型特征之一，它让民众能够第一时间找到政府，建立民众与政府立体化和全周期的互动平台。集中统一受理市民诉求至少存在两个方面的变革：一是对各区热线进行整合，即对原有各个区独立运行的 12345 市民服务热线进行统一，形成一个 12345 市民服务热线市级平台，区级部门不再有独立接受市民诉求的平台，这相当于对市民热线的受理和办理进行专业化分工，受理由市级平台集中处理，办理由不同部门来承担。二是对不同类型热线进行整合，即对原有不同种类的热线电话进行整合，形成"一号受理"，是对基于专业化分工的热线电话进行集中。这意味着，通过纵向整合和横向整合，最终形成一个平台和一个号码来应对北京市民的所有诉求。

到底是集中统一受理市民诉求，还是分层分专业受理市民诉求，此前一直存在争论。赞同分层分专业受理诉求的主张，其主要依据属地管理逻辑和专业化逻辑。属地管理逻辑认为如果分层受理市民诉求，各个层级可以第一时间响应市民诉求，形成市民诉求的"短途"机制。而专业化逻辑则认为，不同类型事务通过不同热线来受理，有利于形成专业化分工和专业化知识积累。于是，在一体化和专业化、统一化和属地化之间需要平衡，什么样的情况下应该保留专业化热线，什么样的情况下应该赋予属地管理权力，则涉及市民诉求管辖权限的设计。从当前改革的趋势看，市民诉求受理在一个城市范围内进行了集中统一管理，取消了不同层级受理权限；而专业化热线则只保留少数几个紧急的和专业性强的热线，如110、122、119等。

事实上，集中统一受理市民诉求代表了超大城市治理的发展方向，它既可以节省市民诉求的反映成本，又可以实现集中产生的专业化来提升运行效率。政府的平台化和一体化成为改革的趋势，数字技术加速了这一发展进程。政务服务平台的建设是这种改革的先导，它通过建立政务服务中心和"互联网＋政务"服务模式实现了"一门、一网、一次"的改革目标，大大提升了政务服务的透明度、效率和品质。北京市接诉即办则是对政务服务改革的深化，并且是以政务服务热线再改造的方式，使得政府与民众能够通过一个平台进行互动。一旦一个平台感知到市民对城市的问题、态度和需求，上级部门不但可以形成知识库，而且可以通过诉求受理和办理分离来监督诉求办理以满足市民需求。此外，市民诉求所形成的数据库，则为城市治理提供了丰富的治理财富，促进城市治理学习能力提升和可持续发展。

## 二、诉求办理

### （一）分层分级解决

针对诉求办理，北京市接诉即办采取了分层分级解决的方法。在建立起市民诉求受理的统一平台后，北京市接诉即办对诉求办理采取了直接派单机制，减少中间环节，让政府和部门分别接单，形成了分层分级解决北京市民诉求体系。

考虑到问题大量产生在基层，民众直接与基层政府打交道，北京市接诉即办将街道和乡镇作为重点，通过直接派单到基层，形成到基层和一线解决问题的取向；同时，通过将诉求直接派到基层，重新激活"吹哨报到"机制，让街道和乡镇不得不吹哨，最终促进基层治理体系和治理能力现代化。为此，对街道和乡镇的诉求受理量和诉求解决效果进行排名，便成为北京市接诉即办的重要内容。

很多市民诉求可能超出街道和乡镇的职权范围，使得区级部门甚至区政府要直接承担响应诉求和办理诉求的职责。通过这种机制，区级职能部门告别了过去依靠街道乡镇办理事项的格局，在解决问题的过程中既可以减轻街道乡镇负担，又可以对自身工作进行审视和反思。事实上，市民诉求是送上门的民意，也是对区级部门工作的反馈，更是对区级部门治理能力的检验。一个区级部门受理事项越多，说明它需要解决的问题越多，前瞻性规划和政策执行存在问题，需要改进自身治理。从目前的数据看，基本上形成了区级部门和街道乡镇共同解决市民诉求的格局。

北京市接诉即办在派单中，不仅对区级部门和街道乡镇进行直派，而且还对市级部门和国有企业进行直派，让市属部门来解决问题。这样，北京市又形成了"条块"在市级层面的新平衡，不仅块块政府要解决问题，条条部门也要解决问题。北京市公布 2020 年诉求办理量最大的前 10 个市属机构，分别是市公安局、市卫生健康委员会、市交通委员会、市市场监督管理局、市教育委员会、市税务局、市文化和旅游局、市人力资源和社会保障局、市住房和城乡建设委员会、市规划和自然资源委员会，说明这些部门与市民生活密切相关。而国有企业则主要是公交集团、热力集团、首开集团、电力公司、首发集团、歌华有线、燃气集团、自来水集团、地铁公司、首创集团等企业，它们都是一些公用事业，承担城市基础设施运营，同时也是国有企业承担社会责任的具体体现。[4]

## （二）政府直接面向市民

传统上，块块政府中的基层政府与市民联系更紧密一些，直接与市民打交道，而区级政府更多是委托人角色，这样导致的结果是"上面千条线，下面一根针"，使得与民众打交道的基层政府任务繁重。相反，条条部门中无论是市级部门，还是区级部门，都承担政策制定的角色，政策执行或由下级政府来完成，或由基层政府来实施，致使政策制定与执行有脱离实际的危险。要改变上级政府与基层政府权责不对称现象，克服条条部门"悬浮"在上的问题，就需要所有政府部门直接面向市民。

将一些诉求直接分派给各级政府、部门、国有企业等不同治理主体，从初期看是一种被动面向市民的过程。对此，在北京市接诉即办初期，一些政府和部门抱怨它们的"主业"被接诉即办冲击，甚至一些政府和部门认为诉求人"无理取闹"。这种错误的观点和认识使得政府和部门在接诉即办中不能发挥主观能动性，导致了诉求解决率和满意率不高。实践中，很多部门开始提高认识和转变观点，使得接诉即办的成绩大幅度提升，人民群众的认同度也随之提高。以市直部门中北京市公安局为例，其是接诉即办中诉求量最大的部门，通过不断提升认识、转变观念、改进作用、创新方法，公安部门的接诉即办"三率"（响应率、解决率、满意率）水平不断提升。与此同时，各个部门在办理和解决市民诉求中，也开始主动征求市民意见，在政策、制度、改革等各项任务和项目中提前吸收市民意见，从而避免后期问题的产生。[5]

## 三、诉求评价与监督激励

### （一）诉求评价

市民评价诉求解决效果是接诉即办的一个典型特征。诉求是否得到解决，诉求办理人是否解决了问题，这些直接决定接诉即办的成效。对于接诉即办效果评估，既可以从客观的角度进行评价，即诉求人反映的问题是否得到解决，城市运行及其状态是否发生了变化；也可以从主观的角度进行评价，即诉求人对整个诉求解决过程和结果是否满意。以上是从评估内容的维度进行评估，也可以从评估主体的维度进行评估，即接诉即办是否得到有效办理，既可以让当事人来评价，也可以让第三方来评价。

针对接诉即办效果，北京市选择最直接和最有效的评价方式，由当事人进行主观评价，只对三项指标进行评价，即响应率、解决率和满意率。响应率考核诉求办理人是否第一时间响应诉求人的需求，解决率考核诉求人的事项是否得到解决，满意率考核诉求人对整个过程是否满意。此前，人们担心市民是否会因为自身事项得不到解决而不满意。后来从评价数据看，市民还是比较理性的，在解决率没有提升的情况之下，满意率得到较大改善。

市民评价诉求解决效果不仅成为市民的主观评价，而且成为政府考核和衡量各级政府和各个部门的依据。将民众的主观评价转化为政府的考核指标，使得民众的主观评价可以发挥指挥棒作用，这一指挥棒最终也将促使各级政府和部门在办理民众诉求时认真对待，注意民众反馈，从民众出发来思考问题和解决问题。与此同时，接诉即办所形成的考核也被纳入各级政府和部门的整体考核，使得接诉即办在整个政府工作中占有非常重要的分量。例如，公安部门将接诉即办放到与执法考核、组织建设等同等重要的位置，从而促使民警认真对待民众诉求。当前，北京市政府已将接诉即办形成的考核结果纳入整个地方政府和部门的考核，并且这些考核结果直接与绩效挂钩，有利于接诉即办发挥持续影响力。

为了在考核和评价中更加突出民众的重要性，并促使各级政府将民众的需求纳入日常工作中，北京市的接诉即办还创造性地形成了"七有"和"五性"的评价指标体系，从而使得整个评价更加具有针对性。"七有"是指"幼有所育、学有所教、劳有所得、病有所医、老有所养、住有所居、弱有所扶"，"五性"是指反映市民需求的便利性、宜居性、多样性、公正性、安全性。通过将市民诉求与"七有"和"五性"的内容进行聚集，不仅形成新的评价指标体系，而且还使得评价本身更加具有针对性。

### （二）监督激励

在缺乏外部监督和激励的情况下，各级政府和部门可能没有动力将注意力分配到诉求办理中，要改变这种状态就需要进行强激励和强监督，市委监督激励就成为北京市接诉即办的另一典型特征。其核心是通过市委的高位推动，注重对接诉即办过程的监督和考核，注重接诉即办考核结果的使用，形成有利于各级政府和部门办理市民诉求的良好政治环境。事实上，市委监督激励接诉即办既是为了解决接诉即办中的委托代理难题，又是避免接诉即办道德风险的重要手段。接诉即办中的诉求受理采取集中统一的设计原理，而诉求办理采取分层分级的设计原理，促使诉求办理委托代理关系的形成，要使得各级政府和部门认真办理诉求，就需要在约束和激励机制上下功夫。

考核机制的采纳和结果使用构成了接诉即办最重要的激励机制，它让接诉即办成为官员行为新的指挥棒。对于接诉即办的考核结果，北京市在两个方面进行使用，即干部选拔和推动全市工作。一方面，接诉即办的成绩成为干部选拔重要的指标之一，接诉即办排名较差的街道乡镇干部，其进一步晋升空间将受到限制。另一方面，接诉即办考核结果被应用于北京市委举行的区委书记和市直部门党组（党委）书记月度工作点评会上，通过发布最优秀的政府和部门，以及最差的政府和部门，形成表彰机制、竞争机制和压力机制，促进条块政府和部门以更高水平完成接诉即办工作，并最终带动全局工作的良好开展。北京市委从 2018 年开始举行"区委书记月度工作点评会"，并从 2021 年 1 月开始轮流举行"区委书记月度工作点评会"和"市直部门党组（党委）书记月度工作点评会"，实现了月度工作点评的全覆盖。月度工作点评会既是对全市工作的推动，也是成绩和问题的全面展示。通过点评会可以形成区政府和市直部门的"赛马机制"，从而共同提升首都治理体系和治理能力现代化水平。

在对全市干部进行激励的同时，北京市也对接诉即办中存在的违规行为进行监督和惩罚，对排名靠后的政府和部门进行约谈，形成压力传导以促进行为改变。事实上，倘若没有惩罚和监督，任何法律、法规、制度和规范都将是一纸空文，这同样适用于接诉即办制度。针对接诉即办中存在的违规行为，北京市纪委专门成立了监督部门开展专项督查，初步形成了较好的威慑、警示和教育作用。而对诉求量多和排名靠后的街道乡镇，北京市已经建立了专门的约谈和挂牌督办机制，通过共同研判和分析问题，寻找解决方案，来帮助后进街道提升接诉即办的能力与水平。[6]

## 四、主动治理、未诉先办

2021 年北京市接诉即办改革开启"每月一题"活动，提出了 12 类主题和 27 个高频难点民生问题，针对居民诉求中的共性问题进行系统求解，并从体制机制上为解决难题提供保障，这标志着北京全面从被动回应诉求向"主动治理、未诉先办"转型，接诉即办也正式进入 2.0 时代。事实上，在 2019 年刚启动接诉即办改革时，北京市委、市政府就非常重视，将"有一办一""举一反三"和共性问题的主动治理相结合。正是早期的探索为接诉即办改革的系统转型提供了可借鉴的经验。如果说 2021 年之前的"主动治理、未诉先办"只是观念意识、局部试点和个别摸索，那么 2021 年就是"主动治理、未诉先办"全面深化的起始年。北京市正在探索能够同时实现降低诉求量和提升接诉即办水平的改革路径，这也是接诉即办向首都治理体系和治理能力现代化靠拢的有益尝试。接诉即办改革不断进行系统迭代，也就保持了其旺盛的生命力、持久力和创造力。

"主动治理、未诉先办"始于居民诉求，又要超越居民诉求，其核心是多层次治理主体在党的领导之下通过对话、协商、谈判、信任、合作和共同行动，推动解决超大城市治理中的民生难题，提高人民获得感、幸福感和安全感的公共价值创造过程，其本质是实现以人民为中心的超大城市治理创新。结合北京市委、市政府、市直部门，各区委、区政府、街道、乡镇的治理实践，我们认为可以从五个维度来理解"主动治理、未诉先办"的核心要义，即：① 从系统维度看，核心是通过建构共性问题实现专项治理；② 从空间维度看，核心是通过探究区域问题实现综合治理；③ 从时间维度看，核心是通过预测周期问题实现前瞻治理；④ 从变化维度看，核心是通过监测问题症状实现源头治理；⑤ 从互动维度看，核心是通过征集问题线索实现共同治理。

## 第三节
## 北京市接诉即办改革驱动超大城市敏捷治理的内在机理

敏捷治理源于计算机开发领域的"敏捷方法"，其在公共行政实践中最早是作为政府软件开发过程中的技术规范和要求出现的。2019 年起，国内学者开展相关研究，将"敏捷思想"引入公共行政领域。

从"吹哨报到"到"接诉即办"，再到"主动治理、未诉即办"，"接诉即办"改革通过以人民为中心、及时回应变化、构建稳定性和灵活性兼具的模糊灵敏组织形态、跨部门协作、复杂性的界定与分解、技术赋能下灵活的基础设施等多重敏捷治理机制，共同构筑了接诉即办改革驱动超大城市有效治理的内在逻辑。[7]

### 一、以人民为中心

以用户为中心而不是以服务提供商为中心，是计算机软件开发"敏捷方法"的核心，也是"敏捷治理"理论框架的核心基石。作为北京"吹哨报到"改革的延伸，接诉即办的机制设计始终以人民为"中心轴"，建立了"知民所呼、应民所求、思民所想、受民所评"的城市治理模式，全时段、多维度响应群众诉求。截至 2022 年 12 月 17 日，全市 16 个区、343 个街道乡镇、市级部门和公共服务企业，全部接入 12345 市民服务热线平台系统，实现通过统一的服务热线全时段受理市民诉求、整理收集社情民意。此外，接诉即办还依托互联网平台，开通涵盖微信、微博、在线留言板等在内的多个响应公众诉求的渠道，确保全面接收群众诉求。

闭环式受理群众诉求。在接收到群众诉求以后，按照诉求分类和管辖权属，接诉即办将群众诉求精准派单至乡镇或相应职能部门，并按照不同级别的诉求响应机制，推动各乡镇、街道或相关职能部门及时办理，同时也推动上级政府督促协调解决，形成条块合力，真正实现将群众诉求解决彻底。

主动发现、预判群众诉求。接诉即办积极探索主动发现民众诉求的工作方法，通过"技防＋人防"的方式推动各单位及时发现问题及时"吹哨报到"，从源头上解决和减少群众诉求。一方面，完善风险预警机制，通过强化诉求数据动态监测和分析研判，及时就苗头性、风险性诉求向相关部门提出预警。另一方面，加强市区联动，主动巡查调研，发现群众诉求的高频问题和重点区域并开展专项治理，争取在成诉前解决问题。

构建以人民群众为中心的考核评价体系。不同于传统的政务服务热线，接诉即办改革的成效由人民来评价。北京将接诉即办工作情况纳入各级领导班子和党员干部日常考核，并将考核结果作为干部动议的重要参考，而考核的主要依据就是诉求响应率、问题解决率和群众满意率。除个人诉求外，针对群众反映较多的行业问题以及集体性诉求，接诉即办增设"部门＋行业"联合考评、创建监测指标体系，以强化为民服务和群众满意导向。这些举措深刻地体现出接诉即办工作的出发点和落脚点都是人民，实现了市民与政府部门之间权力（利）关系的再平衡。

## 二、及时回应变化

当今世界正处于百年未有之大变局，充满着复杂性、多变性和不确定性，不断应对"时""势"变化是我国开启全面建设社会主义现代化强国新征程的时空背景和时代潮流。而敏捷治理的核心恰恰就在于应对环境变化的不确定性以及创新过程中的变化和复杂。它的目标是通过对环境和需求变化做出响应，视变化为唯一不变的变量，找到下一步需要解决的核心需求。在接诉即办改革的过程中，群众的诉求随外界环境的转变不断发生变化，这些变化推动政府部门不断对工作方案迭代创新的同时，也沉淀了大量的群众诉求数据，其中蕴藏着许多可利用的信息。北京市政府主动利用这一变化，通过云计算、人工智能、语音识别、智能辅助等科技手段对市民诉求进行统计和分析并形成问题分类框架，辅助相关部门对群众诉求进行描述、分析、研判，进而为其实施"主动治理、未诉先办"奠定基础。如2021年以来，北京市政府通过建设以诉求量分析、类别分析、地域分析、考核排名、城市问题台账为主要内容的大数据分析决策平台，实现了对一些重点、难点问题的提前预测和综合管理，并通过开展"每月一题"专项治理活动，推动12345市民服务热线从早期的"动态响应"到"未诉先办"的转变，使城市治理更加主动智能、精细精准。

## 三、构建稳定性和灵活性兼具的模糊灵敏组织形态

稳定性和灵活性似乎是对立的关系，但在日益复杂和不确定性的治理环境下二者都不可或缺。与传统治理模式不同，敏捷治理更强调政府组织要兼顾稳定性和灵活性。在这种混合的模糊灵敏组织形态内，不同的规则和要素彼此形塑、援引，进而形成组织结构的优化，总体上提升了政府组织系统应对环境挑战的能力。在不断推进接诉即办改革的过程中，北京市政府逐渐形成了以加强党建引领、强化条块治理、培育居民自治为一

体的稳定性和灵活性同时兼顾的模糊灵敏组织形态。

确立集中统一的管理体制。自2019年起，北京市推动约76万名在职党员加入接诉即办工作队伍，并以制度设计和组建党政领导小组的形式强化党在接诉即办治理结构中的核心地位。这种将党建引领融合到接诉即办的工作路线，不仅有效发挥了党政领导班子对各层党组织和社会资源的调动和整合作用，实现了各项资源和组织保障的稳定性，也切实满足了将党的政治优势、组织优势转化为超大城市敏捷治理能力的要求。

形成"以块（乡镇、街道）为主，条块结合"的治理结构。接诉即办改革通过权力和资源下沉基层以及融合数字技术使用的方式，创新"条""块"协同机制。在接收到群众诉求后，接诉即办工作平台根据权属关系直派给归属管辖的街道、乡镇，而对于街道（乡镇）无法独自解决、需要整合"条"上资源协助解决的公众问题，则由街道向上"吹哨"，将街道的问题和需求传递给负责单位，进而相关单位报到"履责"，接受街道办事处的"统筹协调、指挥调度"。在此基础上，接诉即办工作人员还将诉求同时抄送至区政府，以便于区委政府加强统筹调度，督促各配合单位尽快协调解决。这种新型的"条""块"协同机制真正满足了基层治理中"权随责走、费随事转、事费配套"的灵活性要求。

发挥社会自治组织的自主性、灵活性。在接诉即办的工作推进中，"老街坊议事会""楼管会""睦邻坊"等居民自治组织应运而生，基层政府要充分利用这些自治组织听取民声、汇集民意，同时也要利用这些自治组织在街道拆违腾退、环境整治、矛盾调解等问题上进行自我管理、自我协调，以缩短接诉即办工作周期，提升诉求办理工作效率。

## 四、跨部门协作

北京作为超大型城市，在传统"条块分割"之下，"看得见管不了，管得了看不见"的城市治理现象客观存在。从"街乡吹哨、部门报到"到接诉即办的治理改革中，北京市政府为有效解决这一问题，不断通过制度设计串联起不同部门的行政资源，形成了权责清晰、相互协调的跨部门协作机制。

编制职责清单。按照诉求分类和管辖权属，接诉即办编制共计2395项三级分类的派单目录，并实行动态调整更新。在分类派单之初，接诉即办依据各单位职责目录，对需要共同承担某项服务职能的街道（乡镇）、区政府、市政府以及企事业单位进行一单双派或多派，确保权责清晰的同时形成工作合力。

强化市、区、街乡三级联动执法体系。对于派至街道（乡镇）的诉求而该街道（乡镇）却无力应对、需要跨部门协作解决的公众问题，接诉即办通过街道"吹哨"、相关部门"报到"的协同工作机制，召集相关部门联合诊断问题所在并整合辖区资源来统筹解决群众诉求。此外，对于高频热点或行业共性诉求，接诉即办统筹各类、各级工作机构、专班及部门开展专项治理。

构建分级协调办理机制。对于本级政府难以解决的历史遗留问题或是超出本级政府管辖权的重大疑难诉求，接诉即办依托分级协调办理机制高效利用上级政府的统筹调度能力，加强对疑难问题的专题协调，根据诉求类型、紧急程度以及行业标准对复杂性问题进行分解来协同推进问题解决，最大限度缩短群众诉求流转周期。

## 五、复杂性的界定与分解

"敏捷方法"旨在基于用户需求而对工作方案进行增量式的迭代开发，并通过各种非正式的协作来回应变化。在某种意义上来说，这种快节奏、短迭代的工作方式依赖于对复杂性问题进行界定和分解，以保证在预期内完成工作。在接诉即办的改革中，基于满足公众合理诉求的原则对复杂性问题进行分解，为有效解决问题奠定了基础。

建立诉求分级响应机制。对于能够及时解决的问题，按照诉求的轻重缓急程度和行业标准，实行不同级别、不同时限的响应处置模式。对于法律法规有明确规定或确需较长时间解决的诉求，延长办结期限。对于短时间难以解决的群众诉求，列入挂账管理，明确挂账内容要求和责任归属并完善挂账销账和监督提醒机制。

实行诉求分类处理机制。按照咨询、建议、举报、投诉、需求等诉求类型，实行分类化管理。如咨询类诉求由市民热线服务中心或承办单位予以回复；建议类诉求由承办单位研究并反馈给诉求主体；对涉及举报、信息公开申请、行政复议、诉讼等涉法的群众诉求，有序引导诉求主体通过法定渠道反映；对突发性、群体性、极端性诉求，向公安部门、属地党委和政府实行双派单，快速处置、化解矛盾、防范风险。

此外，作为接诉即办工作的执行主体，各街道（乡镇）或相关职能部门结合自身实际对复杂性问题进行分解，以提升回应群众诉求的效率。

## 六、技术赋能下灵活的基础设施

以人工智能等信息技术为代表的第四次工业革命不仅推动着社会的发展，也为政府实施敏捷治理提供基础条件，它为政府快速、准确地获取、处理和利用大量信息提供了机会。北京市在推行接诉即办的改革过程中，每月成千上万的群众诉求出现在行政人员手中。如何快速通过群众表达诉求的数据来高效准确地找到区域的堵点、难点或风险问题成为改革取得实效的现实难题。在这种背景下，技术赋能下灵活的基础设施的设立则为接诉即办及时回应公众诉求提供了可能性，成为超大城市敏捷治理的"传感器"。一方面，数字技术赋能社区群众。在接诉即办的改革中，社区群众可以通过"区长直通车""数字城管""线上微信群"等数字基础设施有序参与社会治理，实现政民有序互动。另一方面，数字技术赋能政府部门。各级政府职能部门可以通过数字基础设施精准识别群众诉求、预判社会风险、辅助制定决策，以更加有效、迅速地解决群众问题、应对社会危机。如基于庞大的接诉量，北京市海淀区西北旺镇将大数据运用于接诉即办工作中，使用可视化大屏互动、微信小程序等灵活的基础设施来全面接收群众"哨声"，探索"接诉即办、未诉先办"的有效路径。此外，在政府组织结构上，依托技术赋能下灵活的基础设施，接诉即办的组织形态实现进一步的扁平化，确保公众诉求"件件有回音，事事有着落"。

## 📖 本章小结

　　北京市接诉即办改革驱动了超大城市敏捷治理。北京市接诉即办改革从诉求受理、诉求办理、诉求评价与监督激励以及主动治理、未诉先办等层面具体展开。从"吹哨报到"到"接诉即办",再到"主动治理、未诉即办","接诉即办"改革通过以人民为中心、及时回应变化、构建稳定性和灵活性兼具的模糊灵敏组织形态、跨部门协作、复杂性的界定与分解、技术赋能下灵活的基础设施等多重敏捷治理机制,共同构筑了接诉即办改革驱动超大城市有效治理的内在逻辑。

## 📖 主要概念

　　北京市接诉即办改革、敏捷治理

## 📖 复习思考题

　　1. 北京市接诉即办改革的成功经验有哪些?
　　2. 北京市接诉即办改革反映出哪些治理意涵?

## 📖 参考文献

　　[1] 燕继荣,张志原.市民诉求驱动的城市社区治理体系创新——以北京市 F 街道"接诉即办"实践为例 [J]. 中国行政管理,2022 (10):54-64.

　　[2] 孟天广,黄种滨,张小劲.政务热线驱动的超大城市社会治理创新——以北京市"接诉即办"改革为例 [J]. 公共管理学报,2021,18 (2):1-12,164.

　　[3] [4] [5] [6] 李文钊.接诉即办的北京经验 [M]. 北京:中国人民大学出版社,2021.

　　[7] 于文轩,刘丽红.北京"接诉即办"的理论基础和发展方向:敏捷治理的视角 [J]. 中国行政管理,2023,39 (4):38-45.

第十一章

# 广东数字政府的管运分离模式

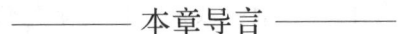
————— 本章导言 —————

　　"数字政府"是"数字中国"体系的有机组成部分，是推动"数字中国"建设、推动社会经济高质量发展、再创营商环境新优势的重要抓手和重要引擎。广东省以系统工程的理念，持续开展应用建设和数据治理，构建大数据驱动的政务管理运行新机制、新平台、新渠道。全面推行"指尖计划"，建成整体、移动、协同、创新、阳光、集约、共享、可持续的服务型政府。到 2020 年底，建立整体推进、政企合作、管运分离的"数字政府"管理体系和整体运行、共享协同、服务集成的"数字政府"业务体系，构建统一安全的政务云、政务网，建设开放的一体化大数据中心、一体化在线政务服务平台，建成上接国家、下联市县、横向到边、纵向到底全覆盖的"数字政府"，以"制度创新＋技术创新"推动改革向纵深发展。

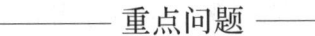
————— 重点问题 —————

　　1. 广东省数字政府总体架构。
　　2. 广东省数字政府管运分离的管理架构具体内容。

# 第一节
## 广东数字政府建设情况介绍

### 一、总体情况

数字就是生产力。数字政府建设是推进全面数字化发展的基础性、先导性工程，在促进数字经济、建设数字社会、完善数字生态中起到关键的引领作用。党的二十大报告中，习近平总书记明确提出加快建设网络强国、数字中国，围绕新征程网信事业发展提出一系列新部署、新要求、新任务，为加快推进数字政府建设提供了重要指导和明确方向。广东省作为较早启动改革的省份，于2017年率先启动该省的数字政府建设。广东省通过加快建设数字经济、数字社会、数字政府，以数字化转型整体驱动生产方式、生活方式和治理方式变革。将数字政府建设作为全省创造型引领型改革的首项任务，以体制机制创新为引领，有力支撑加快转变政府职能，探索构建起数字政府"12345＋N"的工作业务体系，牵头推动数据要素市场化配置改革，一体化政务服务能力评估连续三年位居全国第一，形成整体联动的数字化治理新格局，有力提升政府治理能力现代化水平，为统筹疫情防控和经济社会高质量发展发挥出数字政府应有作用。广东省在数字政府建设实践和探索中稳步推进各项任务，为各地推行"数字政府"提供重要借鉴和参考。

在数字政府改革建设实践过程中，广东省已经形成"12345＋N"的工作业务体系。具体内容为：

"1"：牵头一个要素市场。推进数据要素市场化配置改革，助力数字经济发展。

"2"：围绕《广东省政务服务数字化条例》《广东省数据条例（草案征求意见稿）》两部基础法规编制，完善构建数字政府制度体系。

"3"：三大支撑体系。建成广东数字政府建设运营中心、广东省政务服务数据事务中心和广东数字政府研究院。

"4"：瞄准四个主攻方向。政务服务"一网通办"、省域治理"一网统管"、政府运行"一网协同"和数据资源"一网共享"。

"5"：突出五大产研带动。培育形成信创产业联盟、数字政府建设产业联盟、数据发展联盟、数字政府网络安全产业联盟和省数字政务协会。

"N"：系列标志性成果。持续打造粤省事、粤商通、粤政易、粤省心、粤智助、粤优行、粤治慧、粤公平等"粤系列"平台，以及数字财政、智慧水利、数字住建、智慧医院、智慧消防等一大批数字政府创新成果（图11-1）。

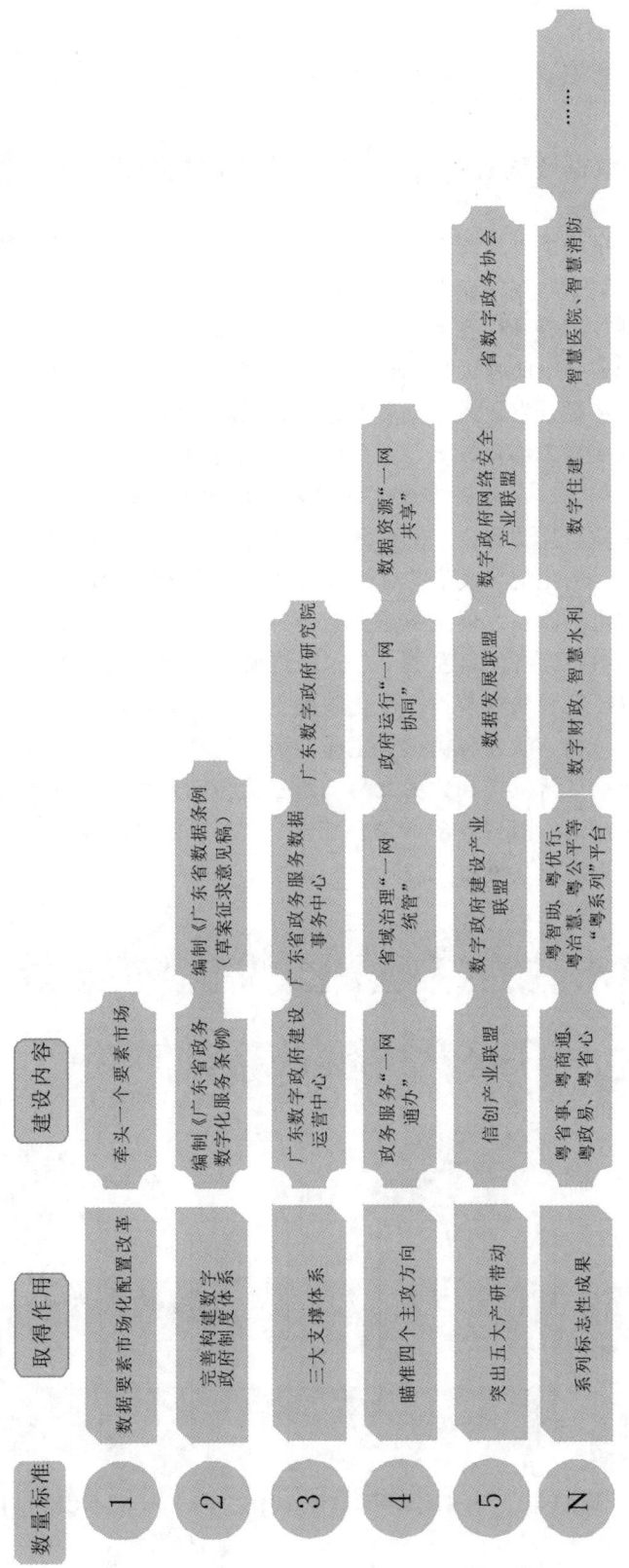

图11-1 广东省 "12345＋N" 的工作业务体系

## 二、广东数字政府建设的具体情况

### （一）发挥数据要素总牵头作用，稳步推进数据要素市场化配置改革

数据要素是数字经济发展的核心引擎，是国家基础性战略资源及核心生产要素。数据要素主要由政务数据和包括企业数据在内的社会数据组成。要培育数据要素市场，要加速政务数据的开放，提升社会数据的价值；推进政务数据和社会数据的融合使用，形成对社会治理和产业升级的强大推动力。数据生产要素属性的提升和市场化改革要推动实体经济和数字经济融合发展，推动各类产业加速向数字化、网络化、智能化发展。概括来说，做好数据要素市场化改革，就是做好数据资源保护、数据开放共享和数据资源开发这三方面的工作。广东积极推进数据要素市场化配置改革，全力打造"理念先进、制度完备、模式创新、高质安全"的数据要素市场体系和市场化配置改革先行区。

广东数据要素市场化配置改革的总体目标是建立健全数据要素自由流通的体制机制，加快培育数据要素市场体系，促进数据要素流通规范有序、配置高效公平，通过充分释放数据红利，推动数字经济创新发展。总体思路概括为"1＋2＋3＋X"，"1"是坚持全省一盘棋统筹推进，完善法规政策，优化制度供给，保障市场的统一开放。"2"是构建两级数据要素市场结构，激发各类供需主体活力，促进市场有序竞争。"3"是推动数据新型基础设施、数据运营机构、数据交易场所三大枢纽建设，打通供需渠道，保障数据要素生产、分配、流通、消费各环节循环畅通。"X"是推进各个领域场景数据要素赋能，释放数据生产力潜能（见图11-2）。

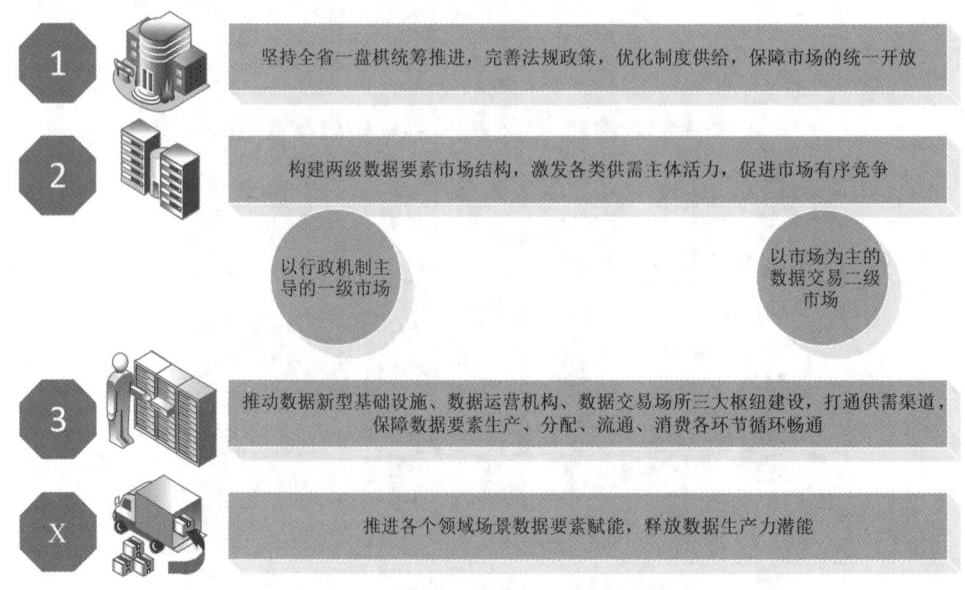

**图 11-2　广东省数据要素总体思路"1＋2＋3＋X"示意图**

**1. 建立完善公共数据制度标准体系**

（1）健全公共数据法规制度保障

出台《广东省数字经济促进条例》，以省政府令印发《广东省公共数据管理办法》，为公共数据资源开发利用及其配套监管提供法律依据，该办法是广东首部省级层面关于公共数据管理的政府规章。加快制定《广东省数据条例（草案征求意见稿）》，作为地方性法规确保数据规范管理。

（2）建立数据要素标准体系

系统化构建起涵盖基础标准、数据汇聚标准、数据资产化标准、数据流通标准、数据安全标准、场景应用标准等 6 个一级分类的数据要素标准体系框架，并规划制定广东省数据要素标准体系路线图。

**2. 创新构建两级数据要素市场[①]**

（1）构建以行政机制主导的一级市场

第一，数据资源总量和共享水平走在全国前列。

完成省市一体化"一网共享"平台建设，包括省级节点和 21 个地市分节点布局，实现门户统一、目录统一、需求统一、数据统一、服务统一，完成对公共数据资源的统一管理。统筹建设省视频和感知数据共享管理平台，实现全省视频图像、感知数据资源以及证照数据汇聚。截至 2022 年 8 月底，累计发布数据资源目录 4.16 万个，支撑 1630 个部门 1219 个系统用数需求，数据调用量达 627 亿次。通过"开放广东"平台向社会开放 2.55 万个公共数据集和 220 余个数据服务接口，涵盖生态环境、经济建设、教育科技、道路交通等 12 个主题领域。[②]

第二，全国率先试点首席数据官制度。

探索完善公共数据管理组织体系，优化数据管理队伍建设，强化跨层级、跨地域、跨系统、跨部门、跨业务协同。在全国首创首席数据官制度，选择省委政法委、省公安厅等 13 个省有关部门以及广州、深圳、珠海、佛山等 11 个地级以上的市开展试点。2022 年进行首席数据官制度试点评估总结工作，梳理总结首席数据官试点的工作进展情况、工作成效以及存在问题，并从组织架构、工作抓手、职能职责等方面完善首席数据官工作体系，组织全省各部门和 21 个地市开展全面推广。

第三，发布全国首张公共数据资产凭证。

创新公共数据资产化应用，广东省前瞻创新地提出"以凭证承载资产、以凭证声明权益、以凭证治理数据、以凭证保障合规"的数据资产凭证解决方案。2021 年 10 月发布全国首张应用在企业信贷场景的公共数据资产凭证，作为数据要素流通载体，它支持

---

① 《广东省数字政府改革建设成果》，南方网，2022 年 9 月 6 日。

② 《广东省数字政府改革建设成果》，南方网，2022 年 9 月 6 日。

企业使用用电数据来申请融资贷款。搭建数据资产管理运营平台，形成由登记凭证、授权凭证、流通凭证等组成的数据资产凭证体系。2022年，公共数据资产凭证已在公共交通服务、跨境信贷、企业港澳商务签注备案审批、气象灾害财产保险、环境保护税征管和个人信贷等场景中试点应用。2022年9月，累计签发资产凭证2.23万张，强化了数据流通全过程管理，为公共数据资产化应用奠定基础。

第四，探索数字空间创新应用。

落实《个人信息保护法》，创新推出个人和法人数字空间，提供数据携带、授权、存证、溯源服务，为个人和法人用数提供更快捷的路径。在粤省事App上线的个人数字空间，汇聚94种个人常用证照和34项常用数据，同时上线北京、贵州、江西、河南、福建、海南6省电子证照专区，支撑跨省通办，目前在政务服务、金融、通信等领域开展试点，截至2022年8月底累计授权用证已达655万次。粤商通App上线的法人数字空间，汇聚22种企业常用证照和37项常用数据，促进各级部门和市场主体合规、便捷地利用政务数据，全方位支撑政务服务和生产经营活动。[①]

第五，创新公共数据开发运营模式。

加快建设广东省公共数据运营机构，为探索建立公共数据资产登记与评估制度，印发《广东省公共数据资产登记与评估试点工作指引（试行）》，开展公共数据资产登记试点。2022年8月9日，佛山市率先发布全省首批登记的公共数据资产，佛山市国企顺科智汇获取多个部门的数据授权，经脱敏脱密形成6个数据产品，完成审核、公示等必要程序并进行登记。6个公共数据资产分别应用于乡村振兴、产业发展、高科技、工程、安全生产、气象等场景。

第六，完善公共数据开放超市。

优化"开放广东"功能，按场景、主题、部门分类提供导航功能，方便用户像电商购物一样按需选数，截至2022年9月，已开放数据集27452个，共计4334亿条，推动公共数据资源开发利用，同时依托粤省事提供移动端数据开放服务。[②]

第七，探索建设隐私计算平台。

依托"一网共享"平台初步形成"1＋1＋N"的建设思路，即"1"个自建隐私计算管理平台、纳管"1"个自建和"N"个社会侧计算组件，支撑该省公共数据开发利用新模式，实现"原始数据不出域""数据可用不可见"。

第八，创新空间地理数据应用。

全面打通地市空间数据资源协同共享，筑牢基座，构建"1平台＋21节点＋支撑N应用"服务模式，打造统一的疫情防疫要素"一张图"工具，提供权威统一的政务防疫地图工具，辅助政务部门开展常态化防疫保障工作，更好地发挥空间服务技术在广东省疫情防控上的支撑能力。

---

① 《广东省数字政府改革建设成果》，南方网，2022年9月6日。

② 《广东省数字政府改革建设成果》，南方网，2022年9月6日。

（2）构建以市场为主的数据交易二级市场

第一，打造新型数据交易所。

按照"省市共建、广佛协同"总体工作思路，充分利用广东省数字经济优势，汇聚各方面优质资源，加快建设广东省级数据交易所。融合广东省数据要素市场化配置改革试点工作成效，打造新型数据交易所。采用"一所多基地多平台"体系架构建设运营，其中"一所"为广州数据交易所，是数据要素二级市场的核心枢纽；"多基地"为区域性数据交易基地；"多平台"为围绕数据交易服务、数据资产管理及增值、数据应用服务、金融工具及衍生、数据创业企业孵化等业务打造的系列平台。

第二，全国首推数据经纪人。

积极探索设立社会性数据经纪机构，开展数据要素市场流通中介服务，由其整合产业链业务场景，促进数据产品、服务流通。广东率先推出全国首批数据经纪人名单，选择广东电网能源投资有限公司、广州金控征信服务有限公司和广州唯品会数据科技有限公司等涉及电力、金融、电商重点领域龙头企业，探索数据要素流通新模式，发挥其生态协同、数据运营、技术创新等优势，形成 59 个应用在经济发展、社会治理、金融征信、智能制造等场景的数据产品。首批数据经纪人于 2022 年 8 月 10 日实现"持牌上岗"。

第三，开展数据生产要素统计核算试点。

在广州市海珠区、深圳市南山区开展数据生产要素统计核算试点，完成数据生产要素统计核算理论研究和技术设计，为数据纳入国民经济核算体系奠定基础。

第四，成立广东数据发展联盟。

发挥广东数据发展联盟供需对接和政企桥梁纽带作用，加快培育数据要素市场生态。依托联盟开展供需对接、产业合作、行业交流、理论研究和国际合作，贯彻推广数据要素相关政策，拓展应用场景。联盟自 2022 年 5 月 13 日挂牌成立，三个月已吸纳多家成员单位，开展"数字空间"研讨会和隐私计算技术交流会。

### 3. 建立统一的数据安全责任体系

（1）印发《广东省公共数据安全管理办法》

明确行业主管部门安全监管职责、数源单位与数据使用单位的安全管理责任边界。印发《广东省公共数据安全管理办法》，推动数据安全管理规范化、标准化。

（2）建立安全技术管控体系

建立数据采集、传输、存储、处理、共享、销毁全生命周期安全技术管控体系，加强风险监测、风险自查、应急保障和攻防实战。2022 年，成功完成"粤盾-2022"网络安全攻防演练，广东省连续三年举办全省范围的数字政府网络安全攻防演练，对提高全省数据和网络安全监测、防护和应急能力发挥出重要作用。

## （二）围绕两部基础法规编制，完善数字政府制度体系

全面建设数字法治政府，依法依规推进技术应用、流程优化和制度创新，消除技术歧视，保障个人隐私，维护市场主体和人民群众利益。广东省持续抓好现行法律法规贯彻落实，细化完善配套措施，确保相关规定落到实处、取得实效。推动及时修订和清理现行法律法规中与数字政府建设不相适应的条款，将经过实践检验行之有效的做法及时上升为制度规范，加快完善与数字政府建设相适应的法律法规框架体系。截至 2022 年 9 月，《广东省数据条例（草案征求意见稿）》完成立法调研；编制《广东省公共数据安全管理办法》《广东省公共数据开放暂行办法》，正在按程序报批；组织专家团队加快《广东省政务服务数字化条例》起草和《广东省政务服务事项管理暂行办法》修订工作。

推进数据开发利用、系统整合共享、共性办公应用、关键政务应用等标准制定，持续完善已有关键标准，推动构建多维标准规范体系。加大数字政府标准推广执行力度，建立评估验证机制，提升应用水平，以标准化促进数字政府建设规范化。为此，印发《广东省电子政务外网网络发展行动计划（2022—2023 年）》，探索建立联创实验室，全方位提升政务外网支撑能力。持续完善数字政府标准规范体系，印发广东数字政府标准规范目录，建设数字政府标准信息平台。主动谋划申报数字政府领域国家技术标准创新基地。充分用好省数字政府标委会专家支撑作用，加快出台数字政府地方标准和工程标准。

## （三）强化三大机构支撑，提升数字政府建设运营能力

### 1. 广东省政务服务数据事务中心业务实现良好开局

2022 年 3 月 31 日，广东省政务服务数据事务中心正式挂牌成立。作为广东省政务服务和数据管理局下设专业化服务保障的事业单位，重点承担政务服务线上线下融合、公共资源交易事务、数字政府核心网络和系统运维等支撑保障工作。这是促进全省公共资源交易高质量发展，全面深化数字政府改革的重要一步。

### 2. 数字政府建设运营机制进一步优化

2017 年，广东创新建立"政企合作、管运分离"的数字政府改革建设运营机制，充分发挥互联网企业、运营商的技术和服务优势，组建数字广东网络建设有限公司，承担广东数字政府建设运营中心职责。2022 年 3 月 30 日，经广东省政府批准，数字广东网络建设有限公司加挂广东数字政府建设运营中心的牌子。

2022 年以来，数字广东网络建设有限公司坚持建设运营中心定位，全力保障数字政府基础平台、疫情防控系统等安全平稳运行。积极开展运营机制创新，组建"数字住建"

建设运营中心，成立横琴粤澳深度合作区分公司，为省市数字政府建设协同提供有力支撑。同时，公司加快融入 CEC 集团[①]，进一步整合集团资源，抓好信创[②]、PKS[③]、数字要素市场化等各项工作，公司治理水平和核心能力提升明显。

### 3. 广东数字政府研究院扎实开展研究工作

2018 年 7 月，广东数字政府研究院成立。该研究院是国内首家以推动中国特色数字政府改革发展为己任，以立足广东、面向全国，建设国内一流、具有国际水平的数字政府新型智库为目标的非营利性科研机构。

## （四）聚焦四大业务主攻方向，推进全面数字化发展

### 1. 完善泛在普惠的"一网通办"体系，推动政务服务高质量发展

按照《国务院关于加快推进政务服务标准化规范化便利化的指导意见》，编制广东省政务服务事项管理办法，加快推进政务服务事项标准化管理和流程优化。

（1）拓展"一件事"主题集成服务

以企业群众迫切需求为切入口，以"一件事一次办"为原则，解决企业群众"办事慢""办事难""多头跑""来回跑"等突出问题，广东紧紧围绕企业从设立到注销、个人从出生到身后的全生命周期，扎实推进政务服务事项集成化办理，切实把"一件事"主题集成服务工作与提升全省政务服务高质量发展统一起来。

（2）开展村级证明事项标准化改革

为贯彻落实国家、省关于改进和规范基层群众性自治组织出具证明工作的部署要求，东莞作为全省村级证明事项标准化改革试点，积极探索、快速推进，在全省率先开展村级证明事项标准化改革，村级证明事项已实现"就近办""网上办""掌上办"和"零跑动"办理。

---

① 中国电子信息产业集团有限公司，英文名称为 China Electronics Corporation，简称中国电子，英文缩写 CEC。

② 信息技术应用创新产业，它是数据安全、网络安全的基础，也是新基建的重要组成部分。信创涉及的行业包括 IT 基础设施：CPU 芯片、服务器、存储、交换机、路由器、各种云和相关服务内容；基础软件：数据库、操作系统、中间件；应用软件：OA、ERP、办公软件、政务应用、流版签软件；信息安全：边界安全产品、终端安全产品等。

③ PKS，是我国自主的计算体系，覆盖了基础软硬件、安全、网络、应用等各方面。"P"代表飞腾处理器（Phytium），"K"代表麒麟操作系统（Kylin），"S"代表注入安全的能力（Safe）。PKS 体系是一套基于国产硬件和国产操作系统的全国产体系，也是原创的中国技术架构。随着它的发展壮大，我们能在计算机上看到 PKS 的应用，目前，PKS 体系已经实现了从外围的简单桌面办公，到关键核心业务的深入，实际运用到生产生活的各个方面，在党政办公、金融、能源、电信、航天、交通等重点信息化领域实现数字化、智能化转型。

（3）不断拓宽"跨省通办"业务范围

第一，统筹推进政务服务"跨域通办"（见图11-3）。

印发《广东省推进政务服务"跨省通办、省内通办"工作方案》，全面建立省级统筹工作机制，依托国家平台跨省通办支撑系统，搭建跨省通办数字化支撑平台，推动"跨域通办"集约式发展。与澳门特区政府行政公职局共同起草《粤澳政务服务"跨境通办"合作备忘录》，粤澳政务服务"跨境通办"在政府层面合作取得了新突破。2022年8月，广东省政务服务和数据管理局与新疆维吾尔自治区政府办公厅签署深化数字政府建设合作框架协议，进一步加强广东与新疆在数字政府建设领域的交流合作，深化政务服务"跨域通办"，共同探索全面数字化发展新路径，推动双方共赢发展。

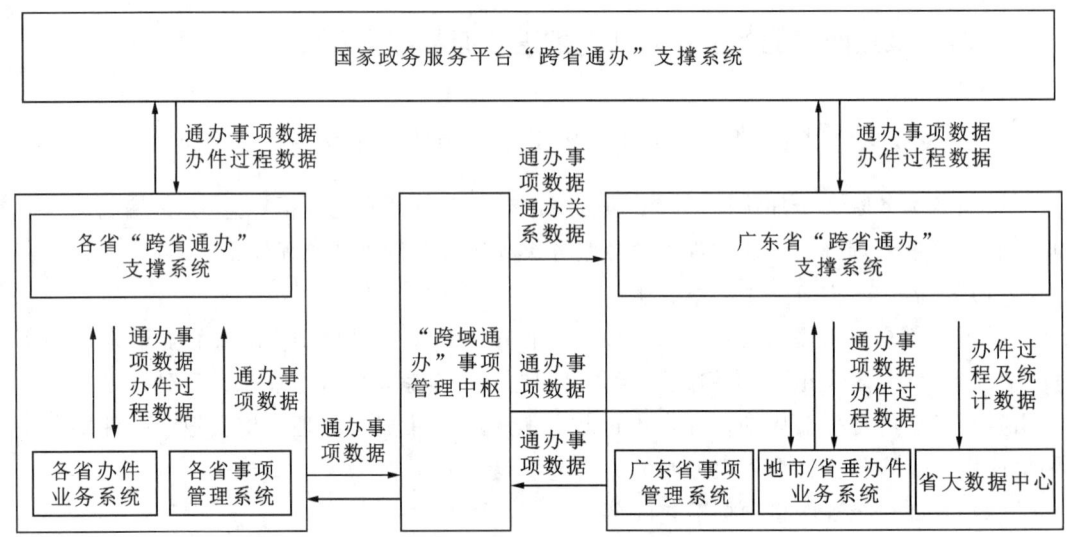

图11-3　"跨省通办"数字化支撑平台关系图

第二，上线泛珠跨域通办服务专区。

2022年以来，广东着力深化泛珠三角区域"跨省通办"合作，创新开展与港澳地区政务服务的"跨境通办"。同年4月，《泛珠三角区域政务服务"跨省通办"工作协调机制》正式印发，加快打造全国区域性政务服务合作示范标杆。

2022年7月24日，泛珠跨域通办服务专区正式上线。作为泛珠三角区域政务服务"跨省通办"合作的重要成果，专区上线将为泛珠内地九省区及港澳地区的企业群众提供更加便捷高效的跨域办事服务。此次泛珠跨域通办服务专区全新上线，为企业群众提供超1000项高频事项，涵盖异地就医、社保、结婚、生育、户口迁移、不动产抵押、企业准入准营等高频领域。

（4）推出全国首个省级政务服务平台"视频办"服务专区

2022年8月26日，广东政务服务网"视频办"服务专区正式上线。作为全国首个省级政务服务平台"视频办"服务专区，可为企业群众提供办事咨询、网办辅导、业务受理全流程服务，创新性地将线下优质服务资源送到企业群众身边，实现线上线下深度融合，创领企业群众办事全新体验。截至2022年8月29日，广州、珠海、东莞、江门、肇庆、清远、云浮等 7 个试点地市已累计上线"视频办"服务超过 760 余项，涵盖企业经营、助老助残、疫情防控、社会保障、医疗卫生、房产公积金、公共服务等各类服务主题。

### 2. 深化省域治理"一网统管"，提升政府决策科学化水平

推进粤治慧平台部署和地市接入，基本实现省域治理重点场景的可感、可视。初步完成经济分析研判系统建设和经济运行数据汇聚，为省经济形势研判提供数字化支撑。建设政务服务数据管理专题，上线"粤系列"平台、政务服务网、项目统筹等专题。会同省委政法委，以事项标准化为突破口，在广州、深圳、佛山、汕尾、东莞、江门等 6 市开展"一网统管"协同共治试点。在广州、深圳等 7 市以及省生态环境、林业、消防等部门开展"一网统管"物联感知应用场景试点，探索构建物联感知体系。"一网统管"界面如图 11-4 所示。

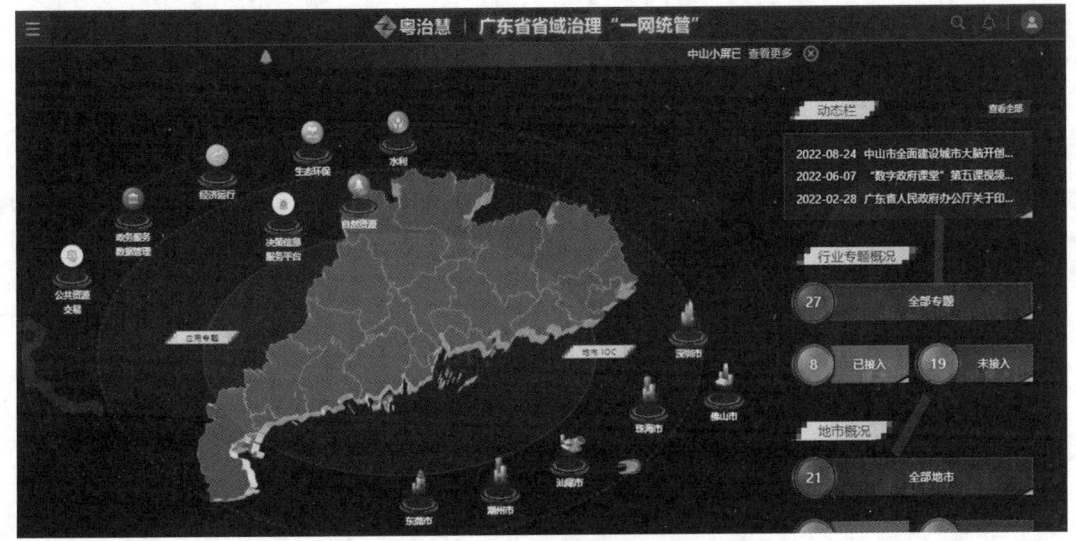

**图 11-4　"一网统管"界面**

### 3. 强化政府运行"一网协同"，提高政府数字化履职能力

（1）强化"粤政易"平台内门户建设

截至 2022 年 9 月，平台已基本覆盖全省五级公职人员，开通用户超过 240 万，日均活跃人数超 160 万。结合防疫需要及时上线特色应用，支持各级政府部门疫情防控在线实时通信和工作调度。已接入各部门业务系统以及业务应用 1100 多项，加快完善一体化协同办公体系建设。

（2）助力基层减负

建设统一高效、互联互通的数字政府填表报数系统，实现基层干部填表报数工作量压减 60%。在佛山等地市进行试点，梳理各级部门事项清单和业务流程，探索部门业务流程数字化再造。

**4. 提升数据资源"一网共享"能力，稳步推进数据要素市场化配置改革**

打造数据资源"一网共享"平台和公共数据开放超市，让各地各部门用数更加便捷。截至 2022 年 8 月 1 日，广东省"一网共享"平台累计发布数据资源目录 3.33 万个，为 1567 个政务部门的 1144 个业务系统提供 517.86 亿次共享数据调用服务。

## （五）以产业联盟培育为突破口，推动数字政府相关产业健康发展

党的十八大以来，以习近平同志为核心的党中央高度重视发展数字经济，将其上升为国家战略，提出建设数字中国的战略举措，强调要打造具有国际竞争力的数字产业集群。在数字经济成为推进中国式现代化重要驱动力量的大背景下，利用新技术发展数字产业、提升数字经济竞争力、完成数字化转型势在必行。高质量发展数字经济，需要强化顶层设计，挖掘并发挥自身区位资源禀赋、产业结构优势，探索数字化转型的个性化路径，着力推动数字经济持续健康发展。2022 年以来，广东省指导组建了广东数据发展联盟、南方数据服务联盟、政务服务便民热线联盟等行业联盟。指导数字政府网络安全产业联盟、数字政府建设产业联盟、信创产业联盟等充分发挥行业协调优势，抓紧制定工作方案，组织产业交流合作，数字政府政产协同机制基本形成。各产业联盟对推动数字政府改革建设、促进产业发展的带动作用逐步显现。

## （六）创新标志性成果，持续提升"粤系列"平台服务能力

### 1. 规划建设粤基座平台，基础设施支撑能力持续加强

按照"适度超前布局新型基础设施"的思路，规划建设一网多平面承载的新型政务外网、一云多芯异构同步的新型政务云平台，全省一盘棋打造粤基座，提高基础设施的健壮性。印发《广东省电子政务外网网络发展行动计划（2022—2023 年）》，筹建粤基座数字政府联创中心，提升新型基础设施服务水平。联创中心于 2022 年 8 月 31 日正式揭牌。

（1）规划建设粤基座平台

粤基座平台集成政务云、政务外网、身份认证、电子印章等多个管理平台。支持省里及欠发达地市服务内容统一、资源申请使用统一、用户使用界面统一、运营运维管理统一，提供广东数字政府政务云、政务外网、公共支撑等基础设施资源线上全流程闭环管理，实现基础设施资源可视化监控、告警信息实时预报等功能。

（2）基础设施建设现状

政务云按照"1＋N＋M"的广东数字政府政务云平台规划，实现"全省一片云"（见图 11-5）。建设省级政务云平台，统筹建设粤东西北地区 14 个地市政务云，为全省各

级单位提供 IaaS、PaaS、SaaS、备份、软件、安全加密、运营和迁移等 7 大类 150 余项服务，建设规模全国领先。

政务云上线后实现 7×24 小时运营运维，通过服务台、服务支撑平台实现政务云精细化管理，响应厅局用户需求，规范运营运维工作，提高云资源使用效率。目前服务支撑平台已实现省级管理，覆盖全省。

广东省电子政务外网省级平台网络服务化重构，从管理、服务、业务三个维度进行创新升级，构建管理"1＋N"、服务"1＋N"、业务"1＋N"的三个"1＋N"总体运作模式。通过省级电子政务外网标准化、智能化、数字化建设运营，实现省—市—县（区）—镇（街）四级全覆盖。

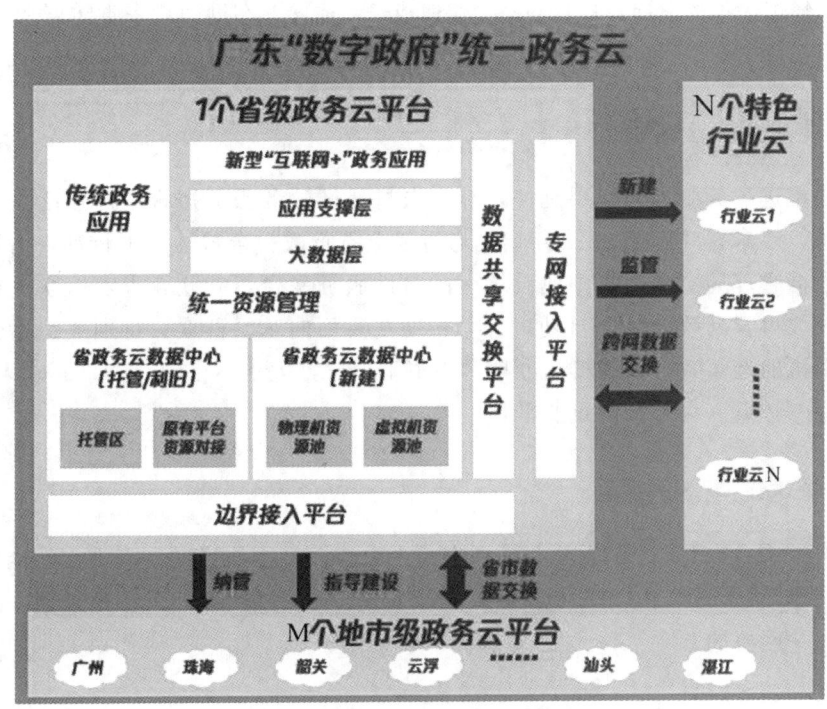

图 11-5　"1＋N＋M"建设布局

### 2. 发布粤省事 App 版本，持续完善平台建设

粤省事平台由广东省政务服务和数据管理局主管、数字广东网络建设有限公司建设运营，2018 年 5 月上线以来，依托微信小程序即开即用、群众触达面广的优势快速迭代。截至 2022 年 5 月 13 日，粤省事平台累计实名用户数已实现超 1.64 亿注册用户，接入近 2500 项高频政务服务事项，成为广东数字政府改革建设的一张名片。

### 3. 粤商通"数智化"支撑防疫工作和稳经济政策落地

2022 年 8 月 20 日，粤商通涉企移动政务服务平台迎来上线三周年。作为广东数字政府助力营商环境优化的标志性成果，三年来，粤商通以"汇粤商、通政企"为出发点，围绕企业全生命周期，不断探索涉企服务移动化、便捷化、智能化。截至 2022 年 8 月 20 日，已实现 2873 项涉企服务"指尖办"，集成电子证照 1333 类，用户在全省 1850 个办事大厅均可扫"粤商码"免证办事。平台累计市场主体注册用户达 1258 万，基本覆盖全省活跃市场主体，总业务办理量突破 2514 万件，访问量达 15.86 亿次，月活跃用户数超 200 万，越来越多市场主体享受到数字政府改革建设带来的数字红利。

### 4. "小切口"解决"大民生"，提升粤省心平台服务能力

2021 年 6 月 28 日，粤省心政务服务便民热线平台上线，推动省市两级 12345 政务热线协同发展，经过一年的发展，粤省心平台快速成长、成熟，在助力广东省防疫情、稳经济、保安全各项工作中发挥积极作用。

### 5. 拓展粤智助全省应用覆盖

为加快推进政务服务向基层延伸，补齐农村地区政务服务短板，构建泛在普惠的政务服务体系，广东省政府于 2021 年启动粤智助全省行政村全覆盖专项行动，由广东省政务服务和数据管理局牵头，集中建设统一的自助服务平台，并联合省农信联社在全省所有行政村投放粤智助政府服务自助机。粤智助主要面向基层群众，特别关注不会使用电脑和智能手机的老年人，实现群众办事"小事不出村，大事不出镇、办事不求人"，是打通政务服务"最后一百米"的重要平台。

### 6. 统筹建设粤公平平台

2022 年 7 月 15 日，广东省公共资源交易平台粤公平上线启动，有力推动全省交易数据"一网共享"、交易信息"一网尽览"、公共服务"一网集成"、交易业务"一网通办"、交易监管"一网协同"。

### 7. 发布车载政务服务平台粤优行

2022 年 4 月 28 日，广东发布全国首个基于车载使用的移动政务服务平台粤优行，率先将政务服务创新应用延伸至群众出行领域，全面打通政务服务全流程的"最后一公里"。粤优行车载政务服务平台由广东省政务服务和数据管理局统筹规划、创新设计，由数字广东网络建设有限公司和广汽集团实施开发，旨在提升省数字政务服务智能化水平和用户体验。粤优行以粤省事、粤商通、粤政易等"粤系列"精品服务为核心，与智能网联汽车深度融合，是面向群众出行的开放式车载政务服务平台，具备与各类新能源汽车及车载智能系统的对接能力，属全国首创基于智能网联汽车打造的政务服务产品。

## 一、广东数字政府建设的特征

广东数字政府建设的特征：整体推进，政企合作，管运分离。广东的数字政府是基于数字技术的整体性政府建构，采用的是自上而下统筹建设，"政企分开，管运分离"的模式，其改革成效的突出优势主要体现在政务服务方面。

### （一）整体推进

广东省在全国率先部署启动数字政府改革建设，积极创新数字政府体制机制和建设运营模式。广东省委、省政府高度重视全省数字政府改革建设工作，研究部署数字政府改革建设工作，省长亲自担任省数字政府改革建设工作领导小组组长，并先后多次召开领导小组会议，统筹推进各项改革建设任务。广东省政府先后印发《广东"数字政府"改革建设方案》和《广东省"数字政府"建设总体规划（2018—2020年）》，以政府机构改革、体制机制再造为突破口，"全省一盘棋"推动数字政府改革建设工作。撤并调整省信息中心以及省直各部门44个信息中心，组建省政务服务和数据管理局，结合全省机构改革工作，在市县两级设立政务服务和数据管理局，初步形成了全省政务信息化统筹管理格局。

突破传统业务条线垂直运作、单部门内循环模式，以数据整合、应用集成和服务融合为目标，以服务对象为中心，以业务协同为主线，以数据共享交换为核心，构建"纵向到底、横向到边"的整体型"数字政府"业务体系，聚焦各地各部门核心业务职能，不断推动业务创新和改革（见图11-6）。

创新建立"政企合作、管运分离"建设运营机制。充分发挥互联网企业、运营商的技术和服务优势，组建数字广东网络建设有限公司，承担广东数字政府建设运营中心职责。数字广东网络建设有限公司员工队伍已超过1900人，在省内21个地级以上市设立分公司，对省数字政府改革建设工作起到重要技术支撑作用。珠海、汕头、汕尾、中山、阳江、湛江、茂名、肇庆、潮州、揭阳等市参照省级模式，与数字广东网络建设有限公司当地分公司合作，为本地数字政府建设运营提供服务。

组建省数字政府改革建设专家委员会。为进一步提升数字政府改革建设的科学化水平，该省组建了省数字政府改革建设专家委员会，同时建立专家库，目前共有48名委员，180名专家库成员。专家委员会作为省政府的决策咨询机构，参与制定了数字政府

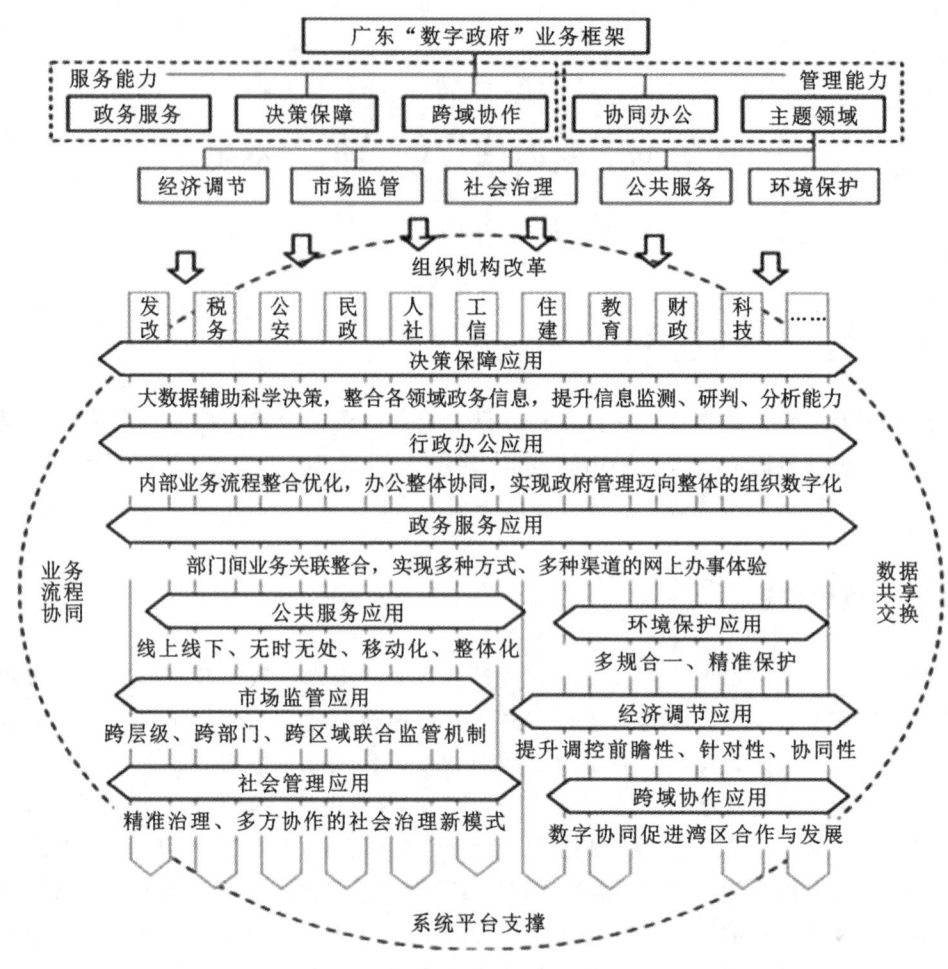

**图 11-6  广东省"数字政府"业务框架图**

改革建设中长期规划、年度建设计划，对重大省级政务信息化服务项目的建设实施进行技术指导，组织开展了数字政府基础理论、重大政策、前沿技术等课题研究，在该省数字政府改革建设中发挥了重要决策参谋和智力支撑作用。

以数字政府改革的"整体思维"，借鉴"用户思维、流量思维、平台思维、跨界思维"等互联网思维，形成政务互联网思维。广东省主要有以下三大信息基础设施：

## 1. 移动应用"粤省事"

"粤省事"是广东数字政府开发的一款移动应用，旨在为广东省民众提供便捷的政务服务。通过"粤省事"应用，用户可以实现政务服务的在线申请、查询、办理等功能，包括居民证办理、交通罚款缴纳、社保查询、预约挂号等。该应用还提供了在线办事指南、政策解读等服务，帮助用户更好地了解政府政策和服务。截至 2021 年 9 月，"粤省事"应用已经累计下载量超过 1.4 亿次，是广东省较受欢迎的政务服务应用之一。目前，"粤省事"应用已经覆盖广东省内所有地市，涵盖了政务服务、公共服务、商业服务等多个领域。

### 2. 政务云平台

按照集约建设的原则，统一规划建设全省政务云平台，为省政府各部门、部分地市提供高效、安全、可按需使用的政务云平台。政务云平台按照"1＋N＋M"的布局规划建设，即"1"个省级政务云平台、"N"个特色行业云平台、"M"个区域级和地市级政务云（见图11-7）。政务云建设涉及政务云平台、云计算中心、云存储中心等。

**图 11-7　"1＋N＋M"政务云平台示意图**

政务云平台是广东数字政府的云计算服务平台，提供云计算基础设施、云安全、云服务等，为政府部门、企事业单位提供计算、存储、网络等资源共享，支持在线办公、移动办公等。云计算中心则是政务云平台的核心设施，提供弹性计算、大数据分析等服务。云存储中心则为广东数字政府提供了高效的数据存储和管理服务。

政务云平台还预留接口，下一步为党委、人大、政协以及群团组织等提供服务。在技术上支持与第三方云平台对接，实现资源整合、管运分离、数据融合、业务贯通，改变以往部门系统分割、烟囱林立、业务隔离、资源分散的局面。

### 3. 政务网

政务网是广东数字政府的重要组成部分，提供了多种政务服务和公开信息。根据国家对电子政务网络的规范要求和发展导向，结合广东省实际情况，充分利用现有资源，按"同架构、广覆盖、高可靠、富能力"的建设思路，升级改造省电子政务外网。

广东数字政府的政务网包括广东政务服务网、广东政府门户网、广东政府信息公开平台等。其中，广东政务服务网提供了多种政务服务，如公积金查询、交通罚款缴纳、企业注册等，方便了广大市民和企业的办事需求。广东政府门户网是广东省政府的官方门户网站，提供了政府部门的介绍、政策法规、新闻动态等信息。广东政府信息公开平台公开政府的各类信息，包括政策、法规、预算、财务等。

## （二）政企合作

广东数字政府建设把重点放在推进"指尖计划"。该计划充分利用微信公众号、小程序、城市服务等多元化移动端渠道，提供"一直在线、贴身随行"的高频事项"掌上办"及移动协同办公便捷政务服务，打造了以"粤省事""粤商通""粤省心"等"粤系列"平台为核心，线上、线下各类政府和社会服务渠道深度融合的一体化在线政务服务平台。

出资组建，并与华为公司签订战略合作协议，形成"政企合作"新模式，该模式既强调政府在规划引导、业务协调、监督管理等方面的重要作用，又充分发挥互联网企业和基础电信运营商的技术优势，改变以往政府部门既是使用者又是建设者的双重角色，将部门变成服务的使用者、评价者，把原来分布在各个部门的建设能力集中起来，统一建设、统一运营、统一调度，形成建设能力的集约效应。

## （三）管运分离

按照"管运分离"的总体原则，在管理体制、运行机制、建设运维模式等方面探索创新，构建"统一领导、上下衔接、运作高效、统筹有力、整体推进"的全省"数字政府"改革建设组织管理体系（见图 11-8）。

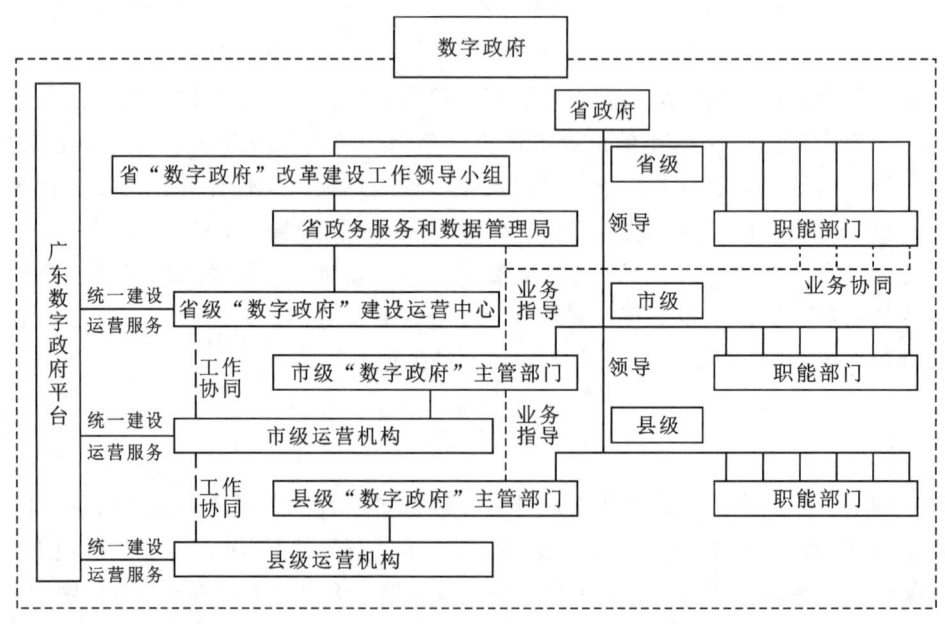

**图 11-8　广东省"数字政府"管理框架图**

管运分离是广东数字政府建设的重要模式。管运分离作为广东省政府数字化改革的一部分，着力于实现数字政府建设中政府与市场间的合作。在运营模式方面，广东省以"政企合作、管运分离"模式明显区别于与浙江、贵州两省，该模式成为广东省数字政府建设的一大特色与亮点。

## 二、广东数字政府建设的效果

### （一）提升政府效率

广东数字政府推进政务信息化，实现了政务服务的一站式办理，提高了政府工作效率和服务质量，优化了政府管理结构，简化了政务流程，减少了企业和个人的办事成本。在政务服务方面，广东数字政府建设了"一网通办"平台，将原来需要跑多个部门、提交多份材料的办事流程整合在一起，实现了"只进一扇门，办所有事"的目标。在政务决策方面，广东数字政府建设了"数字政府大脑"平台，通过大数据、云计算、人工智能等技术，实现政务信息共享和智能分析，为政府决策提供科学依据。

### （二）优化公共服务

广东数字政府推行"一网通办"，实现了政务服务的便利化、快捷化、智能化，为广大市民和企业提供了优质的公共服务。在教育领域，广东数字政府建设了"广东省教育云"平台，提供线上教学、数字化教育资源共享等服务，为广大师生提供便捷、高效、优质的教育资源。在医疗领域，广东数字政府建设了"电子健康卡"平台和"广东医保服务平台"，实现了医疗信息的共享和互通，为居民提供便捷的医疗服务。例如，患者可以通过电子健康卡在线预约挂号、查询病历、开具处方等，避免了排队等候和重复检查，提高了医疗服务的效率和质量。在交通出行领域，广东数字政府建设了"公交一卡通"和"智慧交通"管理平台，实现了不同交通方式的无缝衔接和信息共享。例如，市民可以使用公交一卡通乘坐公交、地铁、城市轨道交通等多种交通工具，实现一张卡畅行全省，大大提高了出行的便利性。

### （三）推动智慧城市建设

广东数字政府倡导智慧城市建设，通过数字化、智能化、信息化手段，提升城市管理和服务水平，为市民提供更加便利的生活和工作环境。在城市管理方面，广东数字政府建设了"数字城管"平台，实现了城市管理全过程的数字化、智能化。例如，该平台可以通过监测设备实时监控城市环境、道路交通等情况，可以通过人工智能技术进行数据分析和预测，提供智能化的城市管理决策。在智慧社区方面，广东数字政府建设了

"智慧社区服务平台"，实现了社区服务的数字化和智能化。例如，居民可以通过该平台实现在线缴费、报修、物业服务等功能，提高了社区服务的效率和质量。

## （四）增强政务公开透明度

广东数字政府推进政务信息公开，通过信息化手段，加强政务公开的透明度和真实性，促进政府与市民之间的互动和信任。建立了政务公开平台，该平台可以通过互联网公开政府的各类信息，包括政策、法规、预算、财务等，方便公众查询和监督。同时，政务公开平台还提供了在线咨询、在线申请等服务。同时也通过建立微信、微博等社交媒体账号，积极与公众互动，回答公众提问，解答疑惑。这样的互动方式，使政务公开更加贴近公众，更具可操作性。广东数字政府也要求政府部门主动公开数据，包括经济发展、社会事务、自然资源、环境保护等方面的数据。这些数据可以帮助公众了解政府的工作和决策，进而提高政府的透明度和公信力。

## （五）推动产业转型升级

广东数字政府倡导创新创业，加强数字经济建设，推动产业转型升级，助力广东经济的快速发展。在制造业升级方面，广东数字政府通过"数字经济发展规划"，推动制造业数字化、网络化、智能化升级。例如，广东数字政府建设了智能制造公共服务平台，为制造业企业提供数字化、智能化的生产服务和技术支持，提高了制造业的生产效率和竞争力。在服务业升级方面，广东数字政府通过"数字服务业发展"，推动服务业数字化、网络化、智能化升级。例如，广东数字政府建设了"广东省数字贸易与服务公共服务平台"，为服务业企业提供数字化、智能化的服务支持和技术咨询，促进了服务业的创新发展。在新兴产业培育方面，推动新兴产业的发展和壮大。

### 本章小结

"数字政府"是对传统政务信息化模式的改革，包括对政务信息化管理架构、业务架构、技术架构的重塑，通过构建大数据驱动的政务新机制、新平台、新渠道，全面提升政府在经济调节、市场监管、社会治理、公共服务、环境保护等领域的履职能力，实现由分散向整体转变、由管理向服务转变、由单向被动向双向互动转变、由单部门办理向多部门协同转变、由采购工程向采购服务转变、由封闭向开放阳光转变，进一步优化营商环境、便利企业和群众办事、激发市场活力和社会创造力、建设人民满意的服务型政府。广东数字政府建设为全面推进政府履职和政务运行数字化转型，统筹推进各行业各领域政务应用系统集约建设、互联互通、协同联动，创新行政管理和服务方式，全面提升政府履职效能，提供了宝贵的"广东经验"。

**主要概念**

数字政府；数字化发展；数字政府履职效能

**复习思考题**

1. 请总结一下广东数字政府建设的经验和启示。
2. "数字政府"与"数字中国""数字化"之间关系如何？
3. 什么是政务互联网思维？你认为在数字政府建设过程中应该怎样构建这种思维？

# 贵州数字政府的数据融合模式

2014 年以来，贵州省以建设国家大数据综合试验区为契机，深入实施"聚通用"，推进系统整合、数据共享、流程再造、重心下沉，破解"互联互通难、信息共享难、业务协同难"等痛点、堵点和难点问题，全面地构建线上——线下融合的创新型服务体系作为支撑，为人民群众提供一站式、全天候的民生服务，以"数据多跑路、百姓少跑腿"为宗旨，实现"以数字经济为引领奋力"谱写数字中国建设的贵州篇章。贵州省委、省政府部署"数字经济发展创新区"，加快数字融合，不断推动数字产业创新，从而提升数字经济核心产业整体竞争力。

———— 重点问题 ————

1. 贵州"云网平台"的基本概念。
2. 贵州数字政府数据融合发展的理念创新。
3. 贵州数字政府数据融合发展的创新机制。

## 第一节
## 贵州"云网平台"的建设及发展过程

2014 年以来，贵州省政府全力打造"电子政务云"，建立"云上贵州"系统平台，成为省级网上政务的标杆。贵州"云网平台"的建设大致可以分为三个阶段。

### 一、第一阶段是初建统一系统平台阶段（2014—2017 年）

为响应国家的要求，借助国家大数据综合试验区建设的契机，自 2014 年开始，贵州省率先致力于打造数字政府系统平台，于当年 10 月正式上线运营全国首个省级政务数据平台——"云上贵州"系统平台，推进政府数据资源整合、共享、开放和利用。为深入推进数据资源的汇聚、融通和利用，2016 年贵州又启动政府数据"聚通用"攻坚战，主要措施是打破各自为政的旧界限，统一将省市政府部门和各类应用系统迁入"云上贵州"，形成统一支撑；同时开展基础数据库的建设，以人口、空间、宏观经济和法人单位四大基础数据库支撑统一政务（见图 12-1）。"云上贵州"四大基础库占据政府数据的 50％以上，吸引各类数据聚焦，超过 7760 万条数据成功互联互通。此外，还建设全省统一的政府数据中心，实现整合共建、无缝共享。另外，为适应数据共享交换以及开放的要求，又上线启用了数据共享交换平台和数据开放平台。随着移动时代的到来，2017 年"云上贵州"App 上线运行，开启了移动政务建设的先河，实现了面向社会公众的数据和应用交互。截至 2017 年底，"云上贵州"政务数据平台打通了扶贫、教育、公安等多个国家部委和省市数据、纵横部门和市州数据，形成一体化的贵州省政府数据共享交换开

| 人口数据库 | 空间数据库 | 宏观经济数据库 | 法人单位数据库 |
|---|---|---|---|
|  |  |  |  |
| 省公安厅 | 省国土资源厅 | 省统计局 | 省工商局 |

宏观经济数据库建设涵盖国民经济核算、人口、公共管理、社会保障及其他分类的共享数据库和主题数据库，通过元数据技术和其他多样化的信息检索工具，建立多数据源、多目录之间的集成数据管理、应用体系

图 12-1　"云上贵州"四大基础库

放体系。此外，依托于"云上贵州"建立精准扶贫大数据支撑平台，实现了多源异构的数据共享交换，促进了扶贫数据的"通"和"准"。

## 二、第二阶段是升级更新阶段（2018—2019 年）

2018 年底，贵州省首创全国政务数据"云网平台"模式，打造"聚通用"升级版。云上贵州大数据（集团）有限公司（以下简称"云上贵州公司"）通过统筹平台架构集成、系统软件，统筹云服务整体对外运营，统筹数据存储调度管理，平台的服务能力得到极大提升。已形成移动、联通、电信、广电四个节点，互联互通、互为备份，多通道、多出口的"政务一朵云"，对外可提供云存储、云计算、云安全、云组件等基础服务，为全省政务数据"聚通用"实现安全技术支撑。2019 年 5 月 26 日，贵州省政务数据"云网平台"升级为"一云一网一平台"，从政府数据治理出发，以政府数据汇聚、融通、应用为突破，进而提升社会治理、民生服务、乡村振兴和产业发展水平。

（1）"一云"指"云上贵州一朵云"。截至 2019 年 5 月，承载省、市、县政府部门9728 个应用系统，实现所有系统网络通、应用通、数据通，数据集聚量从 2015 年的10TB 增长到 1387TB。[1] 这朵云将实现所有政务数据在"云上贵州"集中存储、共享交换和开放开发，实现多云、多节点的集中管控调度。"云上贵州"从一个物理分散、逻辑集中的"大仓库"，变成一个统一的"大应用程序"，实现了应用和数据"大集中"。根据不同权限，通过"云上贵州"总云，可以查看访问省、市、县所有应用系统和相关数据（见图 12-2）。可实时查看每一个系统存在哪个数据中心、哪个机房、哪一台服务器上，以及占用多少存储量，并能实时监控每个机房、每个机柜、每台服务器的用电、通风、温度、湿度等情况，确保数据和系统安全可控。

（2）"一网"指"政务服务一张网"，包括物理的电子政务网络和逻辑的政务服务网。截至 2019 年 5 月，物理的电子政务网络已实现省、市、县、乡、村五级全覆盖。逻辑的政务服务网，一方面建设贵州政务服务网 PC 端，上线 58.8 万个事项，注册用户 2370 多万，约占全省常住人口 66％，便于企业和公众查询和办事，实现"进一张网、办全省事"；另一方面，建设政务服务移动端，上线"云上贵州多彩宝"App，面向老百姓提供高频服务事项，注册用户约 190 万，约占常住人口的 5％。[2] 提供了身份证、驾驶证等电子凭证，在贵州坐飞机、住酒店可以不带身份证，通过"云上贵州多彩宝"电子身份证认证即可；开车忘记带驾驶证时，可以出示驾驶证电子凭证。"贵州政务服务网"、移动端打造"云上贵州多彩宝"，打造为群众提供政务服务的统一入口，实现全省网上政务服务端口"大统一"。

---

① 《贵州"一云一网一平台"正式启动运行》，《贵州日报》，2019 年 5 月 28 日。
② 《贵州省政务数据"一云一网一平台"正式运行》，新华社，2019 年 5 月 26 日。

经济建设　　社会发展　　医疗健康　　环境资源

科技教育　　民生服务　　政府机构　　城市建设

**图 12-2　开放平台展示八大民生数据领域的相关数据**

（3）"一平台"指"智能工作一平台"，打通各级各部门自建业务审批系统，建设全省统一的政务服务平台和数据治理平台，统一服务省、市、县、乡、村五级，提供协同办公、行政审批、资金监管、数据调度、数据搜索等服务。政务服务平台面向公众和公务用户，通过数据共享，实现网上政务服务；数据治理平台上，建立数据交换平台，目录上架、交换共享、全网搜索。

"云上贵州一朵云""政务服务一张网""智能工作一平台"的建设推进政府数据跨层级、跨系统、跨业务互联互通，逐步消除政府部门之间的"信息孤岛"和"数据烟囱"。"一云一网一平台"从政府数据治理出发，以政府数据汇聚、融通、应用为突破，围绕解决企业群众"办事难、办事慢、办事繁"等问题，以消除"信息孤岛""数据烟囱"为重点，加快提升政府管理、社会治理和民生服务水平。

## 三、第三阶段是优化完善阶段（2020 年至今）

2020 年，贵州开始建设"大基础、大中台、大系统"的"一云一网一平台"新版数字平台架构，强化通用功能和能力建设。加强建设部门共享共用"大中台"，提升"一平台服务"能力，推进云资源省市一体化系统。进一步打破部门壁垒建设"大基础"，提升"一网通办"，即一网联通各级政务服务，让数据通起来，实现通过一张网办全省事，为政府、企业、群众提供"一网通办"大窗口，向上连接国家，向下覆盖省、市、县、乡、村五级，实现政务服务大联通，提高群众网上办事效率。建设完善视频中台、地图中台、数据中台、身份认证中台、移动中台、AI 中台等一批公共服务中台，提升数字政府公共支撑能力，有效支撑形成业务耦合、体系融合的"大政法""大应急""大旅游""大党建""大农业""大健康"等跨部门大系统建设，提升数据融合应用水平，加快筑牢政府数字化转型基础支撑，推动数字政府建设水平持续位居全国前列。

"云网平台"建设的主要措施及实现功能如表 12-1 所示。

表 12-1 "云网平台"建设的主要措施及实现功能

| 年份 | 名称 | 主要措施 | 主要功能 |
|---|---|---|---|
| 2014 | "云上贵州" | 上线统一系统平台/首个省级政务数据平台 | 初建整合、共享、开放和利用的平台/支撑"聚通用" |
| 2016 | "云上贵州" | 省市应用系统迁入"云上贵州"/四大基础库/统一数据中心/数据共享交换平台和数据开放平台 | 整合共建系统/支撑共享交换和数据开放 |
| 2017 | "云上贵州" | 打通纵向系统和横向部门数据/上线"云上贵州"App | 进一步促进数据共享/支撑移动政务 |
| 2018 | "云上贵州" | 统一云存储、云计算、云安全、云组件等基础服务和安全支撑/打造"聚通用"升级版 | 提升"聚通用"支撑力 |
| 2019 | "一云一网一平台" | 完善五级物理电子政务网/逻辑政务服务网;强化多云、多节点的集中管控调度/形成政务服务平台和数字治理平台 | 深化应用/提升社会治理、民生服务、乡村振兴和产业发展水平/注重数字治理 |
| 2020 | "一云一网一平台" | 基础支撑更强,调度更有效,系统更融合/打造"大基础、大中台、大系统" | 强化通用功能和能力建设/形成业务耦合、体系融合的大系统 |

资料来源:邓念国,杨曦娥.数字平台驱动的政府治理创新——基于贵州"云网平台"的考察〔J〕.中共杭州市委党校学报,2022(5):56-66.

# 第二节
# 贵州数字政府数据融合发展

## 一、贵州数字政府数据融合发展的意义

"云网平台"支撑下,为更好地发挥政务数据"用"的功能,贵州不断探索支撑政用、商用、民用的典型数字应用,不断推进政府治理创新,让数据真正赋能政府治理、经济建设和民生服务。[1]

## （一）有效赋能政务服务，打造"网上办""移动办"的新政务服务模式

（1）建设以群众需求为牵引的"淘宝式"政务服务门户，实现服务方式的大变革。贵州省打造了全国领先的贵州政务服务网"淘宝式"门户，实现了从"你寻找"到"我推送"，从政务信息化到服务定制化，从政府供给导向向群众需求导向三个转变。

（2）创新"集成套餐式"政务服务，实现群众办一件事只跑一次。依托贵州省网上办事大厅，为申请人提供一体化、流程化、智能化的政务服务，通过"集成套餐式"政务服务系统一站式解决群众"办事难、跑断腿"的问题。

（3）打造移动办事新品牌，形成"掌上办事"新格局。"云上贵州多彩宝"针对解决群众"办事难、办事慢、办事繁"等问题，打造出了"百县百样、千人千面"政务民生服务贵州模式；贵阳市还开发出"数智贵阳"微信小程序，打造贵阳市"整体政府"建设模式下的微政务服务体系。

## （二）有效赋能脱贫攻坚，支撑精准扶贫大战略

贵州率先提出"扶贫＋"理念，探索"云端"扶贫新模式，在"云上贵州"架设了"精准扶贫云"数字化平台，将农业、财政、人社等多个部门工作与扶贫工作相融合，提升脱贫攻坚中心工作的能力和绩效。该平台集成了精准扶贫的指挥调度平台、责任监控平台、任务监控平台、项目资金监控平台、脱贫管理平台。在统一平台、统一标准、统一数据的基础上，利用"云上贵州"平台所提供的存储和云计算服务，发挥大数据精准定位、精准查询的优势，将精准扶贫落实到个人，用技术手段实现精准扶贫，用数据聚焦贫困人群，全面掌握贫困地区数据，切实帮助贫困人群脱贫致富，防止再度返贫的情况发生，全力打赢脱贫攻坚战。

## （三）有效赋能执法监督，大力促进依法行政

贵州首创"数据铁笼"，打造规范有效的政府执法监督体系。贵阳市公安交通管理局依托大数据产业优势，于 2015 年就启动了"数据铁笼"计划，实现网上办公、网上审批和网上执法，及时查处和纠正发生在权力行使过程中的违法违纪行为，倒逼政府进行权力制度的约束与改革。通过运用大数据让权力在阳光下运行，实现了权力运行处处留痕，把执法权力关进数据铁笼，推动政府管理流程再造、简政放权、依法行政，并建立起了"用数据说话，用数据决策，用数据管理，用数据创新"的现代化治理体系。

## （四）有效赋能社会治理，构建平安和谐的社会秩序

打造"社会和云"平台工程，构建大数据支撑的社会治理体系。贵阳市依托省大数

据平台，启动"社会和云"平台工程，整合 12345 市民服务热线、"百姓—书记市长交流台"、环保热线、公共服务热线，以及网页端和 App 客户端、市民反馈平台、微信等系统，搭建了一个社会综合治理的"城市大脑"，统一对群众诉求进行受理、派遣、督查、考核，有效地促进贵阳市社会治理能力提升和现代化。"社会和云"平台采取"网格化＋"的方式，在原有网格的基础上，整合了社会组织、爱心企业、专业社工、志愿者等不同主体，建立多渠道收集线索、多源发现问题、多方主体协同参与的机制，发现社会痛点，推进公益众筹，实现社会治理精准高效。

### （五）有效赋能数字经济发展，促进经济社会发展

通过平台驱动，营造大数据产业生态，涌现出一批数字行业的"独角兽"企业。成立于 2017 年 11 月的"满帮集团"，借助互联网、大数据及人工智能技术，开发出线上"货车帮"，集成了订单管理、财务管理、运输管理等功能，实现了信息发布与查询、在线支付、运单跟踪管理、货主管理、司机管理、回单审核、诚信管理、投诉处理和后台数据统计等功能，改变了传统物流行业"小、乱、散、差"的现状，被誉为中国干线运力的基础设施和大动脉。贵州"医渡云"基于医疗大数据共享平台，打造国际化的数字医疗、智慧医院。一方面，利用区域医疗数据平台提供线上患者服务和院外患者服务，促进重点疾病早防早治，实现与区域所有医院之间的数据联通和互动，优化患者服务；另一方面，推进"医联体"发展，增加优质医疗资源，使更多群众能够分享优质医疗资源。"医渡云"成为数字智能服务经济和社会的典型案例。

## 二、贵州数字政府数据融合发展的理念创新

贵州省立足于省情，积极探索大数据、人工智能等技术在政府治理领域的应用，以"互联网＋政务服务"引领数字政府建设，形成了极具特色的数据融合发展方式。贵州依托大数据发展，进一步推进大数据与政务服务融合，重视数字政府建设的顶层设计，催生高效的政府治理。政府数据融合发展驱动了治理理念创新，形成整体治理、共享开放、协同共治、全周期治理等新理念。

### （一）整体治理理念

整体治理理念源于整体政府理论。整体政府理论为解决碎片化治理困境而生，强调以整体性视角看待政府治理，旨在推动政府内部的流程整合，实现政府作为一个整体回应公共治理需求。"整体治理"强调从碎片化转变为一体化，实现各机关、各部门协同高效运作，实现治理资源的统筹配置、治理过程的协同运行；强调以流程重建和运作模式改革，为公众提供一站式的服务。

"云网平台"以整体性破除碎片化问题，强调数据整合共享的协同合作。其建立的初衷即是要打破政府原有部门分割、"烟囱林立"的信息壁垒现象，在省级层面建立起一体化系统平台、共享交换平台和数据开放平台，并建立统一的政府数据中心，以数据的聚合促进政府治理的整体化、一体化。同时，借助大数据相关技术，打破条块治理，对政府治理进行全面赋能，促进部门间信息共享和业务协同，实现政府管理资源的共享整合，简化群众办事环节和程序，提高办事效率和水平，促进整体治理理念形成。

## （二）共享开放理念

"共享"理念意味着打破政府治理的封闭性、治理成果分享的排斥性，强调基础设施、政策产品、公共服务等向更多群体、更广泛的受益人分配，实现政府治理的公平性和包容性。"开放"理念意味着打破数据的独占性和排他性，将数据作为公共产品供全社会使用。大数据时代最明显的特征就是开放，国内外智慧政务的实践表明，只有实行政务数据的开放与共享，才能充分调动整个社会多方面的资源，实现治理的优化。

"云网平台"尤其强调数据共享，实现跨层级、跨地域、跨系统、跨部门、跨业务的数据互联互通，建立起以全省各级政府部门为节点的治理网络，使得梅特卡夫定律所揭示的网络乘数效应得以放大，数据驱动的治理效能加速释放。数据共享中，各级政府部门依托"云网平台"，实现政府内部组织机构和工作流程的优化组合，通过政务数据资源共享整合，合理配置各类治理资源，促进政府整体效率提升。[2] 同时，依托"云网平台"建立的政府数据开放平台，充分发挥政务数据的资源属性，将政务数据有序开放，供企业和社会开发利用。

## （三）协同共治理念

大数据时代，只有打破传统管理中的"单一""单向"管理的桎梏，树立起"多元协同共治"理念，才可能面对现代社会中种种治理难题。大数据打通政府、企业、社会等各个治理主体的信息数据和治理资源，将多方治理主体融合起来，促进多方参与主体有效互动[3]，推进相关治理措施和治理技术深度融合，进而形成政府、企业、社会组织、民众等多方协同治理，实行共建共治共享。

"云网平台"本身就是一个协同共治的平台，其建设过程也是多方协作共治的结果。"云网平台"建设坚持"政府引导、市场主导"的推进模式，形成了以贵州省大数据发展管理局为牵头单位，以云上贵州公司为技术支撑单位，以移动、联通、电信、广电等运营公司为市场主体并链接各类技术服务公司的建设格局。贵州省政府数据开放平台也是由贵州省大数据发展管理局牵头，云上贵州公司作为承办单位与技术支撑单位，贵州中软云上数据技术服务有限公司共同建设的政府数据服务门户。"云网平台"支撑多方利用和协同共治。该平台不仅向社会提供政府数据资源的浏览、查询、下载等基本服务，满足公众和企业对政府数据的"知情权"和"使用权"，还促进政府数据资源的开发利用，鼓励企业、社会组织和个人利用数据资源开展商业模式创新。"云网平台"支撑下的政府数据开放平台，不仅提供了大量政务数据，还提供基于政府数据资源开发的应用程序，开放指数分析等增值服务，鼓励社会开发更多的惠民便民应用程序。

### （四）全周期治理理念

"全周期治理"又称"全生命周期治理"，强调把管理对象视为一个动态、开放、生长的生命体，注重从系统要素、结构功能、运行机制、过程结果等层面进行全周期统筹和全过程整合。[4] 全周期治理强调全要素、全过程、全闭环的治理过程。[5] 从全要素看，利用大数据等数字技术，融合劳动力、资本、土地、知识、技术、管理、数据等要素，推动政府职能、政策资源、物资财力、人力资源等治理要素的科学统筹、有机整合，充分发挥所有治理要素的总体效能。从全过程看，通过大数据全程跟踪和实时监控治理过程中的每个环节和步骤，并及时反馈、动态调整，形成清晰的治理链条。从全闭环看，借助大数据相关技术，从数据收集到需求把握，从政策匹配到资源整合，从政策执行到反馈监督，形成一个个闭环。

"云网平台"支撑下的"数智贵阳"深度应用大数据，做优公共服务，打造一体化、全周期的数字政府，构建"一擎双翼"的数字政府和数字社会协同治理平台；面向民生、企业和社会，通过数字化、网络化和智能化的建设提高行政效率、简化行政流程，为全市老百姓提供更高效、更便捷的全生命周期服务。

## 三、贵州数字政府数据融合发展的创新机制

"云网平台"是政府数据聚集、共享、交换、开放的场所和渠道，兼具资源驱动、技术驱动和创新驱动的机制。具体而言，"云网平台"主要通过资源整合、信息交互、快速迭代、时空突破、创新驱动等多种机制驱动政府治理创新，促进政府治理向集约化、协同化、敏捷化、全时空化、平台化转型，推动政府治理能力提升。

### （一）资源整合机制促进集约化转型，提升政府整体高效治理能力

资源整合机制属于资源驱动创新之一，资源驱动强调提高资源的利用效率从而达到创新之目的。而数字平台的资源整合机制不仅仅是单纯汇聚众多数据资源，而且要对这些数据资源进行归集、编目，使之标准化、易调取、可共享，进而为整体高效治理提供基础支撑。从现代治理的视角看，针对传统治理中资源分散、治理碎片化、治理断层、效率低下等问题，整体性、集约化是现代政府治理转型的基本依归。"云网平台"有效回

应了这一转型需求，通过资源整合机制促进政府治理系统化、集约化转型，实现无缝隙的整体高效治理。

首先，作为数字政府的底座支撑和基础设施，"云网平台"提供了数据聚合的场域和空间，拥有巨大的资源优势，能够以较低的成本将碎片化的能力和资源整合起来。通过"一朵云"将原有部门间彼此孤立、互不联通的政务数据资源汇聚整合，实现所有政务数据在"云上贵州"集中存储，实现多云、多节点的集中管控调度，省、市、县形成物理分散、逻辑集中的数据"大仓库"，进而形成"数据池""数据湖"，发挥数据集聚的规模效应、系统效应和乘数效应，奠定政府部门间、政府间整体性运作的基础。

其次，初期的"云上贵州"强调政务数据的"聚"，将分散于各部门、各层级的数据进行有效汇聚，不仅打通了扶贫、教育、公安等21个国家部委和省市数据，还横向连接65个省直部门，完成物理迁移和逻辑汇聚，以数据的"汇聚"奠定整体性治理的基础；构建"大基础""大中台""大系统"，消除"信息孤岛"和"数据烟囱"，使各部门之间协调统一、资源整合，促进集约化治理。

最后，"云网平台"依凭其拥有的巨大资源优势，在大数据、人工智能等技术支持下，以较低的成本将碎片化、分散化的资源要素和治理能力予以高效整合和有效配置，优化了政府治理能力。

## （二）信息交互机制促进协同化转型，提升政府精准精细治理能力

信息交互机制兼具赋能和赋权的功能。政府系统内部的交互有效赋能治理水平提升，而政民信息沟通和互动则有效赋权社会公众。

"云网平台"通过信息交互机制，发挥连接交换功能，破除政务数据连接、共享、交换壁垒，进行信息交互、数据共享，提升政府治理的协同化水平。从体系设计上，"云网平台"上数据的"聚通用"本身就是一整套协同体系，在"聚"的基础上，依托一体化平台以"聚"促"通"，实现政府数据的共享交换，最后以"通"促"用"，推动部门之间的功能重组和业务协同。在技术支撑上，"云网平台"构建了资源和能力模块共享共用的数据"大中台"，通过数据交互实现应用级的能力共享，依托数据中台和业务中台，实现面向服务需求的业务大融合和政府职能重构，形成数据驱动、人机协同、跨界融合的智能化协同化治理系统，构建出一个逻辑全新的协同性政府。在治理运行中，依托"云网平台"，通过数据协同、业务协同，以数据多重比对精准掌握服务对象分布及活动规律，并在"云网平台"形成可视化界面，通过实时在线监控、异常状况提醒、管理预警及危机处理，实现紧急事件快速发现、快速联动、快速分派、快速处置，促进主动预测式、精准精细式治理。

在公众参与上，公众不再满足于简单的信息"投喂"方式，而需要通过政务公开渠道和数据开放平台，保证政府信息和政府数据的可获取、可利用，并在透明机制的有效运行之下，在相应的政民互动平台上表达需求，参与公共事务，从而真正做到协商共治，达到多方协同共治的效果。

### （三）快速迭代机制促进敏捷化转型，提升政府弹性柔性治理能力

动态适应、弹性柔性的敏捷治理成为治理转型的最新追求。以数字技术为基础，通过快速迭代机制为政府治理提供更强的动态性和适应性，提升政府敏捷治理能力。

首先，"云网平台"驱动数据收集和处理方式变革，通过更具溯源性的痕迹追踪与管理方式，从传统的经验决策转向循数治理，宏观上可俯瞰政府治理的全要素和全生命周期，微观上可细察治理运行的精准轨迹，释放更多的弹性治理空间。

其次，"云网平台"提供了精确计算的分析工具和手段，使政府治理由"刚"变"柔"。以数字技术为基础，借用移动终端和智能设备，将信息快速传递到公共数据平台，以全程监控和流程控制进行实时动态监管，以数据及时更新实现在线即时动态监测，通过快速迭代、高效整合、动态优化政府的管理、服务和决策过程，推动政府职能、政策资源、物资财力、人力资源等治理要素的灵活统筹，快速匹配资源，并动态反馈、适时调整，形成更为及时更为灵活的资源配置方式。

最后，"云网平台"通过改变传统金字塔式结构，使政府组织形态扁平化、规模缩减，为政府弹性化运作和政府再造提供支持；"云网平台"以服务中台和协同中台实现政务需求的敏捷响应、标准设计、迭代开发，还通过数据共享开放，使政府治理获得更多的互动性、更强的透明性、更敏捷的回应性，形成灵活的治理决策和组织模式，实现弹性柔性之治。

### （四）时空突破机制促进在线化、全时化，实现全生命周期的治理

当今，无所不在的通信网络、智能机器、智能建筑等已经形成了不分时间、不分地点的全球化互联世界，弥补了"旧式社会结构的裂痕"。"云网平台"通过在线、连接、交换、共享促进政府治理突破时空限制，打造在线化、全时空化、全周期性治理。

首先，无论在"网上政务"和"移动政务"等政务服务上，还是在社会治理、执法监督等数字化应用上，都离不开互联互通、互为备份，多通道、多出口的"政务一朵云"的基本支撑；无论是公共服务中的部门协同，还是政府治理的层级协调，抑或是政民之间的网络协商沟通，都离不开数据资源库的支撑。来自原有部门管理信息系统、政府横向综合信息平台以及通过互联网、物联网、大数据等技术手段所实施的信息联通和数据抓取，构成了政府治理的大数据源，汇聚起来形成"数据池""数据湖"，通过逻辑的关联有效调取数据，可以突破历史现实的维度、时间空间的限制以及政府部门的边界，实现全时空的治理。

其次，以全生命周期的理念，构建新治理模式，可以打破原有职能导向、绩效导向、部门导向的桎梏，重塑治理流程和机制，以形成高度个性化、精准化、全流程、全闭环的治理。

最后，基于人工智能的感知、分析、决策能力取得突破，政府运行的数字映射实时呈现，实现全方位、全领域的综合应用，形成对政府治理整体状态的即时感知、全局分析和智能处置，推动全周期治理。

## （五）创新驱动机制促进平台化转型，提升政府数据价值再造能力

在数字时代，万物皆被数字化技术重构，而数据则构成数字化世界的基础。政府拥有大量高价值密度的数据，在利用大数据创造价值方面占有绝对优势。但是，这种潜在优势变为现实价值需要相应的驱动机制。"云网平台"借助数据技术，通过创新驱动机制，促进政府自身数据治理过程中的价值转化，或者向社会赋能，企业和社会通过数据利用将政府数据资源转变为新的产品和服务，实现政务数据的利用与增值。

首先，驱动内部价值创造。"云网平台"由最初的"聚通用"设计，到后来的"大基础""大中台""大系统"的构建，均体现出"政务即平台"的理念，以及从技术到服务到政府转型的机制设计，最终都将实现工具、流程和治理的数字化提升。依托"云网平台"，通过"一云"聚数据，"在线"让网络平台成为基础设施，让政务数据成为生产资源，在数据重构中产生价值；通过"一网"通数据，以信息和数据的流动打破原有的管理层级和管理界限，实现跨层级、跨部门、跨行业、跨领域、跨区域的数据融合，"连接"产生高价值密度的数据，在数据交换中产生价值；通过"一平台"用数据，以数据、技术、业务、服务融合打造数据规模效应，在数据共享、利用中创造价值。

其次，驱动市场价值创造。数字平台让新兴技术不断融合，集群化、链条化、跨领域创新成果屡见不鲜，颠覆性、革命性创新与迭代式、渐进式创新相并行，正在重构社会运行的底层基础设施和运行逻辑。数字平台驱动的这种创新通过不断向国民经济各产业、各领域"渗透"和"赋能"，通过乘数效应和数字溢出效应推动数字经济迅猛发展，进而带动传统产业的转型升级。"云网平台"不单是一个数据汇聚的平台，更是一个数据开放的平台，能推动市场和产业的变革；"云网平台"提供的开放数据、创新组件和辅助工具，能降低企业创新门槛，能使那些拥有先进技术和服务经验的企业或组织获得更便捷、更通畅的渠道，对公共数据的价值进行挖掘，以更智能的算法实现从数据到价值的转换，充分发挥信息技术的扩散效应、溢出效应和普惠效应。

最后，驱动服务价值创造。数据可以支撑、衍生、优化服务，企业通过政务数据资源的挖掘，创造新产品或服务，或者产生新的资源组合、生产方法、工作流程、业务实践和组织方法，增加数据价值。"云网平台"对政府治理单元进行结构重组和功能整合，依靠数字平台生成的各种跨层级、跨部门、跨领域的功能性模块正逐步取代管理部门而成为政府治理的基本单元，以模块式治理能节约治理成本，提升治理效能。另外，通过数据资源开放、数据开发工具提供、开源项目引导，向社会提供可以"组装"的能力模块，能让第三方开发者们更加容易、更加便捷地开发新的公共服务模式。在贵州"云网平台"驱动之下，产生了"数据铁笼""社会和云""医渡云""货车帮"

等政用、商用、民用的新场景、新应用，有效促进了政府数据的普惠应用，创造了更多社会服务价值。

政府数据融合发展的创新机制如表 12-2 所示。

表 12-2　政府数据融合发展的创新机制

| 特征方面 | 资源整合机制 | 信息交互机制 | 快速迭代机制 | 时空突破机制 | 创新驱动机制 |
|---|---|---|---|---|---|
| 场域提供 | 聚合场 | 共享场/交换场 | 聚合场/共享场 | 共享场/交换场 | 交换场/开放场 |
| 数据状态 | 聚集/存储/序化/在线 | 流动/交互 | 流动/更新/交互/赋能 | 流动/更新/交互/赋能 | 挖掘/再利用/增值 |
| 治理角色 | 整合者/调取者 | 接口提供者/协同者 | 回应者/协同者 | 平台提供者/协同者 | 平台提供者/开放者/辅助者 |
| 组织边界 | 政府内部整合/打破部门边界 | 政府内部交互/打破部门边界 | 打破组织边界/比对外部数据 | 打破部门边界/突破组织边界 | 逸出组织边界/社会化利用 |
| 模式革新 | 融合式/整体高效式 | 交互式/精准精细式 | 敏捷式/弹性柔性式 | 全周期式/全过程式 | 开放式/价值再造式 |
| 治理方式 | 数据协同/业务耦合 | 信息交互/政民互动 | 动态回应/跨界融合 | 全时服务/全过程监管 | 平台提供/数据开放/工具辅助 |
| 治理工具 | 平台 | 平台/中台 | 平台 | 平台/中台 | 平台/中台/系统 |
| 治理效应 | 规模效应/系统效应/乘数效应/优化效应 | 透明效应/普惠效应/扩散效应 | 优化效应/乘数效应/增值效应 | 扩散效应/普惠效应 | 规模效应/普惠效应/扩散效应/增值效应 |

# 第三节
# 贵州数字政府建设的效果

2021 年，全省上下认真贯彻省委省政府关于数字政府建设部署，深入实施数字政府建设行动，印发《贵州省"十四五"数字政府建设总体规划》，按照全省"一体化"、全省"一盘棋"思路，围绕基础设施一体化、数据资源一体化、业务应用一体化、运营管理一体化等方面，深入推进协同、治理、服务一体化的数字政府建设。

## 一、数字政府建设有利于加快政府职能转变

政治民主、以人为本是构建服务型政府的基本要求。通过利用"互联网＋"信息技术，政务信息更加公开，政府工作更加透明化，保障了民众的知情权，提高了民众参与政治生活的积极性，同时能够使民众获取需要的政务信息资源，促进以人为本的政务服务原则实现。政务服务的有序推进，是"放管"理念的体现，是实现我国政府向服务型政府转型至关重要的一步。

## 二、数字政府建设有效地提高政府社会治理能力

国务院印发的《促进大数据发展行动纲要》指出，大数据已成为提升政府治理能力的新途径。"互联网＋"下推进政务服务是在网上政务服务平台的基础上，运用大数据，以数据集中和共享为途径，将政府与公民连接起来以提供系统化、高效化的公共服务，优化政府办事流程，构建智能化、便捷化、透明化的政府治理与运行模式，向社会提供新模式、新治理结构下的管理和政务服务产品，以实现政务信息的全民共享。"互联网＋"下推进政务服务是政府社会治理能力现代化的有力推手，有利于打造共建共治共享的社会治理格局。

## 三、数字政府建设为民众提供更为优质便捷的服务

当前，我国社会主要矛盾已经转化为人民日益增长的美好生活需要和不平衡不充分的发展之间的矛盾。民众对政府服务的需求大大增加，同时对其质量的要求也逐步提高。"互联网＋"下的政务服务充分运用了网络化、智能化、数字化的技术，促进部门间数据共享，做到政务信息的共享。用"一站""一网"式服务切实解决民众办事难、办证难、流程复杂的问题，让民众少跑腿、好办事，为民众提供更加优质便捷的政务服务。

## 四、数字政府建设是建设服务型政府的重要路径

以信息化和深化行政体制改革双轮驱动撬动政府治理现代化，要始终遵循民生情怀，让人民群众有更多获得感。"互联网＋政务服务"始终贯彻以人民为中心的发展思想。简而言之，"互联网＋政务服务"遵循三个衡量的标准：改革成效使企业申请开办的时间缩

短多少，投资项目审批的时限压缩多少，群众办事方便多少。"互联网＋政务服务"彰显了积极为公众服务、主动回应公众诉求的基本宗旨，就是要做到"服务零距离，办事一站通"。为企业松绑，为群众解绊，为市场腾位，同时也促使政府本身做到强身壮体已成为"互联网＋政务服务"改革的基本出发点。省级统筹纵向联通横向协同的网上政务服务一体化架构逐渐清晰，"一号一窗一网"不断走向成熟，一直以来制约政府职能转变的需求缺位问题在一定程度上得到破解，进而推动政府由管理型向服务型转变。"实体店"和"网店"日益丰富，网上申报、网上办理、办事查询、权力清单和行政审批等政务服务不但可到网上服务大厅办理，还可以借助淘宝、支付宝和微信办理，有效避免了"门难进、事难办、脸难看"。"互联网＋政务服务"改革已充分借助云计算、大数据、移动互联网和物联网，提高了服务的主动供给能力，为公众提供了更多、更简便的公共服务。

## 五、数字政府建设是政府"放管服"改革的基本依托

互联网的开放、平等、共享、交互、快捷等特征，具有革命性的力量，在深刻影响着经济结构的同时，也催化着社会结构的重塑。为适应经济社会转型期这一新常态，"互联网＋政务服务"应运而生。从理论基础来看，"互联网＋政务服务"研究的主要内容涵盖了治理模式、治理结构、治理机制、治理工具、治理能力、治理评估等基本问题，与政府治理完全吻合。从实践层面来看，政府将推进行政体制改革、转职能、提效能作为三大抓手，牢牢扭住转变政府职能这个"牛鼻子"，"放管服"三管齐下、协同推进，始终坚持把深化"放管服"改革作为"先手棋"和"当头炮"。"互联网＋政务服务"以简政放权、创新监管、提升服务为核心，以"一号一窗一网"为重要抓手，强化多部门联合监管和协同服务，开启了从"群众跑腿"到互联网"数据跑腿"的服务管理新模式。

## 六、数字政府建设推动释放市场潜力和活力

《国务院关于积极推进"互联网＋"行动的指导意见》提出，"互联网＋"有利于重塑创新体系、激发创新活力、培育新兴业态和创新公共服务模式。"互联网＋政务服务"以互联网为基础设施，为大众创业、万众创新和增加公共产品、公共服务"双引擎"提供有力支撑。互联网本身具有扁平化的特性，高度契合了优化再造政府部门组织架构和业务流程的诉求。"互联网＋政务服务"战略的推进，加快推动政府职能转变进程，信息流通的效率得到提升，流通成本大大降低，行政审批提速增效，互联网催生政府改革红利变现，最终实现放权于市场和社会，激发了市场活力和社会创造力。

## 七、数字政府建设是供给侧结构性改革的有力杠杆

供给侧结构性改革带有浓厚的中国经济体制运行的特色，根本目的在于促进稳增长、促改革、调结构、惠民生、防风险政策措施落到实处，确保经济运行在合理区间，推动实现经济平稳健康发展和社会和谐稳定。在中国由工业经济向信息经济加速转型的背景下，推进供给侧结构性改革为"互联网＋政务服务"提供了理论基础和经验借鉴。政府部门是"互联网＋政务服务"的供给侧，社会公众是"互联网＋政务服务"的需求侧。服务需求失衡不是"互联网＋政务服务"的初衷，"互联网＋政务服务"也需要供给侧和需求侧"两端发力"，实现服务供需平衡协调发展。

### 本章小结

基于贵州"云网平台"的发展过程，贵州数字平台不仅驱动了政府治理理念更新，形成整体治理、共享开放、协同共治、全周期治理等新理念；同时，数字平台通过资源整合、信息交互、快速迭代、时空突破、创新驱动等多重机制赋能政府治理，促进政府治理向集约化、协同化、敏捷化、全时空化、平台化转型，推动政府治理能力提升。

### 主要概念

一云一网一平台；整体治理理念；共享开放理念；协同共治理念；全周期治理理念

### 复习思考题

1. 贵州"云网平台"建设划分为哪几个阶段？
2. 贵州数字政府数据融合发展的理念创新有哪些？
3. 贵州数字政府数据融合发展的创新机制有哪些？

### 参考文献

[1] 邓念国，杨曦娥. 数字平台驱动的政府治理创新——基于贵州"云网平台"的考察 [J]. 中共杭州市委党校学报，2022（5）：56-66.

[2] 邓念国. 大数据如何推动政府治理现代化 [N]. 学习时报，2020-04-06.

［3］赵玲玲. 加强重大突发应急事件信息管理体系建设的思考［J］. 特区实践与理论，2021（1）：47-50.

［4］中共天津市委党校课题组，徐中，王健，等. 以"全周期管理"理念引领超大城市社会治理现代化［J］. 求知，2020（5）：36-39.

［5］李海龙. 以全周期管理推进城市治理现代化［N］. 学习时报，2020-09-21.

# 第十三章

# 浙江数字政府的政企合作模式

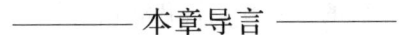

本章导言

　　浙江数字政府建设以"一件事"为突破口，推动更多公共服务事项实现"一网通办、一证通办、全域通办"。有效整合跨部门事务的行政流程，推进跨部门信息的共享互认，极大减少群众提交审批材料的数量，提高涉及多部门事项的审批效率。"浙里办"作为一体化在线服务平台，以统一平台汇聚原来分散在不同条线的服务功能，开创了平台化政务服务新模式。浙江政务服务网依托省、市、县、乡、村五级联动，实现审批权力事项集中进驻、网上服务集中提供、政务信息集中公开、数据资源集中共享，让"百姓少跑腿，数据多跑路"。以应用场景切入增强数字政府建设的群众获得感。从解决群众关切的痛点、难点、堵点问题出发设计应用场景，更为精准地抓取和分析群众的需求和期盼，更好地实现建设成效由群众获得感和满意度来评判。

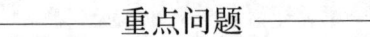

重点问题

1. 浙江数字政府建设的主要特征。
2. 浙江政府数字化转型的经验。

# 第一节
## 浙江数字政府建设情况介绍

### 一、浙江数字政府的建设历程

数字政府是以新一代信息技术为支撑，通过构建大数据驱动的政务新机制、新平台、新渠道，进一步优化调整政府内部的组织架构、运作程序和管理服务，全面提升政府在经济调节、市场监管、社会治理、公共服务、环境保护等领域的履职能力，形成"用数据对话、用数据决策、用数据服务、用数据创新"的现代化治理模式。数字政府并非凭空而来，而是政府在一步步改革中不断探索形成的。大数据时代，数字政府是在治理理念和治理制度的迭代升级中形成的一种新型现代化政府模式，是在实践中一步步走向成熟和智慧的政府。

美国高德纳咨询公司（Gartner，信息技术研究和分析公司）将关键指标（在线服务率、数据开放率、数据驱动服务的数量、数据化率和服务缩减率）、采购策略、技术焦点、领导者、渠道策略以及价值焦点六个方面作为数字政府成熟度的指标，构建五级数字政府成熟度模型来划分数字政府的初始、发展、巩固、应用和优化五个阶段，如图 13-1 所示。

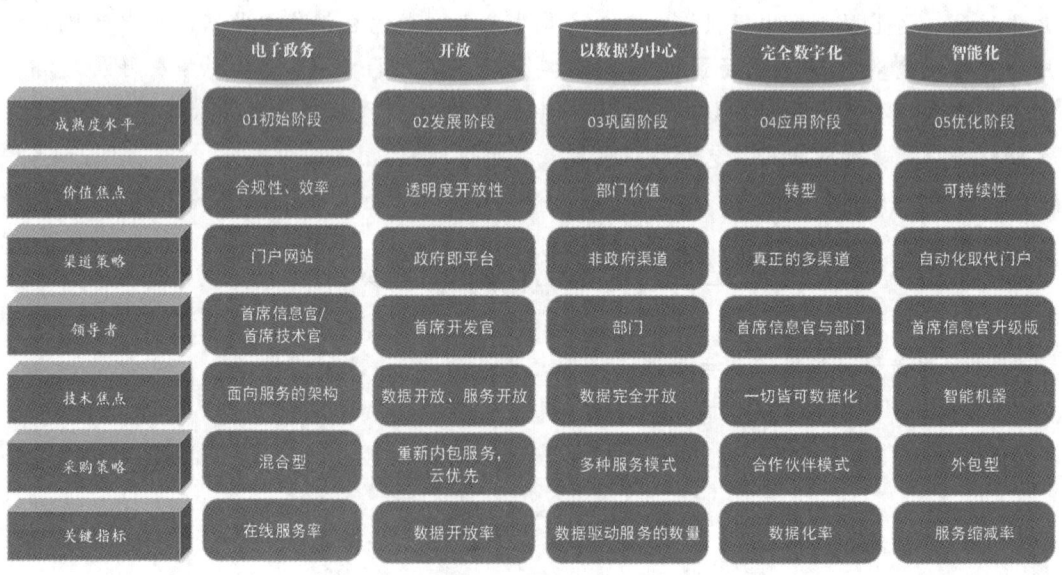

**图 13-1　Gartner 五级数字政府成熟度模型**

## （一）初始阶段（2000—2013 年）：首次创建"数字浙江"

初始阶段主要是指浙江省政府仅仅将服务从线下转移到线上，其主要标志是"数字浙江"创建。20 世纪 90 年代以现代通信技术、互联网、电脑软件运用等为表征的新型经济模式兴起并不断发展。浙江是全国较早提出以信息化带动工业化、推进现代化战略的省份之一。2000 年 5 月，由浙江社会公共信息网络中心和省数据通信局创建的"数字浙江"社会公共信息应用平台在互联网上建设成功，自此"数字浙江"建设迈进了新阶段，其内涵也随着该省的信息化建设不断深化。

2002 年 1 月，浙江省九届人大五次会议正式提出建设"数字浙江"，全面推进国民经济和社会信息化。同年 6 月，建设"数字浙江"又被写入省第十一次党代会报告，从此成为历届省委、省政府接续推进、一以贯之的战略部署。在 2003 年 1 月召开的浙江省十届人大一次会议上，时任省委书记习近平指出，"数字浙江"是全面推进浙江国民经济和社会信息化、以信息化带动工业化的基础性工程。在他的领导下，"数字浙江"建设作为"八八战略"的重要内容被加快推进。当年，浙江省开始实施"百亿信息化建设工程"，并出台了《数字浙江建设规划纲要（2003—2007 年）》，详细阐述了建设"数字浙江"的指导思想、总体目标、主要任务等内容。2008 年 3 月，浙江又提出在此后 5 年重点实施信息技术"倍增"和城乡统筹信息化两大行动计划，继续推进"数字浙江"建设，全面提升信息化总水平。从此，信息化在转变经济增长方式、提升政府管理效能、提高人民生活品质等方面发挥了越来越重要的作用。

## （二）发展阶段（2013 年—2016 年）："四张清单一张网"改革发展

发展阶段是指浙江省政府在信息上由封闭走向透明、开放，这一阶段的关键指标是数据开放率，倡导"政府即平台"，公开透明地向社会和市场提供服务并接受监督。2013 年，浙江省以"行政权力清单"建设为主体的"四张清单一张网"（行政权力清单、政府责任清单、投资负面清单、财政专项资金管理清单和浙江政务服务网）改革开始实施，它将改革的重心转向了规范和改善政府权责运行。这项政府改革措施是浙江自身改革的顶层设计，是围绕政府治理体系和治理能力现代化，以"四张清单一张网"为基础和总抓手，围绕"放管服"三条主线，统筹推进行政审批、综合行政执法、乡镇"四个平台"建设、科教文卫体等专项改革的系列改革。这是浙江在"放管服"改革领域的一次积极探索，也是浙江省政府自身改革的又一次大胆尝试。通过确权责、晒权责、行权责和制权责等一系列举措，"四张清单一张网"改革的最终目标就是要推动政府职能转变，厘清政府、市场与社会的关系，进而撬动体制机制的各种改革和创新。浙江省政府于 2014 年 6 月 25 日正式开通政务服务网，集行政审批、便民服务、政务公开、数据开放、互动交流等功能于一体。它向社会明示"政府有多少权，怎么用权"，注册用户可随时随地使用该服务网。2016 年浙江省进行深化"四张清单一张网"改革，推进简政放权、放管结合、优化服务工作，围绕充分激发市场活力和社会创造力，进一步加大简政放权力度；围绕公正、综合和审慎监管要求，进一步加强监管方式创新；围绕提高公共服务效能，进一步优化政务服务。

### （三）巩固阶段（2016 年—2018 年）："最多跑一次"改革

巩固阶段主要强调以数据为中心，真正从企业和群众的需求出发，探索和搜集各类不同数据，在数据的基础上创新服务流程，这一阶段的关键指标是数据驱动服务的数量。这一阶段最主要的标志性成果是政务服务"一张网""一窗受理""一证通办"。

在"四张清单一张网"的实践基础上，浙江于 2016 年 12 月提出"最多跑一次"改革，进一步提高办事效率，以创新政府服务方式来打造最佳营商环境，通过更好发挥政府作用全面激发市场活力，打造"有为政府"，推进建设"有效市场"，迅速在全省全面推开，形成了各地、各部门积极探索、改革创新的热潮，"最多跑一次"改革成为牵一发动全身的标志性、关联性、引领性改革。2018 年 1 月，中央全面深化改革领导小组审议了《浙江省"最多跑一次"改革调研报告》并予以肯定。2018 年 3 月，"最多跑一次"被正式写入李克强总理的政府工作报告。

"最多跑一次"改革是政府"刀刃向内"的一次自我革命，标志着数字政府建设进入深化阶段。其坚持以人民为中心的理念，以群众办事事项为切入点，以企业和群众办事"最多跑一次"为政府目标，主要围绕省级 100 个高频事项，大力度推进办事事项标准化和数据归集共享，通过标准化、数字化、资源共享化等机制真正解决企业和群众办事"最后一公里"问题。到 2017 年底，省级 100 个高频事项的 1699 个数据共享需求基本实现了"全打通、全归集、全共享、全对接"。

### （四）应用阶段（2018 年—2020 年）：政府数字化转型

应用阶段强调"一切皆可数据化"。这一阶段的关键指标是数据化率，注重数据的跨部门、跨地区、跨领域流动和共享，更深入地打破数据孤岛和信息壁垒，其价值焦点在于转型。2018 年，浙江省政府进入数字化转型阶段。从"最多跑一次"改革到政府数字化转型是改革的一次迭代深化。最显著的特征是数字赋能。2018 年 6 月至 2020 年 7 月，省政府连续 12 次召开推进政府数字化转型专题会议，标志着数字政府建设进入再深化阶段，也正是从这一阶段开启了数字赋能模式。具体来说，在这一次的"再深化"阶段中，经历了"部门核心业务数字化转型、建设跨部门协同标志性项目、以场景化的多业务协同应用为抓手建设整体智治的现代政府"三个过程，特别是在 2020 年新冠肺炎疫情防控方面，充分发挥政府数字化转型体系化优势，以"大数据分析＋网格化管理"建立"一库一图一码一指数"的精密智控机制。

### （五）优化阶段（2020年至今）：数字政府建设

优化阶段是指政府借助AI（人工智能）、云计算等一系列新兴信息技术进行可持续性的创新，高层领导更具有数字思维，这一阶段的关键指标是服务缩减率，更强调政府的智能化，即走向智慧型政府。2021年2月，浙江省委省政府召开数字化改革大会，这次大会是政府数字化转型的一次拓展和升级。这次大会标志着浙江省政府正式开启数字政府建设新征程，充分发挥和体现了数字政府对数字经济和数字社会发展的引领功能。在内涵上，从数字赋能到制度重塑，重视在制度方面重新塑造党政机关运行机制及其与社会、企业的制度连接，重塑企业与企业、企业与社会的沟通机制。在领域上，从政府数字化转型拓展到党政机关整体智治，全领域、全方位、全业务数字化转型。在价值上，从适应数字化到构建数字领导力，数字政府建设迈入新征程。

"系统观念、系统方法、总体框架和V字模型方法[①]"等并未改变，即确定目标—核心业务梳理—指标体系—数据清单、协同清单—数据共享流程再造—综合集成。发生变化的是，从信息化、数字化转向大数据精密智控，从职能和业务导向转向任务导向，从文件下发、材料报送转向全流程数字化闭环管理，从单领域场景应用转向全领域综合性数字治理，从现实情况数字呈现转向未来风险预测研判。

## 二、浙江数字政府建设的总体情况

### （一）以数字政府建设引领数字浙江发展

"数字政府"是建设数据强省和"数字浙江"的重大标志性、引领性工程，是深入贯

---

[①] 浙江数字化改革的核心方法路径，就是通过V字模型持续迭代，将"业务协同模型"和"数据共享模型"贯穿到数字化改革的各领域、各方面、全过程。V字下行阶段，全面梳理党政机关核心业务，从治理与服务两个维度赋予定义，从宏观到微观，实现核心业务数字化。V字上行阶段，再造业务流程，将核心业务组装集成为"一件事"，推进原有业务协同叠加新的重大任务，从微观到宏观，设计标志性应用场景，找到"破点—连线—成面—立体"的最优方案，推动整体智治体系的整体性优化和系统性重塑。

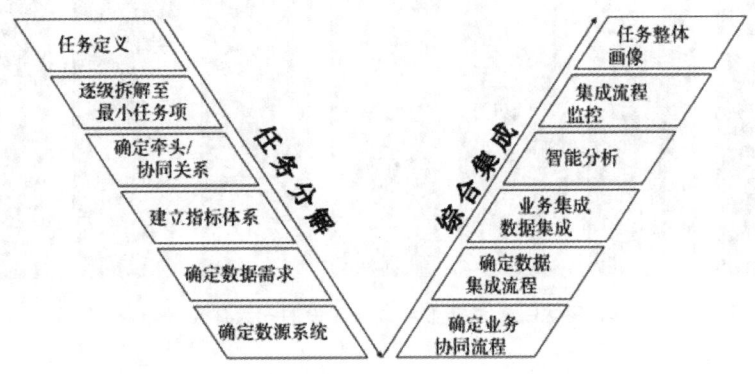

彻习近平同志在浙江工作期间部署实施"数字浙江"建设的重要举措,是促进政府治理体系和治理能力现代化的重要内容。

浙江的数字政府建设走在全国前列,特别是聚焦"最多跑一次"改革的"互联网+政务服务"取得了突破性进展,"信息孤岛"问题得到有效缓解,线上线下融合的一体化政务服务体系扎实推进,群众的获得感、幸福感和安全感得到显著提升。但需要指出的是,"数字政府"建设管理体制分散化、系统建设孤岛化、建设力量碎片化的情况仍一定程度地存在,重硬件建设轻应用软件开发、重项目建设轻后续维护管理、重数据收集轻后续开发应用的"三重三轻"现象仍较为突出。

为此,浙江省大力推进政府数字化转型,加快构建数据共享、流程再造、数据体系构架"三大模型",着力构建统一安全的政府大数据平台,实现"互联网+政务服务"的深度融合,切实提升政府现代治理能力,引领数字浙江发展。

### (二)构建七大体系助推政府数字化转型

依托浙江信息经济大省的优势深化"最多跑一次"改革,紧紧围绕建成"掌上办事"之省和"掌上办公"之省的目标,以"制度创新+技术创新"扎实开展数字政府改革建设工作。强化系统工程思维,注重做好顶层设计,全面梳理省直部门和各地政务信息系统建设情况,构建数字政府建设管理制度框架和标准规范体系,协同推进全省数字政府建设,推动"放管服"改革向纵深发展。浙江数字政府建设的七大体系见图 13-2。

**图 13-2 浙江数字政府建设的七大体系**

### 1. 构建信息互联互通的平台支撑体系

借鉴"数字政府即平台"理念，打造统一安全的政务云平台、数据资源共享共用的大数据平台和一体化网上政务服务平台，形成大平台共享、大数据慧治、大系统共治的顶层架构，建成省级统筹、部门协同的"互联网＋政务服务"新体系。基于 OA 和钉钉应用实现智能随身、高效便捷的全平台实时提醒、全天候处理公务、全方位监督管理，实现审批更简、监管更强、服务更优。

### 2. 构建数据融合汇聚的信息共享体系

探索贯穿数据全生命周期的治理新路径，着力破解影响数据共享开放的体制和技术难题。依托省级政务云平台实现全省政务数据的融合汇聚，根据统一的数据采集与交换标准推动数据资源共享开放、部门间数据标准对接和系统互联，以流程再造实现跨部门、跨系统、跨地域、跨层级高效协同。按照物理分散、逻辑集中的模式，积极探索区块链、大数据等新兴技术在数据共享中的应用。加快建成政务信息资源共享交换目录，明确政府部门间共享协同的责任和义务，实现各类基础信息库和业务信息库的联通。在保障国家秘密、商业秘密和个人隐私的前提下，最大限度地向社会开放"负面清单"之外的政府数据，充分挖掘和释放政府大数据"红利"。

### 3. 构建政企合作共赢的协同推进体系

进一步完善政企合作机制，支持企业按照市场化、法治化规则参与数字政府建设。发挥省内互联网企业和电信运营商技术优势，鼓励熟悉政务业务的实力企业参与政府数字化转型。通过开放数据吸引社会力量共建政府数字服务平台，保持平台体系的开放兼容，确保平台体系可根据经济社会发展持续优化拓展。

### 4. 构建流程持续优化的服务供给体系

坚持以人民为中心提升"互联网＋政务服务"供给能力，解决群众日益增长的网上政务服务需要和不平衡不充分发展之间的矛盾。注重从用户实际需求而非政府部门自我判断出发，扎实开展用户需求分析和建议征集，基于用户体验和线上线下流程衔接优化扩展服务广度和深度，从根本上改善用户体验，不断提升信息惠民能力和水平。探索创新社会治理和公共服务新形态，做到政务服务事项"应上尽上、全程在线"，全面激活大数据在政府治理、民生服务、产业和金融服务等领域的政用价值、社会价值和商用价值。

### 5. 构建安全可管可控的安全保障体系

先行先试推出政务信息资源共享与交换的地方规范和标准。尽快开展数据流动和利用的地方监管立法，加大对数据安全和知识产权的保护力度，对数据采集、存储、开发、应用等进行明确的法律界定和规范，厘清数据拥有者、使用者、管理者各自权责。立足技术自主可控加强网络和信息安全保护，明确各方安全保密责任，建立协同配合的信息安全防范、监测、通报、响应和处置机制，确保政府数字化转型的有序推进和平稳运行。

### 6. 构建内容深度挖掘的政府决策体系

构建人机协同的数字化、网络化、智能化集成应用系统，完善项目立项审批机制，加强基层电子政务能力建设，形成"用数据说话、用数据决策、用数据管理、用数据创新"的数字政府改革建设机制。以服务数字政府建设为核心，以"政产学研用"协同创新模式建立新型重点专业智库，组织开展政府数据治理、政务大数据平台管理、政务数据使用规范与制度、社会治理和公共服务大数据应用等领域的决策咨询研究。

### 7. 构建制度健全规范的评估考核体系

借鉴国内外数字政府评估体系，从政府治理精细度、公共服务体验度、数据共享与开放价值度、制度规范包容度以及数字基础设施感知度等方面构建评价指标体系，形成系统科学、多维度、可操作的评估框架。建立健全效能评估和监督考核制度，积极引入第三方机构定期对数字政府绩效评价、政企合作等内容进行监督评估。发挥社会监督和舆论监督作用，及时回应社会关切，以惠民效果和群众评价检验考核数字政府建设。

## (三)浙江政务服务网和移动应用

浙江省数字政府建设是中国数字政府建设的先行者之一，以省、市、县、乡、村五级联动的浙江政务服务网为核心，通过移动应用"浙里办""浙政钉"等多种形式实现政府服务数字化、网络化、智能化。浙江省数字政府建设基本构成如图13-3所示。

### 1. 浙江政务服务网

浙江政务服务网是浙江省数字政府建设的重要组成部分，是省、市、县、乡、村五级政务服务的集成平台，提供政务大厅、在线办事、查询服务、政务指南等多种功能。此外，浙江政务服务网提供了包括居民身份证办理、交通违法查询、社保查询、教育培训查询、企业注册等在内的多种在线政务服务，涵盖了多个领域。同时，该政务服务网也提供了浙江省政府的各类公告、政策法规、新闻动态、重点工程等信息，实现了政府信息公开和透明化。此外，该政务服务网还设立了便民服务、人才招聘、公告公示等栏目，进一步方便了民众和企业的使用。该平台整合了各级政务服务资源，实现了数据共享和信息互通，提高了政务服务的便利性和效率，深受广大群众和企业的欢迎和好评。

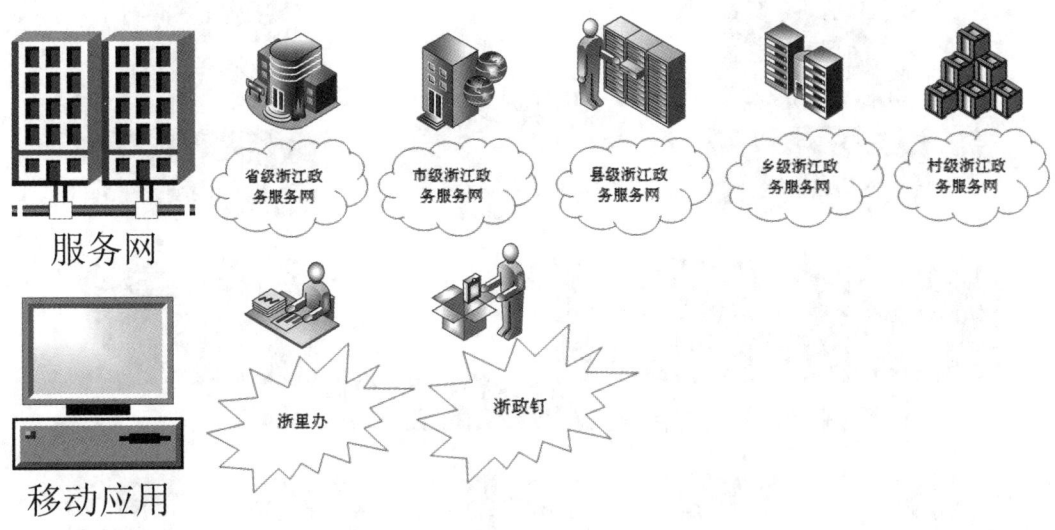

服务网

移动应用

**图 13-3 浙江省数字政府建设基本构成**

#### 2. 移动应用

除了浙江政务服务网，浙江省还推出了移动应用"浙里办"和"浙政钉"，方便群众和企业随时随地运用政务服务。

其中，"浙里办"是浙江省政府官方移动服务平台，旨在为浙江省内的广大群众提供在线服务和咨询。在政务咨询上，提供关于政府政策、法律法规、行政审批等方面的咨询服务；在投诉建议上，提供在线投诉、建议和意见反馈的服务，方便群众表达诉求；在智慧服务上，提供在线办理公共服务事项，如户口迁移、居民身份证办理、社保查询等；在在线考试上，提供公务员考试、事业单位招聘考试等相关考试的在线模拟测试。

"浙政钉"是浙江省政府推出的一款移动政务服务应用程序，是浙江数字政府的一部分。"浙政钉"旨在通过移动互联网技术，实现政务信息的快速传递、在线政务服务的普及以及政府服务的创新。"浙政钉"提供了多项在线政务服务，涉及公安、交通、教育、社保、医疗等多个领域，涵盖了市民和企业的多种需求。通过"浙政钉"，市民和企业可以方便地在线办理各种政务事项，如交通违章查询、社保查询、预约挂号等。

此外，"浙政钉"还提供了政务信息发布、在线问政、公共服务等功能，可以实现政府与市民和企业的快速沟通和互动。例如，市民可以通过"浙政钉"向政府反映问题，而政府可以通过"浙政钉"及时回应和处理市民的问题。

两门户"浙政钉"与"浙里办"相互运作机制见图 13-4。

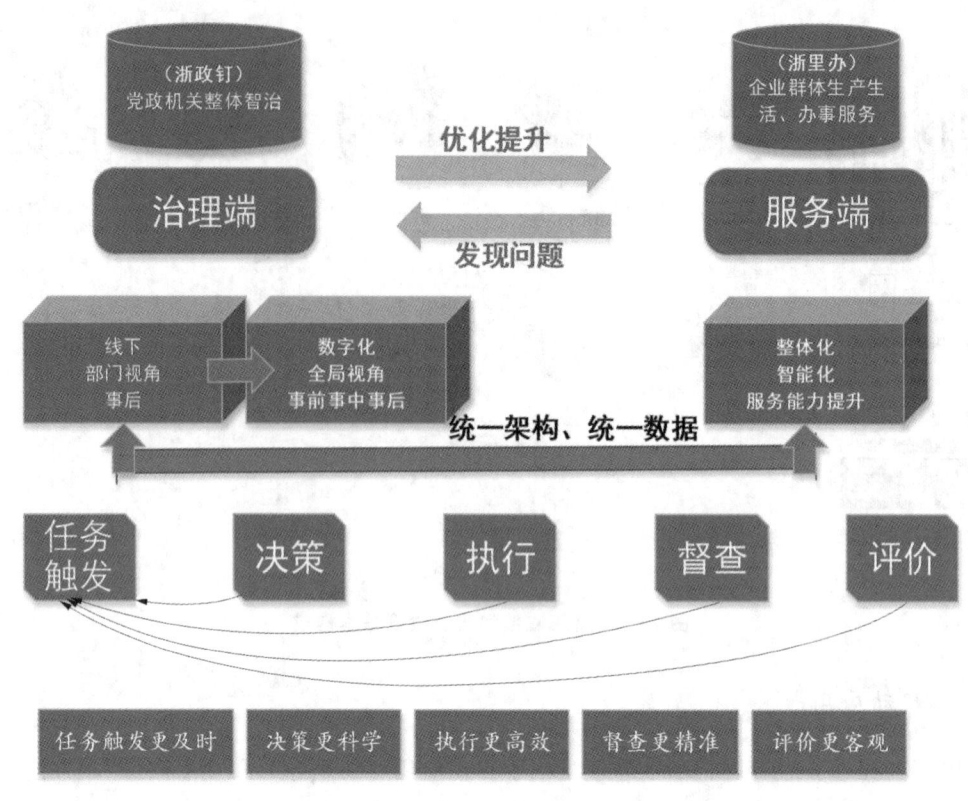

图 13-4  两门户"浙政钉"与"浙里办"相互运作机制

## 三、浙江数字政府建设的政企合作模式

浙江在数字政府建设过程中，逐渐形成浙江模式：以点带面，政企合作。

### （一）数字政府运作方式

浙江数字政府采用"政府牵引＋社会参与"的建设运营模式，充分利用政府的引导与管理作用，以及企业的技术积累与沉淀优势。2018年，通过组建浙江省大数据发展管理局，进一步加强互联网与政务服务的深度融合，统筹管理公共数据资源和电子政务，进一步助推"最多跑一次"改革和政府数字化转型。同时，与阿里巴巴深度合作，合力建设"政务服务中台"产品，共同打造"掌上办事、掌上办公"之省。2019年，阿里巴巴集团、浙江省金融控股有限公司、浙江日报报业集团、浙江广播电视集团共同出资成立数字浙江技术运营有限公司，作为一家国资控股的混合所有制公司，在充分利用互联网的先进技术的同时，也能深刻理解政府服务流程，有效助力数字浙江建设和区域数字产业发展。

浙江在建设数字政府过程中，基于浙江省和阿里巴巴合作的实践案例，提出平台化正是解决这些问题的有效方案，并基于浙江的实践总结出四点建设经验。第一，政企共创，政府和企业的共同合作，共同开发。第二，服务牵引，从需求端来牵引整个系统的运作。第三，业务迭代，数字化应用一开始没有顶层设计，只是针对一个具体问题，然后在这问题的基础上不断地去做迭代，等出现新的问题再去解决。第四，能力组装，要实现业务迭代，就必须提供可以"工业化组装"的能力模块，实现快速开发。

"平台驱动的数字政府"要求建立统一的内部办公平台，政务钉钉落地浙江打造的"浙政钉"，既可以实现政务办公的基础功能，比如通讯录、即时通信、信息必达、在线视频会议、文件管理和共享等，也可基于政务中台进行定制开发应用程序，比如决策驾驶舱、审批审核应用、信息采集程序等，满足多样化的政务工作需要，从而可以推动组织内部沟通方式实现扁平化、办公场景实现虚拟化、部门联动实现一体化。

## （二）数字政府建设重点

浙江省在数字政府建设过程中，以"最多跑一次"改革为牵引，积极推动政务服务、城市治理、服务企业等多方面的信息化升级，全面推进政府治理体系和治理能力的现代化。通过建设全省统一的公共数据平台，推广掌上办公"浙政钉"、掌上办事"浙里办"，推动政府部门高效协同、服务转型升级；全面推行"信用＋执法监管"，上线运行全省统一执法监管系统，深化"基层治理四平台"建设，打造"掌上治理之省"；强化"企业码"建设与推广应用，实现服务的全流程在线、透明化办理、多场景融合，提升数字赋能企业服务水平。

浙江省数字政府建设注重政企合作，通过多种方式实现政企融合，共同推动数字化转型升级。以下是浙江省数字政府政企合作的几种模式：

### 1. 政企合作平台建设

浙江省数字政府建设中，政府与企业共同建设政企合作平台，打通信息共享渠道，实现政企一体化服务。该平台将政府公共服务资源、企业生产经营信息等整合在一起，提供更全面、高效的服务。该平台的建设内容包括以下几个方面。

（1）信息共享，建立政府与企业信息共享机制，通过共享政府数据资源、企业数据信息和行业数据信息等，提高政企之间的信息交流效率。

（2）应用支撑，提供数字化基础设施和技术支持，为政企合作提供便捷的应用支撑，包括云计算、大数据、人工智能等技术。

（3）平台服务，建立政企合作服务平台，提供政务服务事项办理、企业申报服务、智能化服务等。

（4）创新合作，鼓励政府与企业在创新领域展开合作，通过政企联合研发、共同创新等方式推动数字经济发展。

通过政企合作平台的建设，政府可以更好地了解企业需求和市场动态，为企业提供更加精准的政策支持和服务，促进经济高质量发展。同时，企业也可以通过平台获取更加便捷的政务服务和资源，推动自身创新发展。

### 2. 政府引导产业发展

该模式的核心是政府与企业之间的合作，政府作为引导者和推动者，通过政策引导、技术支持、资源整合等方式，促进产业发展。在政企合作中，浙江省数字政府通过多种渠道与企业沟通，了解企业需求和问题，制定相应的政策和计划，帮助企业解决难题。例如，政府提供"企业上云"、数字化转型的政策支持和补贴，为企业提供技术支持和咨询服务，促进企业的数字化转型和创新发展。

### 3. 政企合作项目实施

政府与企业合作推进数字化项目，政府提供资源和支持，企业提供技术和应用场景，共同实现项目成功。主要包括以下几个方面。

（1）政府信息资源开放共享平台，提供政府部门的数据资源和政策信息，包括行政审批、公共服务、法律法规等方面的数据，企业可以通过该平台获取政府信息，提高自身运营和决策的精准度。

（2）政企数字认证服务平台，提供数字身份认证、电子签章、证书查询等服务，可以帮助企业和政府部门在线上完成业务办理，提高办理效率和便捷度。

（3）智慧城市大数据平台，利用大数据技术，整合城市各类数据资源，为政府部门和企业提供智慧城市建设的数据支撑和决策参考。

（4）政府采购电子商务平台，为政府部门和企业提供电子化采购服务，提高采购效率和透明度，减少采购成本和风险。

### 4. 政企联合创新

政府与企业联合创新，共同研发新技术、新产品、新模式，提高创新能力和竞争力。具体来说，浙江省数字政府在政企联合创新中采取了以下措施。

（1）政策引导，政府制定相关政策，鼓励和支持企业进行技术创新和产业转型升级，为企业提供政策、资金等支持。

（2）资源整合，政府整合优质资源，如技术、人才、资金等，为企业提供支持和帮助，加快技术创新和产业升级。

（3）技术合作，政府与企业之间进行技术合作，共同开发新技术、新产品和新服务，提升产业竞争力和市场占有率。

（4）建立创新平台，政府建立各种创新平台，如研究院、孵化器、加速器等，为企业提供技术、资源、资金、市场等方面的支持和服务，推动数字产业的创新发展。

# 浙江数字政府建设的特征、效果

## 一、浙江数字政府的特征

浙江数字政府建设基于"最多跑一次"改革的流程重塑与政府重构，以"由点到面，流程再造先行"的改革方式，通过扎实推进改革实现了在数据体系、政务服务、数字管治、保障体系全方位领先，逐渐形成"以点带面，政企合作"。在政府运作方式上，浙江数字政府采用"政府牵引＋社会参与"的建设运营模式，充分利用政府的引导与管理作用以及企业的技术积累与沉淀优势。浙江省数字政府的特征可以总结为以下几点：

### 1. 多层级全覆盖

浙江省各级政府之间实现了信息共享和互联互通，为数字政府的运行提供了基础支撑，其服务范围覆盖了政务服务、公共服务、社会服务、商业服务等多个领域。不仅覆盖了政府机关内部的服务，也覆盖了与市民和企业之间的服务。通过数字化手段，提供了高效便捷的服务。

### 2. 平台化建设

浙江省数字政府建设注重打造政务服务平台，采用了统一的平台架构，实现了不同部门、不同系统之间的数据共享和互联互通。通过搭建统一的平台，实现了信息的集中管理和高效利用，同时开放平台接口，吸纳了更多的第三方应用和服务，增强了数字政府的服务能力。同时，也方便了市民和企业的接入，提高了服务的质量和效率，实现了多样化的服务模式，如网上申报、网上办理、网上支付、网上查询等，为市民和企业提供了更加便捷的服务体验。

### 3. 数据驱动

通过建立数据中心，实现政府部门数据汇聚和整合。同时，建立了数据共享机制，让政府部门之间可以共享数据，避免重复采集数据和"信息孤岛"，开放平台和应用接口，促进政府部门数据开放和共享。该数字政府还利用人工智能技术，对数据进行分析和挖掘，提高数据利用价值。

### 4. 科技驱动

浙江省数字政府建设注重科技创新，大力推进新技术、新模式的应用，促进数字技术与政务服务的融合。政府积极推动政府与企业的合作，共同研发新技术、新产品、新模式，促进经济社会发展。利用人工智能技术，对政府数据进行分析和挖掘，提高数据利用价值。该数字政府还利用人工智能技术，对政府部门的运行和公共服务进行优化，提高工作效率和质量。

### 5. 服务型政府

浙江省数字政府建设以服务为中心，通过数字化手段提高政务服务效率和质量，打造人性化、智能化、便捷化的政务服务。政府还注重为企业和群众提供定制化服务，不断满足社会的多元化需求。

## 二、浙江数字政府建设的效果

### （一）总体效果

浙江在全国率先建设了全省统一的政务云平台，将省级部门800多个信息系统整合到一朵云，建设了覆盖全省、统一利用的公共数据平台，归集治理3066类190多亿条数据。"掌上办事"让浙江的百姓和企业享受到真真切切的便利。浙江全省统一的移动政务服务平台"浙里办"，集成412项便民服务，截至2019年10月21日，已有实名注册用户2800万。全国首创统一公共支付平台，累计办理网上缴费业务1.4亿笔，节约群众办事时间约6600万小时。[①] 在企业服务方面，通过打造营商服务专区，集成320余项服务事项，实现了常态化企业开办"日办结"，一般企业竣工验收前审批"最多90天"。

一方面，浙江进行不少全国创新的举措，比如民生事项"证通办"。以数据共享精减办事材料，群众凭身份证，即可通办335项民生服务。过去期满换领驾驶证，需要体检、拍照、取号、受理、缴费、制证6个环节，排6次队，花半天时间，现在在线办理，20秒就可一键办成。另一方面，浙江"掌上办公"之省建设也取得重要突破。通过推行"掌上办公、掌上执法、掌上决策"，高效协同的数字政府正在建立。比如，浙江建起经济运行分析数字化平台，整合19个部门542项经济监测指标，精准反映经济运行的"态"与"势"。

工欲善其事，必先利其器。"掌上办公"同样需要工具支撑，在浙江，"掌上办公"被统一集成到全省一体化平台"浙政钉"，这是浙江省政府与阿里巴巴集团合作开发的在线政务协同平台。"浙政钉"目前已实现省、市、县、乡、村、小组六级组织全覆盖，激

---

① 《浙江推进政府数字化转型》，新华社，2019年10月22日。

活用户 123 万，组建工作群 26 万个，上线各类办公、决策辅助应用 715 个，以工具连接，打造出一个全天候在线的数字政府。[①]

## （二）具体效果

### 1. 政务服务效率提升

浙江省数字政府建设实现政务服务全覆盖，推出了多项便捷高效的政务服务，如网上办事大厅、手机 App、微信公众号等，方便了群众和企业办事、查询、咨询等。建立了一套全省通用的数字化政务服务平台，使得政务服务的流程更加简单、快捷，大大提高了政务服务的效率。提供了在线办理业务、预约办理、现场服务等多种便捷的服务方式，使得政务服务更加贴近人民群众的实际需求，极大地提高了政务服务的质量。此外，数字化政务服务平台实现了线上服务和线下服务的有机结合，使得政务服务的办理成本大大降低。增强了政务服务的透明度和公正性，数字政务平台实现了政务服务全程可追溯、信息公开透明，有效防止了权力滥用和腐败现象的发生。

### 2. 优化营商环境

浙江省数字政府建设推出"最多跑一次"改革，实现政务服务"全程在线化"，为企业提供更加优质、高效的政务服务，优化了营商环境，促进了经济发展。数字政务平台实现了政务服务的一站式、全程式、网上办理和事中事后监管，优化了政务服务流程，使得企业申办相关手续更加方便快捷，减少了企业的时间成本。数字政务平台提供了政府与企业之间的双向沟通渠道，使得政府更加了解企业的需求和诉求，为企业提供更加个性化的服务。数字政务平台使得政府服务更加高效、规范、透明，提高了政府的服务水平，增强了政府的公信力和形象。数字政务平台使得企业的申办手续更加简便，减少了企业的人力和物力成本，为企业的发展提供了更加便捷的环境。

### 3. 信息化管理效果显著

浙江省数字政府建设注重信息化管理，实现政务数据共享和信息互通，提高了政府管理效率和精细化管理水平，推动了政务管理模式的转型升级。数字政务平台推动了政府部门信息化建设的深入开展，提高了政府部门的信息化水平，加强了政府部门的业务协同和信息协同。数字政务平台实现了政务数据的精准化和实时化，使得政府部门能够更加准确地把握经济形势和民生变化，做出更加科学的决策，从而提高了政府的管理和决策水平。同时，数字政务平台为政府与社会之间提供了便捷、高效、安全的信息交流平台，加强了政府与社会之间的互动和合作。

---

① 《浙江建设全省政务云平台"数字政府"全天候在线》，环球网，2019 年 10 月 22 日。

### 4. 创新应用成效显著

浙江省数字政府建设注重科技创新，推动数字技术与政务服务的深度融合，不断推出新技术、新产品、新模式，促进经济社会发展。其推动了政务服务的智能化。数字政务平台通过人工智能技术和大数据技术，实现了政务服务的自动化、智能化和个性化，提高了政务服务的效率和质量。此外，还推广了"互联网＋政务服务"模式。数字政务平台将互联网技术与政务服务相结合，实现了政务服务的线上化、全流程化、一体化和可视化，为企业和群众提供了更加便捷的政务服务。数字政务平台通过数据可视化和数据分析技术，为政府部门提供了更加科学、准确的数据支撑，提高了政府部门的管理和决策水平。数字政务平台将数字政府与智慧城市相融合，实现了政务服务、城市管理和公共服务的一体化，为城市的可持续发展提供了有力支撑。

## 第三节
## 浙江数字政府建设的启示

数字政府建设是一个渐进、持续性的过程，同时也是一项充满地域性特点的改革创新工程，但在实践路径中所需具备的一些要素是共通的。归纳来看，数字政府建设的创新路径需要从架构、职能、组织和应用等方面进行探索。

### 一、架构"万物智联"的数字化平台

在大数据等现代信息技术的驱动下，数字政府建设过程中的首个挑战就是如何运用新技术打破传统的组织结构和制度结构，实现全景化治理。毫无疑问，数字化平台是关键，也是基础。从技术角度出发，数字政府建设要遵循"政府即平台"的治理理念，首先要认识到政府是"万物智联"的平台型政府。本质上来说，数字政府是大数据、区块链技术、AI（人工智能）、5G（第五代移动通信技术）、云计算等新兴信息技术与政府治理深度融合后所呈现出的一种政府模式，数字政府的运行背后有强大的信息技术做支撑，这种支撑的呈现方式是数字化平台。数字化平台通过汇集和归总数据信息，同时不断流动更新数据信息，精准挖掘、充分利用数据价值，从而实现高效性、高满意度的服务和治理。[1]

浙江省搭建的一体化智能化公共数据平台就是数字政府建设的基础性架构，由各市的城市大脑有机组成，是一个跨地区、跨部门、跨业务的中枢智能集、政务智能集、经济智能集、社会智能集、法治智能集（图 13-5）。

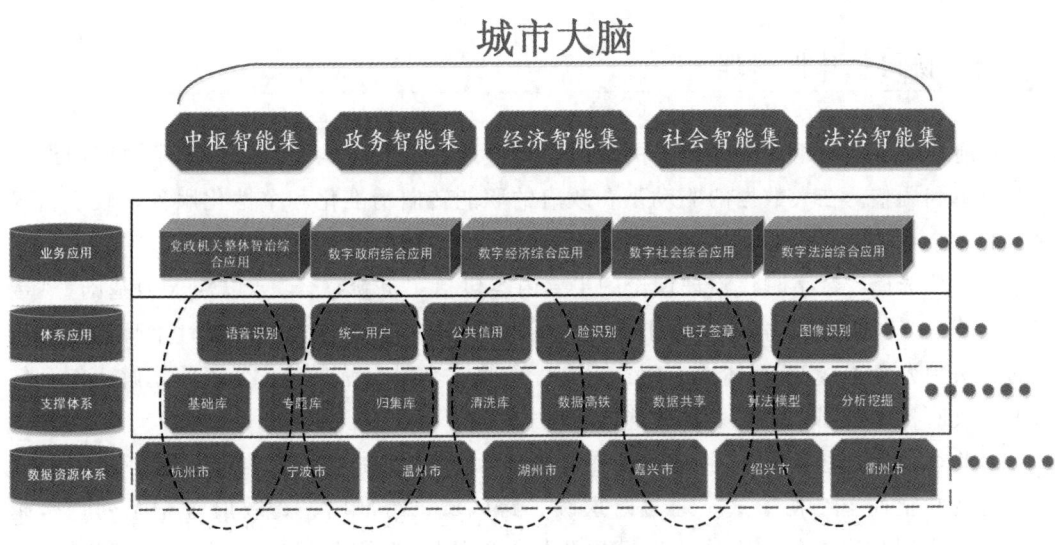

**图 13-5　城市大脑和一体化智能化公共数据平台**

## ● 二、精准个性化服务

政府的职能是指政府在经济社会等公共事务治理过程中所承担的职责及其自身所具备的功能。大数据时代，新一代信息技术彻底改变了人们的生产生活方式，市场和社会的需求发生了翻天覆地的变化，对政府的期望和要求越来越高。同时，政府所处的管理场景愈加复杂多变，特别是在职能方面，在大数据的驱动下，传统的管制型政府、粗放式管理型政府遭受巨大挑战，倒逼政府转变职能，走向新型服务型政府，这是数字政府的核心特征。

数字政府的这种"服务"职能不同于简单的"服务型政府"，它具有两个本质属性。一是精准化。政府借助云计算、物联网、AI 等数字信息技术，通过特定的数据中台最大限度汇聚、加工和融合各类数据，构建数据模型，充分挖掘数据价值，以精准化的供给为导向服务于市场和社会。[2] 二是个性化。精准化服务是数字政府职能的初步目标和基础，个性化服务是数字政府更深层次的目标。互联网、5G 等广泛应用促使我国网民数量猛增。截至 2023 年 6 月底，中国网民规模达 10.79 亿人，互联网普及率达 76.4%。① 庞大的网民数量为政府个性化服务职能转变带来了契机，为数字政府提供了全域性的需求感知基础。人在大数据时代下被数字化，形成"数字公民"[3]，通过数字解析，人逐步"单体化"[4]，差异化更为显现，对个性化的服务和治理需求更为强烈。因此，数字政府的服务职能在精准化的基础上更加个性化。

---

① 2023 年 11 月 8 日，世界互联网大会乌镇峰会期间，《中国互联网发展报告 2023》《世界互联网发展报告 2023》蓝皮书发布的数据。

## 三、协同整体性治理

政府职能是政府组织机构设置的依据，相应地，政府职能的转变决定了政府组织机构的改革和调整。在大数据的驱动下，政府的职能转向精准化和个性化服务，政府自身原有的"金字塔"式科层制组织受到了冲击，协同治理与整体性治理成为数字政府组织运作的必然选择。数字时代治理理论的主要内容包括"重新整合""以需求为基础""数字化改革"，其中"重新整合"位于第一。可以说，数字时代要求的整体性治理是政府自身的一次"大变革"，而整体性治理背后有三条假设，即问题取向、公正问题解决的合作需求、政府各部门层级之间必要的整体运作。[5]

因此，政府的组织运作主要表现在两个方面。一是在组织结构上，数字政府改变了原有的自上而下结构形式，通过跨层级、跨区域、跨部门、跨政府等一系列"跨越式"行为实现政府内部的整体治理模式及与外部的协同治理格局。二是在组织权力上，数字政府要实现整体性治理，必须打破以往的自上而下的组织权力结构，实行"权力向外和向下分散"[6]，这种向外和向下赋权从本质上来说是数字技术所带来的"数字赋能"。它指的是基层政府机构自主决策的权力增加，市场和社会参与治理的渠道多元化和便捷化，同时，参与治理的项目越来越多。在数字赋能下，形成了多元共治的治理共同体格局。

## 四、场景模块化应用

大数据时代，为满足市场和社会的多元化、个性化和精准化的需求，数字政府的管理职能转变为精准个性化服务供给，而这种高要求的服务供给除了需要数字平台做基础外，多元化场景与模块化应用是关键要素。其实，在应用场景上，政府也经历了不断变革才形成了今天场景模块化应用体系。有学者将数字政府演进分为"政府信息化——电子政务——数字政府"三个阶段。其中，"政府信息化"阶段是政府自上而下的权力结构，以"条状"为主推动实现部门内部信息化和自动化。"电子政务"时期强调"块状"式建设政府门户网站。"数字政府"是颠覆性变革，开启了多场景应用模式。[7] 从本质上来看，应用模式的更新源于政府追求目标的升级。

浙江数字政府建设中，将业务体系模块化分为重点任务模块和一般业务应用模块。重点任务模块包括政府建设中的 12 项重大任务：常态化疫情防控、科技创新、产业发展、双循环、营商环境市场活力、新型城镇化、乡村振兴、区域协调发展、生态环境保护综合协同管理、民生保障、安全生产风险防控和应急救援、政府效能管理。根据业务类型分为经济调节、公共服务、社会治理、市场监管、环境保护、政府运行六项模块，在这六项业务应用模块下面各自又划分出更为精细的小模块。

数字政府是政府自身的一次全新变革，是当今政府在大数据时代下角色扮演和治理行为创新的成功转型。2021年，浙江省开启数字化改革元年，数字政府发挥基础和引领性功能，促进数字经济、数字社会和数字法治建设，浙江数字政府建设取得了显著成果，在全国居于领先地位，这是打造全国"重要窗口"的标志性成果，极大地推动了国家治理体系和治理能力现代化，对其他地方政府数字化转型和数字化治理创新具有较强的借鉴意义和启发价值。

## 本章小结

浙江省坚持以数字化改革为牵引，坚持改革创新、数据赋能、整体协同、安全可控，坚持顶层设计、增量开发、迭代升级和"V"模型方法路径，充分发挥数字政府建设的先发优势，充分用好已经搭建的现代政府"四梁八柱"，运用数字技术对政府治理方式、流程、手段、工具进行全方位、系统性重塑，持续创新施政理念、履职方式、服务模式、治理机制，推动公共服务普惠便利化、政府管理透明公平化、政府治理精准高效化、政府决策科学智能化，引领经济社会高质量发展，聚力打造数字变革高地，为奋力推进"两个先行"提供强大支撑。

## 主要概念

数字化改革；数字经济；数字化转型升级

## 复习思考题

1. 浙江省是怎样以数字化改革助力政府职能转变的？
2. 浙江省是怎样着力构建协同高效的政府数字化履职能力体系的？
3. 浙江省在建设数字政府过程中，是怎样建设新型政商关系的？

## 参考文献

[1] 陈娟. 数字政府建设的内在逻辑与路径构建研究 [J]. 国外社会科学，2021（2）：74-83.

[2] 张建锋. 数字政府2.0：数据智能助力治理现代化 [M]. 北京：中信出版社，2019.

[3] 王益民. 数字政府 [M]. 北京：中共中央党校出版社，2020.

［4］谢新水.数字技术对人的解析：社会功能与社会失范［J］.浙江学刊，2021（3）：47-55.

［5］何花，卢福营.基于大数据驱动下的政府治理与角色转型［J］.贵州省党校学报，2020（6）：46-54.

［6］翁士洪.数字时代治理理论——西方政府治理的新回应及其启示［J］.经济社会体制比较，2019（4）：138-147.

［7］陈小华，潘宇航.数字政府：演进阶段、整体形态与治理意蕴［J］.观察与思考，2021（1）：97-106.

# 第十四章

# 国外数字政府的建设实践与经验借鉴

──────── 本章导言 ────────

　　本章将探讨国外数字政府的建设实践与经验借鉴，重点分析不同国家在数字化政府建设方面的成功案例和挑战，以及这些经验对我国的数字化政府建设的启发。具体而论，本章通过分析美国、英国和韩国如何解决技术挑战、提高公民接受度、确保数据安全和隐私保护，获得有价值的经验，并总结国外数字政府建设的关键成功因素，为我国数字政府发展方向提供重要的参考。

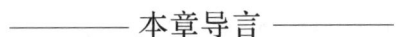

──────── 重点问题 ────────

1. 美国数字政府的建设实践与经验借鉴。
2. 英国数字政府的建设实践与经验借鉴。
3. 韩国数字政府的建设实践与经验借鉴。
4. 美国、英国及韩国数字政府建设对我国的启示。

建设数字中国是党中央在二十大时作出的重大决策部署，习近平总书记强调我国需构建开放共赢的数字领域国际合作格局，着眼高水平对外开放，统筹谋划数字领域国际合作，建立多层面协同、多平台支撑、多主体参与的数字领域国际交流合作体系，积极参与网络空间国际规则制定，高质量搭建数字领域开放合作新平台，共同培育全球发展的数字新动能。本章通过对全球数字政府发展较为领先的国家的数字政府建设经验进行阐述，为我国数字政府建设提供借鉴性作用。以下分别就美国、英国以及韩国的数字政府法律、政策、政府门户网站建设情况进行综述，期望对推进我国数字政府建设进程提供重要的参考。

# 第一节
## 美国数字政府的建设实践与经验借鉴

## 一、美国数字政府建设的发展阶段

美国的数字政府建设经历了以下几个阶段：第一阶段为克林顿政府时期（1993—2001 年），此时期的建设重点为国家信息基础设施行动，在此阶段中政府重视互联网，并开始加速数字政府的建设；第二阶段为小布什政府时期（2001—2009 年），在此时期，政府提出了"数字政府"的概念，建设目标从"以信息技术为中心"转变为"以公众为中心"，目的在于提高公民与政府的互动、提升政府对公民的服务能力；第三阶段为奥巴马政府时期（2009—2017 年），在此时期政府成立美国数字服务局（United States Digital Service），提出 Data. gov 计划，旨在利用信息管理技术，推动透明的数字政府的发展；第四阶段为特朗普政府时期（2017 年至今），此时期的建设重点为落实数字政府技术现代化法案，让公众能够随时获取所需的政务服务。[1][2]

## 二、美国数字政府建设的主要举措

### （一）设立首席信息官制度，推动跨层级信息共享和业务协同

美国是全球最早设立首席信息官制度的国家，1981 年，西诺特和格鲁伯在著作《信息资源管理：80 年代的机会和战略》中首次提出首席信息官 的概念。随后，美国在1996 年颁布《信息技术管理改革法》和《Clinger-Cohen 法案》，以法律制度确立首席信息官的主要职责。首席信息官的职责是推动跨层级信息共享和业务协同，确保政府各部

门的信息化工作顺利开展。而白宫管理与预算办公室的首席信息官则负责提出联邦政府的信息管理技术经费预算，监督相关的支出，并在提出未来数字政府发展战略的同时，指导下属部门。同时，各州政府皆设立了首席信息官职位，负责当地的数字政府的发展。此外，联邦政府亦会通过年度数字政府的绩效评估来评估政府服务能力和公众满意度，并向公众公开评估结果，以提高数字政府的质量。

## （二）推行各种法案，以法律保障数字政府建设发展顺利进行

美国政府通过各项法律法规，对数字政府提供支持和保障，确保数字政府建设行为法制化，构建数字政府管理标准，并发展区块链技术、加密货币工具和智能契约，提升数据以及信息存储的安全性，保障公众在接受数字政府服务时，其权益不会受到损害，使得美国数字政府建设发展顺利进行。[3]

## （三）构建公私合作伙伴关系模式，推动政府与企业合作

美国政府将一些政务服务及惠民项目外包给有名的互联网公司，例如苹果、微软、亚马逊、脸书以及谷歌等，通过这些企业优秀的人力资本和财力资源为政府提供高质量的信息管理技术服务，不仅可以提升电子政务服务效能，并且为企业提供了更多的商业机会，互助互利。[4]

## （四）运用物联网、云计算等新兴技术，推行移动政府，提升数字政府效能

政府使用物联网技术收集和分析公众数据，而云计算能使政府实现数据库信息共享，并降低政务信息系统所需的成本，能更高效地推行移动政府，为公众提供横跨时间、地点以及平台的高效率服务。

## （五）美国数字政府顶层设计采用联邦政府组织架构

联邦政府组织架构主要由以下五大模型构成。

第一个模型是绩效参考模型：该模型为各联邦政府提供绩效评估框架，用来评估政府和政务服务人员的绩效，以找出现行数字政府的不足之处，以及需要改革的内容。

第二个模型是业务参考模型：该模型具体描述政府的内部以及对外所提供政务服务的程序，以提升跨部门协同处理政务的能力。

第三个模型是服务构件参考模型：该模型主要基于不同类型的政务内容，提供符合该政务的标准化处理方式。

第四个模型是数据参考模型：该模型主要量化所有政务处理过程中产生的数据和信息流，以协助政府制定相关政策。

第五个模型是技术参考模型：该模型将政务与流程进行分级，使得不同的政务运用相对应的技术，从而节省大量的政府资源，避免不必要的资源浪费。

# 第二节
# 英国数字政府的建设实践与经验借鉴

## 一、英国数字政府建设的发展阶段

英国数字政府建设经历了以下几个阶段[5]：

第一个阶段为电子办公阶段（1994—2007 年），开展电子英国建设计划。第二个阶段为数字化与集约化阶段（2007—2015 年），在此阶段，政府将早先所有分散的政府网站实行有效整合，促使数字化政务与相关服务内容全部集中于政府官方网站。第三个阶段为平台化阶段（2015 年至今），在此阶段，政府继续推进跨政府平台建设，确保公众能最大限度使用政府政务办公平台，并增加政府与公众的互动。

## 二、英国数字政府建设的主要举措

### （一）建立数字政府的组织体系

在国家的数字政府政策制定与实施层面，英国负责制定数字政府政策的机构是内阁办公室。效能与改革小组（Efficiency and Reform Group），首席信息官委员会（The Chief Information Officers Council）以及政府数字服务局（Government Digital Service，GDS）这三个机构负责数字政府政策的协调。这三个机构的具体职能如下：效能与改革小组，负责信息通信管理技术的发展、数字政府项目管理、公务员体制改革、协调政府部门、提升政务效率及完善问责制。首席信息官委员会负责提升政务服务，并制定和实施政府议程来支持政府转型和信息通信管理技术的发展。而政府数字服务局主要负责建设数字政府，其工作包含四大方面：第一，开发数字政府业务流程，并保证政务平台的网络安全和个人隐私安全。政府数字服务局会针对每项数字政府工作，组织专责的开发团队，包括产品经理、交付经理，与技术架构师、开发人员、有使用经验的设计师、数据分析师、营运人员和内容设计人员，来进行数字政府项目的开发。第二，构建以政府为平台的理念。第三，整合可重复使用的数字政府系统组件，并转化政府采购信息技术服务的方式，避免资源浪费。第四，针对各政府机构提供的数字政府工作，制定了统一衡量绩效的指标。数字政府绩效评估委员会要求政府单位收集每次服务的成本，使用者满意度，数字政府的用户中完成在线服务的用户数量占使用在线服务的用户数量的百分比，以及数字服务接受度四大指标，以此来评估数字政府服务的成效。[6] 英国政府数字服务局的做法获得成功后，被美国和澳大利亚等国相继借鉴。

数字政府的执行机构为首席信息官交付董事会（The Chief Information Officers Delivery Board），负责调动政府部门的支持来实施数字政府建设。首席技术官委员会（The Chief Technology Officers Council）是数字政府建设的支持机构，负责在技术层面上加强跨部门跨区域合作。

数字政府的监督和数据保护机构包括信息特派员办公室（The Information Commissioner's Office）、国家审计署（The National Audit Office），以及预算责任办公室（The Office for Budget Responsibility）。信息特派员办公室直接向议会负责，执行和监督公众数据保护、隐私和信息安全，并负责执行和监督相关的立法工作。国家审计署是代表议会审查公共支出的独立机构，审计所有政府部门和其他公共机构的账目，并向议会报告数字政府的成本、支出与成效。而预算责任办公室则负责独立的经济预测，以及评估公共财政的运作情况。[7]

数字政府的咨询机构包括政府数字服务局咨询委员会（GDS Advisory Board，GDSAB），数据指导小组（Data Steering Group，DSG），隐私和消费者咨询小组（The Privacy and Consumer Advisory Group，PCAG）。这些咨询机构会为政府数字服务局提供建议，政府数字服务局咨询委员会主要提供信息管理技术等专业指导，并监督数字政府政策的进度。数据指导小组主要指导和监督数据的使用和管理，并提供相关建议。隐私和消费者咨询小组负责提高公众对政府在数据安全和保护上的信任，并向政府提供建议。

除了上述机构之外，政府各部门内部还组成不同社群，例如，绩效分析社群、产品和服务社群、技术社群、用户支持社群等，分享数字政府的实践与挑战，并在工作上相互支持。

## （二）数字政府的基础设施建设的布局为"五位一体"

英国数字政府的基础设施建设格局以门户网站"GOV. UK"为中心，以支持性网络、电子身份认证、电子采购、网络安全为保障。

"GOV. UK"是政务服务的单一在线访问入口，提供公众和企业数字政府服务。网站将所有的政务服务进行整合并划分为公共福利、出生、死亡、婚姻、犯罪、税费账务评估等大类，网站提供搜索引擎，呈现出多维度的服务路径。

支持性网络主要包括政府安全内联网（Government Secure Intranet）、政府安全外联网（Government Secure Extranet），以及公共服务网（Public Services Network）。政府安全内联网提供安全的互联网服务来连接中央政府部门和机构的主要网络基础设施，它提供安全访问网络、文件传输、搜索工具、目录服务、网络发布以及在政府内网电子邮件往来的机制。而政府安全外联网则是有安全保障的联络机制，即使不连接到公共网络也可以连接到政府安全内联网、国家卫生服务网、刑事司法外联网和国家公安网络。公共服务网让企业有机会向公共服务网上的公共部门提供服务，促进公共部门和其他组织之间的合作。

电子身份认证，则是通过政府网关平台（Government Gateway Platform）来实现。政府网关平台提供安全保障，保护任何通过互联网的数字政府交易。

在电子采购方面，主要是由政府采购服务平台和"xchangewales"平台来实现。它们以商业模式运营，其收入用来支付平台运作和维护的成本，但向纳税人提供免费服务。"xchangewales"是威尔士所有公共部门组织及其供应商的电子交易平台。

在网络安全方面，英国政府开发签证申请人指纹识别的全球化系统，涵盖了至少百余个国家的签证申请，并与英国国家生物数据库交叉识别，协助查缉身份欺诈案。

### （三）完善的数字政府制度

英国政府制定了一系列相关法律和规定，几乎囊括数字政府建设的所有领域，包括信息自由、数据与隐私保护、电子签名、电子商务、电子采购、公共部门信息使用等，推动和保障了数字政府的持续发展。

## 第三节
## 韩国数字政府的建设实践与经验借鉴

### 一、韩国数字政府建设的发展阶段

韩国的数字政府建设经历了以下几个阶段：第一阶段为数字政府启动期（1986—1995年），开始推进电子政务，并初步构建国家基础信息管理系统。第二阶段为数字政府基建完善期（1996—2000年）[8]，在此阶段，政府颁布《促进信息化基本法》，为推进数字政府发展提供法律保障，并投资1313亿美元建设"韩国信息基础设施工程"，提高电子政务质量与完善数字政府基础设施，开启韩国数字政府1.0时代。第三阶段为数字政府建设成长期（2001—2007年），政府开始建设一站式服务。第四阶段为数字政府2.0时期（2008—2012年）。政府开始使用Web2.0技术，并发布《国家信息化基本规划》和《国家信息化实施规划（2009—2012）》，确定未来数字政府发展方向。第五阶段为数字政府3.0时期（2013年至今），政府明确在透明型政府、能力型政府与服务型政府三大战略领域中的具体任务，以实现开放和共享的数字政府。[9]

## 二、韩国数字政府建设的主要举措

### （一）政府积极创建一站式政务平台，简化政务流程，方便民众办公

韩国实施居民登录编号制度，并以此为基础推动数字政府工作。韩国民众只要登录面向公众一站式政务平台"民愿24"，就可以随时随地完成各种行政申报，获得一站式数字政府服务。"民愿24"连接每个政府机构的公务员系统，允许公众在一站式过程中完成所有政务程序。而On-Nara BPS提供公共平台，在线记录和管理政府行政业务，并促进政府实体部门之间的协同工作。在公众反映渠道部分，民众可以通过与全体政府部门相连接的"泛政府在线沟通门户"，直接向政府反映意见和建议。如要查阅政务信息，民众则可以利用"行政信息公开系统"，在线申请并查阅各种政务信息及国家档案。[10]

在简化商业流程部分，政府通过构建政府企业架构（Government Enterprise Architecture，GEA），建立标准化的电子目录系统，把公众、企业和政府机构的跨政府服务整合到一个平台上，并使用电子授权和电子签名系统解决身份确认和信息审核的问题，有效简化商业流程，提升政府公共服务的效率。在电子采购系统部分，政府建设韩国一体化的在线电子采购系统（KONEPS），该门户系统集合了百余个政府采购系统，通过政府多个部门的协同合作，提供从采购管理、注册、竞标、签署合同到付款的一站式采购流程。所有关于公共采购通知的信息亦发布在该门户上，不但提高了投标与采购效率，亦提升公共招标的透明度。

### （二）韩国数字政府3.0推动韩国的数字政府模式由"政府主导"转型为公私合作的透明型政府

韩国政府运用Web3.0，推动个性化的数字政府门户的发展，强调透明化的政府，政府通过建立公共数据门户网（data.go.kr），统一发布各部门的数字政府数据，方便公众查询与使用数据。此外，政府成立开放数据中心，对公共数据的使用提供法律和技术方面的咨询和建议。在扩大信息公开部分，政府建立信息公开门户网站（open.go.kr），主动公开与公众生活相关的政务信息。政府的公开数据亦鼓励用于商业用途及App软件开发，政府会在数字政府网站公开政府公共数据库（开放源代码），统一数据开放接口，使企业能运用政府公开的数据以创造就业岗位和发展创意经济，以创造经济价值，降低韩国的失业率。[11]

除了开放数据中心外，韩国政府于2014年，将行政安全部改革为内政部（Ministry of Interior），负责政府组织管理与推动政府3.0计划。内政部下设数字政府局（E-Government Bureau），一方面负责推动电子政府的信息数据应用以及地方信息化建设；另一方面与国际部共同推进电子政府的国际合作交流，加强韩国在电子采购与电子通关系统等方面的出口量。同时，国家信息社会局（NIA）作为支持机构主要负责全国开放数据门户网站的运营维护。

政府成立开放数据战略委员会，该部门的委员一半来自公部门，一半来自私部门，以推动公私合作，负责公共数据政策的协调以及政策实施情况的评估。开放数据战略委员会通过了《促进公共数据提供与推广基本计划（2013—2017）》，以作为韩国数字政府3.0 的核心政策，加强数据开放、平台建设、公共服务、数据再利用等方面的协调合作。[12]

此外，政府修改行政程序法，为落实公共参与和网络政策讨论提供法律依据。政府制定实现公私合作的公共政策网络辩论计划，并建立 e-People 网站作为专门的政策辩论门户，公众在教育、公共安全等方面的意见在随后制定的政策中直接体现，以促进政府与公众进行个性化双向沟通，从而构建公众共同参与的政务治理模式。

● ● ●

<h1 align="center">第四节<br>美国、英国及韩国数字政府建设对我国的启示</h1>

美国、英国及韩国数字政府建设的主体以及发展理念较为相似，一开始均由政府主导数字政府建设，之后提出"以公众为中心"的发展理念，与我国数字政府建设的主体以及发展理念不谋而合。美国、英国及韩国数字政府建设经过长久的发展，在数字政府以及数字政府建设方面获得相当大的成功。本节将借鉴美国、英国及韩国数字政府建设的成功案例，对我国数字政府发展提出有益的建议。

## 一、落实"以公众为中心"的建设理念

英国"以公众为中心"的数字政府建设战略使其获得 2016 年联合国电子政府综合调查评估第一名，而美国与韩国相似的理念亦使其成为世界各国数字政府建设的典范。但这三个国家并不是只将"以公众为中心"的建设理念当作口号，而是将其作为每一年度财政预算重点支出的项目，且出台相应的法律法规来保障"以公众为中心"的数字政府建设理念，并为了确保其建设架构与管理体系贴近民意，构建以公众满意度为主的绩效评估体系，在政府主导数字政府建设的同时，加强政府与企业和公众的沟通与合作，从而提高公众参与数字政府建设的积极性。

## 二、设立专门职位或部门来推动数字政府建设战略

美国、英国以及韩国在数字政府的管理运行制度上，均设立专门职位或部门来推动数字政府建设战略。例如，美国设立首席信息官职位，负责领导以及监督政府的数字政

府建设。英国设有政府数字服务局，负责建设数字政府，开发数字政府业务流程，整合可重复使用的数字政府系统组件，并针对各政府机构提供的数字政府数据，制定统一衡量绩效的指标。韩国则有开放数据战略委员会，负责各级部门数字政府的资源整合，提高数字政府服务效率。

我国在 2014 年成立中央网络安全和信息化领导小组，负责领导统筹网络安全和信息化重大问题，并制定实施国家网络安全和信息化发展战略，但在强化职能部门联动协作部分还有待加强。我国政府可借鉴美国、英国以及韩国的数字政府专责部门来搭建跨部门整体框架与机制，整合各部门工作及社会各类资源，以落实我国数字政府建设战略。

为了提升我国数字政府的规范性，建立健全的法规制度为一大要件。故此，我国应以中央颁布的数字政府发展重点为基础，强化对数字政府的立法，使得各级地方政府或第三方机构在开展数字政府建设时有法可循。而地方政府综合各省的实际情况和各省数字政府技术需求，遵循中央数字政府相关法规，制定具有各省特色的数字政府法规。此外，结合理论界和实务界的合作，定期组织数字政府专家和提供政务服务的公务员对已有的法规制度进行修改、完善，全方位促进我国数字政府的制度建设。

## 三、搭建数据隐私保护系统

美国、英国以及韩国在数据公开的同时，皆利用法律法规保障公众的数据安全，且加强政府与企业合作，通过企业人才开发新技术来搭建隐私与数据保护系统。我国可借鉴美国、英国以及韩国的经验，完善数字政府安全保障的法律法规，并通过创新的信息管理技术，搭建安全有效的隐私保护系统，以确保数据安全。同时，我国可以设立全国性数据保护机构，在各政务部门之间建立数据资源保障机制，以对政务平台数据做好全程监管，确保各政务部门在对接与共享资源过程中具备安全的网络环境。此外，政府应积极与企业、科研院所形成良好合作关系，帮助企业与科研院所通过专业技术来搭建平台，进而强化数据信息保护。

## 四、开发新技术提高政务智能化水平

美国将物联网以及云计算技术纳入数字政府的建设环节，新兴技术成为数字政府建设的一大助力。同时，韩国政府推进 AI、5G 技术在数字政府中的应用，并投注公共资金支持人工智能政务建设。而英国亦将人工智能技术应用于数字政府建设当中，以提升政府智能治理能力，这些国家逐步从数字政府向人工智能政府转变。我国的电子政务战略可参照这些国家，除了着力半导体、芯片等信息与通信技术突破，亦可推进 AI、5G技术，从而提升政务智能化水平。

## 五、打造专业的数字化人才队伍

美国、英国以及韩国在数字政府的建设上，均打造专业的数字化人才队伍，定期组织培训，并设立专门职位或部门来推动数字政府建设战略。我国可参考这些国家组建数字化人才队伍的机制，并设立激励机制，鼓励专业的数字化人才投身于数字政府建设当中，并增加各城乡公务员的数字政府相关业务培训力度，提高我国公务员数字化水平。此外，政府应加强民众尤其是乡村民众的数字化教育，使民众会使用且愿意使用电子政务。另外，政府需对民众展开电子政务需求的相关调查，根据不同人群所需要的政务服务来提供数字化的专业服务。

## 六、完善大数据中心与政务数据共享平台的建设

美国、英国以及韩国在数字政府建设上的成功之处在于政府部门间成功的数据共享与协同合作。据此，我国政府可强化大数据中心与政务数据共享平台的建设，促进政府部门间政务数据的共享与对接，建成政务数据的共享交换目录，详细规定政府部门之间信息共享的责任和义务，提升跨政府部门的协同功能，提高政务处理效率。

## 七、完善数字政府绩效评估体系

我国可借鉴美国、英国以及韩国数字政府绩效评估体系，设计符合我国国情的数字政府绩效评估指标。第一，我国政府需要通过与科研院所、高校、社会咨询机构等加强合作，提升理论化研究，依托科研院所、高校、社会咨询机构强大的信息管理技术以及专业能力，提高数字政府绩效评估的专业性和权威性。第二，政府需定期召集提供政务服务的公务员与科研院所、高校、社会咨询机构和接受政务服务的公众代表，成立数字政府绩效评估小组，收集公众对于数字政府评估体系的建议，除了解公众对政务服务的实际需求之外，需设计具有科学性且能反映公众需求的绩效评估指标，建立一套统一且符合我国国情的数字政府绩效评估体系。该评估体系需有常态化修正机制，确保评估体系的整改能够落实，保持评估体系的先进性，从而提高政府的公共服务和社会治理效能。

### 主要概念

数字政府；以公众为中心；一站式政务平台

📖 **复习思考题** //////////////////

1. 对比美国、英国及韩国数字政府建设制度，你更赞同哪种制度？

2. 请借鉴美国、英国及韩国数字政府建设，对我国数字政府的发展提出建议。

📖 **参考文献** //////////////////

[1] 姚水琼，齐胤植．美国数字政府建设的实践研究与经验借鉴 [J]．治理研究，2019，35（6）：60-65．

[2] 张居正，王凤科，张思洁．美国电子政务发展对我国的启示 [J]．河南科技大学学报（社会科学版），2021，39（6）：41-46．

[3] 车轩．浅析美国推行电子政务实践对我国的启示 [J]．今日财富，2018（22）：1-2．

[4] 吴沈括，黄诗亮．美国政府数字化转型的路径框架研究——基于 NEW AMERI-CA 智库报告的分析 [J]．信息安全研究，2021，7（2）：120-125．

[5] 庞宇．英国电子政务的发展转型及经验启示 [J]．电子政务 2018（2）：62-70．

[6] 詹国彬．英国数字政府转型：价值理念、技术工具与制度保障 [J]．行政论坛，2021（6）：136-143．

[7] 林梦瑶，李重照，黄璜．英国数字政府：战略、工具与治理结构 [J]．电子政务，2019（8）：91-102．

[8] 辛璐璐．国际数字政府建设的实践经验及中国的战略选择 [J]．经济体制改革，2021（6）：164-170．

[9] 陈畴镛．韩国数字政府建设及其启示 [J]．信息化建设，2018（6）：30-34．

[10] 廉成，杨飞，张恒烨．韩日电子政务发展状况评析 [J]．管理观察，2018（19）：84-85．

[11] [12] 布乃青．韩国政府 3.0 建设及其启示 [J]．品牌研究，2019（1）：57-59．

POSTSCRIPT

# 后记

　　数字技术作为科技发展和产业变革的重要推动力量，日益融入了政府、市场与社会的各个领域，对我们的生活方式、经济模式和政府治理方式都产生了巨大影响。数字政府建设将推动政府治理现代化，将提高政务管理能力和政府公共服务质量，促进经济社会可持续发展，增强国家发展能力。

　　本教材立足于"数字中国"和"数字政府建设"，阐述数字政府的理论内容和实践内容：在理论层面上，本教材介绍了数字政府的基本概念、理论基础、演变历程、顶层设计与实践逻辑、组织逻辑、绩效评估体系等内容；在具体实践中，本教材描述了数字政府的公共服务供给、社会治理、公民参与，并介绍了北京、广东、贵州、浙江等地，以及国外三个国家的丰富的数字政府建设经验，旨在增进对数字政府的理解。

　　本教材是在学校、学院的领导和支持下，各位老师集体分工合作的成果。

　　第一章和第九章作者王惠娜；

　　第二章和第八章作者郑华良；

　　第三章和第四章作者纪晓光；

　　第五章和第十章作者宋琳；

　　第六章和第十四章作者刘子瑄；

　　第七章和第十二章作者刘英英；

　　第十一章和第十三章作者双文元。

　　同时，研究生吴俊龙、李嘉蕙、甘巧玲协助本教材的整理与初校工作，王惠娜负责最后的统稿工作。

　　本教材的读者定位是公共管理专业的本科生及研究生，本教材力图为读者展现理论基础扎实、实践运用丰富的数字政府图景，但囿于作者的研究基础和编写经验，书中难免有不足之处，恳请读者和专家学者们批评指正。